Dr. Gisela Baur, Antonie Klotz, Hans G. Linder,
Brigitte Wallstabe-Watermann

Das Pantoffel Portfolio

Stiftung Warentest

Das Pantoffel-Portfolio ist ideal für Einsteiger

Sie bestimmen selbst, wie viel Risiko Sie eingehen möchten. Dafür genügen zwei Komponenten – ein Sicherheits- und ein Renditebaustein.

26

Einfach und renditestark

Das Pantoffel-Portfolio hat sich bewährt. So wurden beispielsweise über 30 Jahre aus einer Einzahlung von 100 000 Euro in der ausgewogenen Variante mehr als 700 000 Euro.

Für alle Lebenslagen geeignet

Mit dem Pantoffel-Portfolio können Sie nicht nur Beträge jeder Größenordnung anlegen, sondern auch bestens fürs Alter sparen. Und dann gönnen Sie sich aus dem Ersparten eine Pantoffelrente.

Inhalt

01

Das Pantoffel-Prinzip

Bequem und flexibel Vermögen aufbauen

Sie möchten mehr aus Ihrem Geld machen und suchen dafür den passenden Weg? Dann ist das Pantoffel-Portfolio das Richtige für Sie – ganz gleich, ob Sie sich erstmals mit Geldanlage beschäftigen oder schon Erfahrung haben.

Wie soll ich mein Geld langfristig mehren? Diese Frage bewegt viele. Egal, ob Sie sich in einigen Jahren einen großen Traum wie die eigenen vier Wände erfüllen wollen oder an eine gute Altersvorsorge denken – mit Bankeinlagen alleine ist dieser Wunsch schwer zu erfüllen. Die Zinsen decken oft nur wenig mehr als die Inflation ab. Das bedeutet: Gemessen an der zukünftigen Kaufkraft bauen Sie kaum Vermögen auf.

An der Börse gibt es bessere Renditen, doch vielleicht besitzen Sie schon Wertpapiere und sind von den Ergebnissen zum Beispiel Ihres Aktienfonds enttäuscht. Oder Sie haben noch keine oder wenig Erfahrungen mit Geldanlage gesammelt und wollen es systematisch angehen. Fragen Sie einen Bankberater oder eine Vermögensverwalterin um Rat, ist nicht immer klar, wessen Interessen im Vordergrund stehen. Sie glauben, es fehlt Ihnen Zeit und Wissen, um die Sache selbst in die Hand zu nehmen? Dann gehen Sie davon aus, dass Sie mit dieser Annahme falschliegen. Schon mit wenig Aufwand ist es möglich, der Zwickmühle zwischen Phlegma, Börsenrisiko und mageren Zinserträgen zu entkommen – mit einem Pantoffel-Portfolio. Alles, was Sie dafür wissen müssen, finden Sie in diesem Buch

REINSCHLÜPFEN UND WOHLFÜHLEN: „Pantoffel-Portfolio", das klingt ja langweilig … Doch der Name fasst die Philosophie der Strategie gut zusammen. Sie ähnelt dem beliebten Hausschuh nämlich in vielen Eigenschaften: Sie ist einfach, praktisch, bequem, günstig, flexibel und braucht keine besondere Pflege. Sie passt so gut wie jedem. Eine Geldanlage zum Reinschlüpfen und Wohlfühlen eben, die vor allem langfristig gute Renditen verspricht.

Ein Pantoffel-Portfolio können Sie nicht fertig kaufen – weder bei der Stiftung Warentest noch anderswo. Es ist vielmehr eine leicht nachvollziehbare Anleitung, wie Sie Ihr Geld ohne großen zeitlichen und finanziellen Aufwand sinnvoll investieren, damit es sich langfristig mehrt. 2013 stellte die Stiftung Warentest die Strategie erstmals vor. Sie ist für fast jedes längerfristige Sparziel und jedes Budget sinnvoll. Egal, ob Sie systematisch für das Alter vorsorgen wollen, einen größeren Betrag auf einmal anlegen möchten oder für Ihre Kinder oder Enkel sparen: Mit einem Pantoffel-Portfolio ist das ohne großen Zeitaufwand und mit guten Renditechancen realisierbar.

Ein Pantoffel-Portfolio hat viele Vorteile

Die einfachen Rezepte sind oft die besten und eignen sich für fast alle Lebenslagen – genau wie das Pantoffel-Portfolio, das mit nur zwei soliden Zutaten auskommt.

Ein Pantoffel-Portfolio besteht aus genau zwei Komponenten: einem Sicherheitsbaustein aus Zinsanlagen, der für Stabilität sorgt, und einem Renditebaustein aus Aktienanlagen. Wie viel Sicherheit oder Renditechancen Sie brauchen, legen Sie je nach Ihrer persönlichen Situation oder Ihren Neigungen selber fest.

Die Idee, ein breit streuendes Aktieninvestment und einen Zinsanteil zu kombinieren, ist nicht neu. Bereits in den 1990er-Jahren riet der US-Journalist Scott Burns, der über Geldanlage und Finanzen schrieb, zu einem „Couch Potato Portfolio": Die Hälfte des Geldes sollten die Leserinnen und Leser in einen Indexfonds mit amerikanischen Aktien stecken, die andere in einen Indexfonds mit amerikanischen Anleihen, also in Zinsprodukte. Und auf diese Weise das Geld für Vermögensverwaltung und Bankberatung sparen. Doch das Pantoffel-Portfolio leistet mehr. Die Fachleute der Stiftung Warentest griffen das bewährte Modell auf und entwickelten daraus eine umfassende Strategie für deutsche Anleger.

Statt ausschließlich mit amerikanischen Wertpapieren ist es mit internationalen Aktien und europäischen Zinsanlagen gefüllt. Zusätzlich gibt es Varianten mit verschiedenen Chance-Risiko-Profilen, sodass auch besonders sicherheitsliebende oder risikofreudige Menschen eine passende Anlagemöglichkeit finden.

Außerdem hat die Stiftung Warentest ein Konzept für eine unkomplizierte Pflege des Portfolios entwickelt, das die Rendite auf Dauer erhöht. Und es liegt ein Plan parat, wie Sie aus Ihrem Depot eine zusätzliche Rente beziehen können. Die Pantoffel-Strategie ist somit ein allumfassendes Konzept, das Sie ein ganzes Leben lang begleiten kann.

Der Aufwand ist gering

Um die Strategie umzusetzen, brauchen Sie maximal zwei Konten – ein Wertpapierdepot und eventuell ein zusätzliches Tages- oder Festgeldkonto. Beide bestücken Sie selbst und pflegen Sie in regelmäßigen Abständen. Wo und wie Sie beides am günstigsten einrichten, erfahren Sie im Abschnitt „Sie entscheiden: Filial- oder Direktbank" ab Seite 96. Dabei können Sie Ihr Portfolio gezielt nach Ihrer Lebenssituation ausrichten oder auch eigene Schwerpunkte setzen. Das Grundprinzip ist aber immer das gleiche: Sie streuen Ihr Risiko, indem Sie zwei Komponenten mit unterschiedlichen Gewichtungen mischen. Wenn Sie mehr Sicherheit brauchen, erhöhen Sie den Anteil der Zinsanlage. Legen Sie vor allem Wert auf Renditechancen, spielt der Renditebaustein in Form von Aktien-ETF eine größere Rolle.

Drei Pantoffel-Varianten rechnet Stiftung Warentest regelmäßig durch: ein defensives Depot mit 75 Prozent Zinsanlagen, ein ausgewogenes Depot, in dem Zinsen und Aktien-ETF jeweils zur Hälfte gehalten werden, und ein offensives Depot, das zu 75 Prozent aus Aktien-ETF besteht. Alle drei Varianten haben in der Vergangenheit bessere Renditen gebracht als eine reine Anlage in Tagesgeld (siehe Seite 37). Dabei gilt allerdings: Mehr Zinsanlagen bedeuten kurzfristig weniger Schwankungen und schonen so die Nerven risikoscheuer Anleger. Denn Börsenkurse können stark steigen oder einbrechen, und ein Crash hinterlässt kurzfristig deutliche Spuren im Renditeteil des Portfolios – wie beispielsweise die Börsenturbulenzen rund um die Zollpolitik des US-Präsidenten Donald Trump Anfang 2025 gezeigt haben. Wer so etwas aussitzen kann, erhöht die Aussicht auf langfristig höhere Vermögenszuwächse.

Den Begriff „ETF" haben Sie vermutlich schon gehört und wissen, dass es sich dabei um ein faires Produkt für die langfristige Vermögensbildung handelt. ETF spielen eine tragende Rolle in Pantoffel-Portfolios.

Das Pantoffel-Portfolio

Ein Pantoffel-Portfolio ist einfach aufgebaut. Es besteht nur aus zwei Teilen: einem Renditebaustein, der mit Aktien-ETF bestückt wird, und einem Sicherheitsbaustein, der Zinsanlagen enthält. Je nach Ihrem Sicherheitsprofil können Sie zwischen drei Varianten wählen – einer defensiven, einer ausgewogenen und einer offensiven Pantoffel-Variante.

Für Vorsichtige

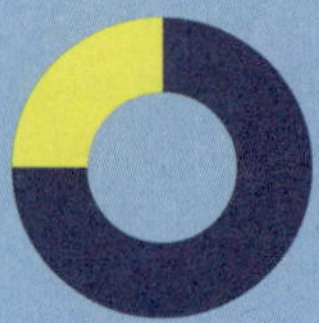

Defensiv

25 % Aktien-ETF
75 % Zinsanlagen

Für die meisten geeignet

Ausgewogen

50 % Aktien-ETF
50 % Zinsanlagen

Für Risikobereite

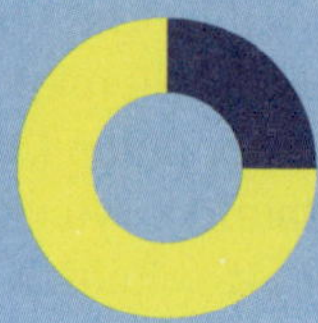

Offensiv

75 % Aktien-ETF
25 % Zinsanlagen

In den vergangenen zehn Jahren erzielten alle Varianten bessere Ergebnisse als Zinsanlagen. Ein reines Aktien-ETF-Investment wäre noch erfolgreicher gewesen, aber hier gab es auch die heftigsten Rückschläge. Wie die Pantoffel-Varianten bei einer Anlagedauer von 30 Jahren abgeschnitten haben, sehen Sie in der Tabelle.

	Einmalanlage vor 30 Jahren Rendite % p.a.	Sparplan über 30 Jahre Rendite % p.a.
Zinsanlagen	3,7	2,4
Defensiver Welt-Pantoffel[1)]	5,4	4,3
Ausgewogener Welt-Pantoffel[2)]	6,8	5,9
Offensiver Welt-Pantoffel[3)]	7,8	7,1
Aktien-ETF Welt	8,5	8,0

1) 75 Prozent Renten-ETF Euro, 25 Prozent Aktien-ETF Welt 2) 50 Prozent Renten-ETF Euro, 50 Prozent Aktien-ETF Welt
3) 25 Prozent Renten-ETF Euro, 75 Prozent Aktien ETF Welt

Basis-Pantoffel-Portfolio über 30 Jahre: Einmalanlage und Sparplan
Stand: 30. April 2025 Quelle: LSEG, eigene Simulationen

Beide Depotbausteine werden nur mit Produkten bestückt, die ganz nach dem Geschmack von Verbraucherschützern sind: transparent und kostengünstig, wie ETF eben. Den Sicherheitsbaustein können Sie mit Renten-ETF bestücken – also ETF, in denen nicht Aktien, sondern Zinspapiere gehalten werden. Oder Sie entscheiden sich für ein Tages- oder Festgeldkonto, das zumeist kostenlos zu führen ist. Im Renditebaustein halten Sie Aktien-ETF, je nach Neigung eventuell auch Gold-ETC (siehe Seite 84). Beides sind einfache Produkte, die sich vor allem durch niedrige Kosten auszeichnen und immer nachvollziehbar sind.

WAS IST EIGENTLICH EIN ETF? Ein ETF ist eine spezielle Art eines Investmentfonds. Die Abkürzung steht für „Exchange Traded Fund", zu Deutsch „Börsengehandelter Fond". Eine Fondsgesellschaft kauft für ihre Anleger einen Topf verschiedener Wertpapiere, an denen die Inhaber des ETF dann Anteile halten. Das können Aktien oder Rentenpapiere sein. Meist orientiert sich die Zusammensetzung dieses Topfes an einem Börsenindex, etwa dem Welt-Aktien-Index MSCI World (mehr dazu im Abschnitt „Der Klassiker: ein Industrieländer-Welt-Index" ab Seite 32).

Entsprechend entwickelt sich der Wert des ETF so wie der des Index selbst – steigt der Index, gewinnt Ihr ETF, fällt er hingegen, müssen Sie Wertabschläge hinnehmen. Einen ETF können Sie laufend günstig über eine Bank an der Börse kaufen oder verkaufen, Sie haben also ein sehr liquides Investment und damit eine flexible Anlage. Wie alle Investmentfonds ist der zugrunde liegende Wertpapiertopf Teil eines Sondervermögens, das getrennt vom Betriebsvermögen der Fondsgesellschaft verwaltet wird. Damit ist Ihr Geld auch im Falle einer Pleite des ETF-Anbieters geschützt.

Höhere Renditen dank Aktien-Anteil

Inzwischen hat es sich herumgesprochen: An den Aktienmärkten sind die langfristigen Gewinne höher als bei so gut wie allen anderen Anlageformen, sofern die Investments breit international gestreut sind (siehe Seite 15). Allerdings ruckelt es an der Börse auch mal gehörig. Rückschläge an den Börsen sind nicht planbar, kommen aber immer wieder vor, wie alleine der Blick auf die vergangenen 20 Jahre zeigt: Seither gab es unter anderem den Crash nach dem Dotcom-Boom um die Jahrtausendwende zu verkraften, Kursstürze während der Finanzkrise, jüngst den Corona-Crash, die Ukraine-Krise und die Turbulenzen um Trumps Zollpolitik. Durch den Sicherheitsbaustein im Pantoffel-Portfolio federn Sie solche Ausschläge ab – wie stark, bestimmen Sie selbst.

Auch der Wert Ihres Pantoffel-Portfolios wird bei einem Kurseinbruch an den Aktienmärkten nach unten rutschen, allerdings eben nur der des Aktien-ETF-Teils. Wenn die Kurse beispielsweise um 20 Prozent einknicken und Sie sich für das ausgewogene Portfolio entschieden haben, rutscht der Wert Ihres Portfolios lediglich um 10 Prozent ab.

Als echten Verlust müssen Sie einen solchen Einbruch zudem nur dann verkraften, wenn Sie Ihre Aktien-ETF zu diesem Zeitpunkt verkaufen. Besser ist es, schwache Börsenphasen auszusitzen. Ein langfristiger Horizont ist für Ihr Pantoffel-Depot unerlässlich. In Aktien-ETF sollten Sie nur Geld investieren, das Sie mindestens zehn Jahre, besser noch länger, entbehren können. Bislang haben die Weltbörsen über größere Zeiträume noch jeden Rückschlag wieder aufgeholt und Anlegerinnen und Anlegern gute Gewinne gebracht.

Wie hoch die Rendite Ihrer Pantoffel-Strategie letztlich ausfallen wird, können Sie nicht genau vorhersagen. Es hängt von den Börsenverläufen ab. Zudem kommt es darauf an, ob Sie einmal einen höheren Betrag anlegen oder ihn nach und nach ansparen möchten. Und natürlich auch darauf, wie Sie das Chance-Risiko-Verhältnis für Ihr Portfolio steuern. Eines war aber in der Vergangenheit trotz aller Rückschläge immer der Fall: Die Renditen der verschiedenen Pantoffel-Varianten lagen langfristig spürbar über denen reiner Zinsanlagen (siehe Tabelle auf Seite 8).

Der Bund fürs Leben

Anlagestrategien für Börseninvestments gibt es viele – von Value- oder Dividenden-Ansätzen bis hin zu charttechnischen Analysen. Sie haben aber in der Regel zwei entscheidende Nachteile: Erstens verlangen sie zum Teil viel Wissen und in jedem Fall viel Zeit und Aufmerksamkeit, um sie erfolgreich zu verfolgen. Und zweitens laufen die meisten davon nur in ganz bestimmten Börsenphasen gut. Sie müssen also ständig überprüfen, ob Ihre Strategie noch greift, und im Zweifel umsatteln.

Ein Pantoffel-Portfolio hingegen ist ein Bund fürs Leben. Nicht nur, weil es so angelegt ist, dass es langfristig über alle Börsenphasen funktioniert. Sondern vor allem, weil es so flexibel ist, dass Sie es immer wieder an Ihre Lebenssituation anpassen können. Sie können mit kleinen Beträgen sparen oder auf einmal eine größere Summe anlegen oder auch beides kombinieren. Sie können Ihren Sparplan ohne Kosten einfach aussetzen, wenn Sie in Ihrem Leben mal schlechte Zeiten überstehen müssen, oder aufstocken, wenn es gut läuft. Oder das Portfolio sogar komplett auflösen: Auch wenn Sie dann je nach Börsenphase und Laufzeit Ihres Depots eventuell auf Gewinne verzichten oder gar Verluste hinnehmen müssen – Sie kommen jederzeit an Ihr Geld. Diesen Schritt sollten Sie aber nur gehen, wenn es wirklich keine andere Wahl gibt, denn damit beenden Sie Ihren Vermögensaufbau. Im Alter wandeln Sie Ihr nach dem Pantoffel-Prinzip aufgebautes Portfolio mithilfe eines Auszahlplans einfach in eine Pantoffel-Rente um (siehe „Einen Auszahlplan einrichten", Seite 141).

Gerade für die Altersvorsorge, aber auch für alle anderen Anlageziele wollen Finanzdienstleister Ihnen gerne fertige Pakete verkaufen. Manche versprechen Ihnen vielleicht sogar, dass Sie damit ganz schnell sehr reich werden. Doch die Realität zeigt: Dahinter steckt fast immer ein Modell, das vor allem den Verkäufern nutzt, indem es ihnen ansehnliche Provisionserträge bringt. Auch die Anbieter von Versicherungen oder anderen Sparprodukten werden Ihre Einzahlungen überwiegend an den Kapitalmärkten anlegen. Zudem binden Sie sich mit einem Spar- oder Versicherungsvertrag oft für lange Zeit und geben das Heft des Handelns aus der Hand.

Kostengünstig an die Börse

Wenn Sie selbst aktiv werden, erreichen Sie schon allein deshalb bessere Renditen, weil Sie keinen großen Verwaltungsapparat mitfinanzieren, wie es ein Finanzdienstleister muss. Das gilt auch für alle aktiv gemanagten Investmentfonds. Denn jeder aktiv gemanagte Fonds wird von einem oder mehreren hoch bezahlten Fondsmanagern verwaltet, die in der Regel noch einen gut dotierten Stab von Analysten nutzen, um die besten Titel zu finden. Deren Gehalt, Büros und andere Kosten müssen Sie über Gebühren finanzieren.

Sowohl bei globalen Aktienfonds als auch bei ausgewogenen Mischfonds werden durchschnittlich pro Jahr 1,7 Prozent des angelegten Geldes für Management und Verwaltung abgezweigt. Hinzu kommen die Kosten für Werbung und Vertrieb, die bei einem aktiven Fonds einmalig meist 3 bis 5 Prozent betragen. Satte Gebühren dafür, dass sich die Profis aus der Fondsindustrie nicht immer als treffsicher erweisen. Die meisten von ihnen schaffen es nicht dauerhaft, eine höhere Rendite für Sie zu erreichen, als Sie mit einem Pantoffel-Portfolio erzielen können. Beides zusammen führt dazu, dass langfristig nur ein kleiner Teil der aktiv gemanagten Fonds bessere Erträge erzielt als ein ähnlich anlegender Aktien-ETF oder ein Pantoffel-Portfolio.

So verfolgen Mischfonds beispielsweise ein ähnliches Konzept wie das Pantoffel-Portfolio. Sie kombinieren einen Aktien- und einen Zinsanteil. Der Durchschnitt aller ausgewogenen Mischfonds erwirtschaftete in den letzten 20 Jahren aber weniger Rendite, als mit einem ausgewogenen Pantoffel möglich gewesen wäre.

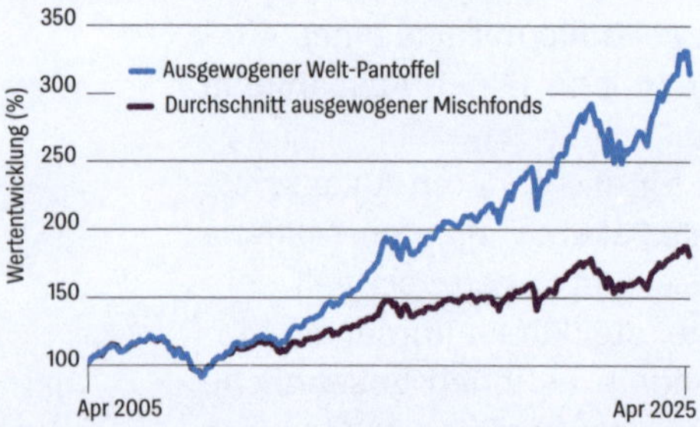

BESSER ALS MISCHFONDS: In den 20 Jahren von April 2005 bis April 2025 hat das ausgewogene Pantoffel-Portfolio fast 250 Prozent an Wert gewonnen. Damit hat es um einiges besser abgeschnitten als der Durchschnitt vergleichbarer Mischfonds, der gerade einmal gut 80 Prozent zulegte.

Stand: 31. März 2025 Quellen: LSEG, eigene Berechnungen

Gebühren minimieren

Mit einem Pantoffel-Portfolio vermeiden Sie hohe Kosten. Denn hier gehen Sie mit Aktien-ETF an die Börse. Sie bilden die Wertentwicklung aller Titel eines Index ab (mehr zu Indizes ab Seite 29), weshalb die Anbieter kein großes Analyseteam bezahlen müssen. ETF sind zum einen transparent, weil Sie immer leicht überprüfen können, welche Aktien der ETF hält. Zum anderen kommen die Gewinne vom Aktienmarkt eben ohne Abzug von hohen Verwaltungskosten bei Ihnen an. Die Gebühren bleiben bei ETF überschaubar. Aber auch darüber hinaus behalten Sie mit einem Pantoffel alle Kosten im Griff, die Ihre Erträge schmälern. Die Strategie schafft das nicht nur, weil sie auf die kostengünstigen Produkte Tages- oder Festgeld und ETF setzt – auch die Anpassungskosten für Ihr Depot bleiben niedrig. Weil Sie selten umschichten müssen, fallen nur wenige Gebühren für den Kauf und Verkauf von Anteilen an.

Hilfreich ist, wenn Sie Ihren Pantoffel bei einem günstigen Onlineanbieter führen, wo Sie mit wesentlich geringeren Depot- und Handelskosten rechnen müssen als bei vielen Filialbanken (siehe „Sie entscheiden: Filial- oder Direktbank" ab Seite 96).

Anlagefehler vermeiden

Wenn Sie sich für ein Pantoffel-Portfolio entscheiden, steckt Ihr Renditebaustein nicht in Einzelaktien, sondern in Aktien-ETF. Damit machen Sie es mit hoher Wahrscheinlichkeit besser als ein Großteil der deutschen Aktionäre. Denn noch stärker als bei den meisten Fondsmanagern wird deutlich, dass für Privatanleger der Erfolg mit Einzelaktien äußerst mager ausfällt. Das zeigen Studien aus den vergangenen Jahren. Demnach tendieren Privatanleger dazu, zu wenige Aktien zu halten, darunter zu viele kleine Unternehmen. Nachgewiesen ist auch ein „Home Bias", also die Neigung, zu viele Aktien aus dem eigenen Land zu halten. Viele Anleger schichten außerdem zu häufig um. Das ist vermutlich auch dem Versuch geschuldet, den optimalen Zeitpunkt für Kauf und Verkauf zu finden – was selten gelingt. Wenn Sie in ETF investieren, vermeiden Sie all diese Fehler, sofern ein international breit streuender Index die Basis Ihrer Anlage bildet und Sie stur daran festhalten, egal was die Börse bewegt.

Einfach clever investieren

Mit dem Pantoffel-Portfolio nutzen Sie wichtige wissenschaftliche Erkenntnisse über Geldanlagen – ohne großen Aufwand.

Das Pantoffel-Portfolio kann jeder nutzen – auch ohne viel Vorkenntnis über Börse, Zinsen und Geldanlage. Denn die Bestandteile sind einfach, und die „Bedienungsanleitung" ist unkompliziert. Es ist aber immer gut, die Hintergründe zu verstehen. Denn so einfach ein Pantoffel-Portfolio aufgebaut ist – die Strategie dahinter basiert auf einer ganzen Menge grundlegender Erkenntnisse über Geldanlage und Börse.

Langfristige Ertragskraft der Börse nutzen

Dass die Börse ein gefährlicher Ort ist, denken laut Umfragen immer noch die meisten Deutschen. Und das stimmt auch, sofern Sie an einem beliebigen Tag eine beliebige Aktie kaufen. Denn das Schicksal einzelner Unternehmen ist nicht immer vorhersehbar: Ein Krieg, eine Naturkatastrophe oder ein technologischer Sprung bei der Konkurrenz können die Aussichten einer Firma schnell ändern und den Kurs fallen lassen. Wer langfristig und international breit gestreut investiert, hat an den Börsen aber bislang gute Renditen erwirtschaftet.

Dass Aktien insgesamt besser rentieren als andere Geldanlagen, hat systematische Gründe: Aus Kapital Erträge zu generieren, das funktioniert eben nur mit wirtschaftlichen Aktivitäten. Die finden in Unternehmen statt: Sie investieren Kapital, um ein Geschäftsmodell zu betreiben, das Erträge *er-wirtschaftet* – im wahrsten Sinn des Wortes. Alle Renditen dieser Welt gehen auf solche wirtschaftlichen Aktivitäten in Industrie, Handwerk, Handel oder Landwirtschaft zurück. Steuereinnahmen werden daraus gespeist, Löhne gezahlt, Wohlstand geschaffen.

Aktien sind der Weg, direkt an diesen Wertsteigerungen teilzuhaben, ohne dass jemand einen Teil der Unternehmensgewinne abzweigt: Eine Bank, die Ihr Sparguthaben letztlich auch an die Wirtschaft weiter verleiht, behält Verwaltungskosten und einen eigenen Gewinnanteil ein, genau wie jede Versicherung. Selbst bei der ganz direkten Finanzierung von Unternehmen – einer Unternehmensanleihe – will die Firma mit dem geliehenen Geld ein Geschäft finanzieren, bei dem der erwartete Gewinn höher liegt, als es die Zinskosten sind. Ein Stück des Kuchens will das Unternehmen also behalten.

Als Aktionär steht Ihnen dagegen Ihr kompletter Gewinnanteil zu, denn Ihnen gehört ein Teil des Unternehmens. Diesen Anteil bekommen Sie entweder ganz oder teilweise als Dividende ausgeschüttet. Oder das Unternehmen thesauriert den Gewinn, behält ihn also ein und wird dadurch wertvoller. Das lässt über kurz oder lang den Kurs steigen und erhöht damit den Wert Ihrer Geldanlage.

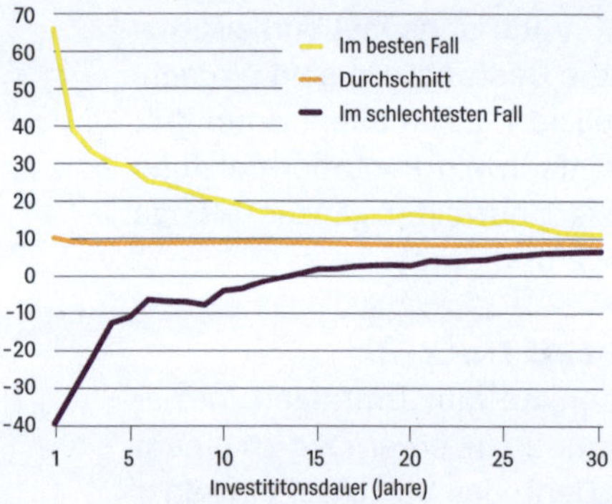

HISTORISCHE RENDITEN DES MSCI WORLD ZEIGEN: Kurzfristig ist der Ertrag ungewiss. Innerhalb eines Jahres stiegen die Kurse mal kräftig oder fielen deutlich. Langfristig gleichen sich die Renditen an. Je länger Anleger ihr Geld investiert hatten, desto geringer war ihr Risiko, am Ende mit einem Minus dazustehen. Nach 13 Jahren waren alle Anleger im Plus.

Stand: 6. Mai 2025 Quelle: LSEG, eigene Simulationen

Natürlich gab es viele Gelegenheiten, die Börsenkurse weltweit von jetzt auf gleich in die Knie gezwungen haben. Doch die Rückschläge, die Kriege oder Krisen verursacht haben, konnten die Börsen meist in wenigen Jahren aufholen. Die letzte (und bisher einzige) jahrzehntelange Baisse gab es in der ersten Hälfte des 20. Jahrhunderts – genährt vom Crash, der Weltwirtschaftskrise und dann dem Zweiten Weltkrieg und sehr vielen Fehlern der Wirtschafts- und Geldpolitik.

Seither gilt: Kurzfristig sind die Renditen von Aktien schwer vorherzusagen, langfristig gleichen sie sich auf einem vergleichsweise hohen Niveau an. Unabhängig davon, ob Sie kurz vor oder nach einem Crash gekauft haben.

Das Risiko breit streuen

Das Pantoffel-Portfolio mindert das Rückschlagrisiko, das jedes Börsenengagement mit sich bringt, erheblich. Dabei helfen nicht nur der Sicherheitsbaustein und der lange Anlagehorizont. Auch der Renditeanteil trägt dazu bei. Denn dieser wird nur mit sehr breit streuenden ETF bestückt. Und Streuung oder Diversifizierung, wie Fachleute sagen, ist ein probates Mittel, das Risiko eines Aktieninvestments zu verringern.

Schon in den 1950er-Jahren fanden Finanzwissenschaftler heraus: Streuen, also viele verschiedene Aktien zu kaufen, ist der bessere Weg. Formuliert und durchgerechnet hat das Harry Max Markowitz 1952 in der „Modernen Portfoliotheorie". 1990 erhielt er den Wirtschaftsnobelpreis für seine Arbeit. Er fand eine Messlatte, mit der er nachweisen konnte, wie viel Risiko jemand für eine bestimmte Rendite eingehen muss, und zeigte: Das „Chance-Risiko-Verhältnis" ist bei einem breit diversifizierten Depot wesentlich besser als bei Einzelaktien.

Um zu verstehen, wieso die breite Streuung eine gute Idee ist, gehen wir zurück ins Jahr 1602. Das Zeitalter der Seefahrer, die Rohstoffe, exotische Gewürze und andere Waren aus fernen Ländern nach Europa brachten. Ein aus heutiger Sicht ethisch fragwürdiges, aber sehr einträgliches Geschäft, das zwei große Haken hatte. Zum einen brauchten Investoren ein richtig großes Vermögen, um ein Schiff zu bauen, eine Mannschaft anzuheuern und das Kapital für die Verpflegung und die Waren aufzubringen. Zum anderen konnte so ein Vorhaben im Fiasko enden: Stürme, Piraten, Meuterei – immer mal wieder kam ein Schiff von der Reise nicht zurück, und das ganze Kapital war verloren.

Einige Geschäftsleute hatten daher die Idee, sich zusammenzuschließen. Und zwar nicht nur, um ein Schiff zu kaufen, sondern gleich eine ganze Flotte. Die Ostindische Handelskompanie war geboren und mit ihr ein gutes halbes Jahrhundert später die Aktie – ein Wertpapier, mit dem ein Anteil an der Kompanie und ihrer Flotte verbrieft wurde und das man weiterverkaufen konnte. Die Vorteile lagen klar auf der Hand: Ohne sich für immer zu binden, konnte ein Investor mit vergleichsweise wenig

Kapital im Kolonialwarengeschäft dabei sein. Gleichzeitig war das Risiko, alles durch eine einzelne Havarie zu verlieren, abgewendet.

Dieses Prinzip übertragen ETF heute auf Aktiengesellschaften. Statt auf ein einzelnes Unternehmen zu setzen und zu hoffen, dass es keinen Schiffbruch erleidet, kaufen Sie mit einem ETF auf einen Schlag Anteile an sehr vielen Unternehmen. Natürlich gibt es Zeiten, in denen viele Firmen weltweit gleichzeitig Probleme bekommen, und die Kurse so gut wie aller Aktien rauschen dann gleichzeitig in den Keller. Dass alle endgültig untergehen, ist aber so gut wie ausgeschlossen. Bisher hat sich die Menschheit nach jeder Krise wieder aufgerappelt, und die Weltwirtschaft und die globalen Aktienmärkte haben die Verluste über die Zeit mehr als aufgeholt. Auch wenn es meist erst einen harten Absturz gab und obwohl beispielsweise der japanische Nikkei-Index mehr als drei Jahrzehnte brauchte, um den Verlust aufzuholen: Mit einem global ausgerichteten ETF zählt die Bilanz aller Länder, und die ist klar positiv.

Eingebauter Inflationsschutz

Aktien haben einen weiteren großen Vorteil gegenüber Zinsanlagen: Sie gelten als Sachwerte und bieten daher einen guten Schutz vor Inflation. Denn steigen die Preise, steigt auch der Wert des materiellen Anlagevermögens der Unternehmen – also aller Gebäude, Maschinen oder des Fuhrparks. Andererseits wird oft auch der Gewinn zulegen, denn Inflation bedeutet ja, dass Unternehmen höhere Preise für ihre Güter und Dienstleistungen verlangen. Das wird im Einzelfall die steigenden Kosten mehr oder weniger gut auffangen – im Durchschnitt und auf Dauer werden sich die Gewinnmargen halten.

Hohe Inflation ist zwar immer auch für Unternehmen eine Belastung, doch höhere Bewertungen von Anlagen und höhere Gewinne sorgen dafür, dass die Kurse des Unternehmens steigen – und so die Inflation zumindest teilweise ausgleichen.

Vom Zinseszins profitieren

Den Zinseszinseffekt kennen Sie: Kassierte Zinsen werden wieder angelegt und so mitverzinst. Wie mächtig dieser Effekt ist, führen sich aber die wenigsten vor Augen. Dazu ein Beispiel: Angenommen, Sie legen einmalig 10 000 Euro zu 4 Prozent an – eine Rendite, die mit einem Pantoffel-Portfolio durchaus realistisch ist. Dann wird sich Ihr Kapital innerhalb von gut 18 Jahren verdoppeln, wenn Sie die Erträge weiter für sich arbeiten lassen. Stecken Sie das Geld jedoch in eine Zinsanlage zu 0,25 Prozent, bräuchten Sie mehr als 278 Jahre, um dasselbe zu erreichen.

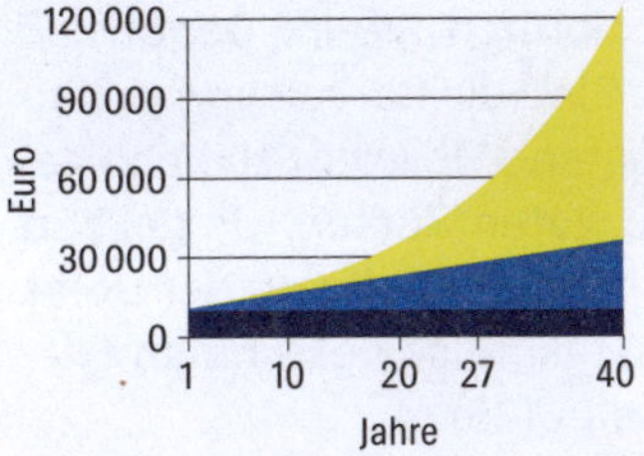

ZINSESZINS: Je länger Kapital angelegt wird und die Erträge reinvestiert werden, desto stärker wirkt der Zinseszinseffekt. Im Beispiel links mit 6,5 Prozent Rendite trägt er nach 27 Jahren mehr zum Kapitalaufbau bei als der eigentliche Zins. Und wird ab da zum absoluten Renditebringer.

Die Rendite bestimmt also die Kraft des Zinseszinseffekts und ist damit entscheidend für jeden langfristigen Anlageerfolg. Mit einem Pantoffelportfolio erhöhen Sie die Rendite spürbar, selbst wenn Sie sich für eine defensive Variante mit eher kleinem Renditebaustein entscheiden.

Realzinsfalle vermeiden

Es gibt allerdings einen wichtigen Gegenspieler, den es in Schach zu halten gilt: die Teuerung. Denn durch Zinsen haben Sie zwar mit der Zeit mehr Geld zum Beispiel auf einem Tagesgeldkonto liegen, mehr leisten können Sie sich davon aber nicht, wenn alles teurer geworden ist. Das ist immer dann der Fall, wenn die Inflationsrate höher liegt als die Zinsen. Der sogenannte Realzins ist dann negativ, trotz höherer Summen auf dem Konto verlieren Sie also an Kaufkraft. Fachleute sprechen dann von einer Realzinsfalle. Während der Nullzinsphase rund um die Corona-Krise war das ganz drastisch, und auch aktuell (Stand: Mai 2025) liegen die Realzinsen je nach Zinseinnahmen oft wieder im negativen Bereich. Ein Pantoffel-Portfolio dagegen wies in allen Varianten durchgehend eine mehr oder weniger hohe positive Realrendite und daher auch einen positiven Zinseszinseffekt auf.

Antizyklisch investieren

Das leuchtet ein: Wer etwas kauft, wenn es billig ist, und verkauft, wenn der Preis hoch steht, wird gewinnen. „Kaufen, wenn die Kanonen donnern“, so beschrieb der Altmeister der Börsen, André Kostolany, das „antizyklische Handeln“. Heerscharen von Wissenschaftlern, Charttechnikern und Anlageprofis sind auf der Suche nach der Zauberformel, mit der sich Hochs und Tiefs an den Börsen vorab erkennen lassen. Mit mäßigem Erfolg, denn die Börse ist nicht vorherzusagen. Die ständige Jagd auf gute Kauf- oder Verkaufskurse bringt Anlegern meist vor allem eines: Orderkosten, die die Rendite schmälern. Mit der Pantoffel-Strategie verhalten Sie sich dagegen automatisch antizyklisch.

Grundsätzlich mindestens einmal im Jahr prüfen Sie Ihr Depot und passen bei Bedarf die Anteile im Portfolio an. Sind die Börsen vorher längere Zeit gut gelaufen, wird Ihr Aktien-ETF-Bestand vielleicht zu hoch gewichtet sein und Sie verkaufen Anteile – zu guten Kursen. Umgekehrt werden Sie Zinsanlagen in Aktien-ETF umschichten, wenn an der Börse Flaute herrscht und Sie daher günstige Einstiegspreise bekommen (siehe „Depot und Sparplan richtig anpassen", Seite 135).

Welcher Pantoffel passt zu Ihnen?

Das Pantoffel-Portfolio gibt es in unterschiedlichen Varianten, von defensiv bis dynamisch und mit eigenen Akzenten. So finden Sie den Pantoffel, der zu Ihnen passt.

Ein Pantoffel-Portfolio ist ein Instrument zum langfristigen Vermögensaufbau. Es funktioniert also nur dann, wenn Sie Ihr Kapital mindestens zehn Jahre arbeiten lassen und in der Lage sind, schlechte Börsenphasen auszusitzen. Die Basis-Variante ist ausgesprochen pflegeleicht. Fortgeschrittene können es mit Beimischungen im Renditeteil mehr nach ihren Vorstellungen gestalten – und schon wird es aufwendiger. Zwar können Sie Ihren Pantoffel über die Zeit anpassen – etwa, indem Sie aufstocken, sobald Ihr finanzieller Spielraum wächst. Grundsätzlich sollten Sie Umschichtungen jenseits der jährlichen Pflege aber vermeiden. Denn das kostet nicht nur Gebühren und damit Rendite. Es birgt auch die Gefahr, dass Sie doch versuchen, die Börsen vorherzusagen – und damit einen der größten Anlagefehler begehen (siehe Seite 12).

Wählen Sie also am besten von Beginn an einen Pantoffel, der zu Ihrer Lebenssituation, Ihren finanziellen Möglichkeiten und Ihrer Risikoneigung passt. Dafür müssen Sie lediglich drei Fragen beantworten: Wie viel Kapital habe ich zur Verfügung? Wie viel Risiko darf in meinem Pantoffel stecken? Und: Welche Zinsprodukte und Aktien-ETF will ich halten? Wir helfen Ihnen, passende Antworten zu finden.

Den Vermögensaufbau solide finanzieren

Von 25 Euro im Monat bis hin zum Millionenerbe: Ein Pantoffel-Portfolio können Sie mit jeder Summe aufbauen: entweder mit einem Sparplan mit monatlichen Raten oder mit einer Einmalzahlung (mehr dazu ab Seite 27). Möglich ist auch eine Kombination aus beiden Varianten. Welche davon infrage kommt, ist in der Regel von Ihren finanziellen Verhältnissen abhängig.

Eines gilt allerdings immer: Ein Pantoffel, den Sie sich auf Dauer eigentlich nicht leisten können, kann sich schnell als ein Verlustgeschäft herausstellen. Zwar können Sie in mageren Zeiten einen Sparplan mal eine Zeit lang aussetzen, doch frühzeitig Geld zu entnehmen ist eine schlechte Idee: Denn zum einen unterbrechen Sie den Zinseszinseffekt (siehe Seite 16), zum anderen müssen Sie eventuell zu schlechten Kursen verkaufen, wenn die Börsen gerade mau laufen. Es ergibt jedoch keinen Sinn, auf der einen Seite Vermögen mit einer Rendite von vielleicht 6 Prozent aufzubauen und auf der anderen Seite regelmäßig wesentlich höhere Zinsen für den Dispokredit zu bezahlen. Dass ein solcher Vermögensaufbau auf Pump nicht funktioniert, dürfte einleuchten.

Sorgen Sie also dafür, dass Ihr Pantoffel solide finanziert ist. Nehmen Sie sich Zeit für einen Kassensturz und überprüfen Sie, ob Sie im Alltag genügend finanzielle Reserven haben. Hilfreich ist eine Orientierung an dem sogenannten Terrassenmodel. Es sieht vier Stufen vor:

Stufe 1: Alltägliche Ausgaben werden über das Girokonto abgewickelt. Hier sollte für unvorhergesehen Ausgaben etwa ein Netto-Monatseinkommen extra liegen. Damit vermeiden Sie ein Abrutschen in den teuren Dispokredit.

Stufe 2: Der Notgroschen ist dafür da, dass Sie eine dringende Autoreparatur, eine Steuernachzahlung oder eine kaputte Waschmaschine nicht finanziell aus dem Tritt bringt. Parken Sie hierfür mindestens zwei bis drei Monatseinkommen auf einem Tagesgeldkonto.

Stufe 3: Gold für größere Anschaffungen wie ein neues Auto, die Anzahlung für eine Immobilie oder auch den Traumurlaub wird auf einem Festgeldkonto oder mit Renten-ETF bespart.

Stufe 4: Den langfristigen Vermögensaufbau sollten Sie erst angehen, wenn alle anderen Stufen bereits erreicht sind. Nur so stellen Sie sicher, dass Ihre Sparanstrengungen solide finanziert sind.

Die Mischung macht's: Sie haben die Wahl

Wer vor 30 Jahren 100 000 Euro alleine in Aktien-ETF gesteckt hätte, dürfte sich heute über ein Vermögen von mehr als 1 100 000 Euro freuen. Allerdings war das kein leichter Weg. Zwischenzeitlich sind die Börsen um mehr als 50 Prozent eingebrochen, und nach der Finanzkrise 2007 mussten Anlegerinnen und Anleger immerhin 13,4 Jahre warten, bis sie wieder in die Gewinnzone kamen. Der Sicherheitsbaustein im Pantoffel-Portfolio hat die Rückschläge abgefedert. Finden Sie heraus, welche Mischung für Sie und Ihre Nerven die passende ist.

Welche Erträge streben Sie an?

Durchschnittsrendite (p.a.)	3,7	5,4	6,8	7,8	8,5
Endvermögen (Euro)	299 300	480 900	714 500	946 800	1 142 400

Wie viel Risiko halten Sie aus?

Schlechteste Jahresrendite (in %)	−17,3	−15,9	−17,0	−28,8	−39,4
Maximaler Verlust (in %)	−20,0	−16,0	−23,0	−40,0	−56,0
Längste Verlustphase (in Jahren)	4,3	2,8	4,8	6,7	13,4

Dann ist dies hier die richtige Mischung

Renten-ETF Euro	Defensiver Pantoffel	Ausgewogener Pantoffel	Offensiver Pantoffel	Aktien-ETF

Basis-Pantoffel; Stand: 30. April 2025 Quellen: LSEG, eigene Berechnungen

Ein Pantoffel-Portfolio gehört in Stufe vier des Terrassenmodells. Verwenden Sie also dafür nur Mittel, die Sie tatsächlich auf Dauer im Alltag entbehren können. Denn so stellen Sie sicher, dass Sie nicht gezwungen sind, Ihr Sparvorhaben unfreiwillig auszusetzen oder gar aufzulösen.

Die richtige Pantoffel-Variante finden

Defensiv, ausgewogen oder offensiv? Welche Pantoffel-Variante für Sie infrage kommt, hängt stark von der Dauer des Vermögensaufbaus ab. Hier gilt: Je mehr Zeit Sie haben, desto größer darf der Renditebaustein sein. Haben Sie 30 Jahre, können Sie mehr Aktien-ETF halten als jemand, der bereits in 15 Jahren an sein Geld möchte. Denn die Renditen an den Börsen gleichen sich mit der Zeit immer mehr an – auf hohem Niveau (siehe Seite 14). Beachten Sie bei der Kalkulation Ihres Zeithorizontes allerdings, dass er nicht mit der Ansparphase enden muss. Auch die Zeit, in der Sie eine Rente aus einem Pantoffel beziehen möchten, zählt dazu.

Gleichzeitig spielt auch Ihre finanzielle Gesamtsituation eine wichtige Rolle: Als Beamtin mit gesichertem Einkommen und Pensionsanspruch können Sie höhere Risiken eingehen als jeder Selbstständige, der von heute auf morgen vor finanziellen Problemen stehen kann. Sprich, je sicherer Ihre wirtschaftliche Lage ist, desto höher kann der Anteil an Aktien-ETF in Ihrem Pantoffel-Portfolio sein.

NICHTS FÜR SCHWACHE NERVEN: Auch einen weiteren Faktor sollten Sie beachten – Ihre Nerven. Wie viele Verluste auf dem Papier können Sie aushalten? Laufen Sie Gefahr, in einem Crash doch die Reißleine zu ziehen und in Panik alles zu verkaufen? Dann funktioniert die Strategie für Sie nicht. Prüfen Sie, ob Sie in der Lage sind, zumindest einen kleinen Aktien-ETF-Anteil zu halten und im Zweifel konsequent durchzuhalten.

Schätzen Sie sich selbst und Ihre Gesamtsituation realistisch ein. Die Tabelle „Die Mischung macht's" links zeigt Ihnen, wie Anleger in den vergangenen 30 Jahren gefahren wären. Überlegen Sie, wie es Ihnen mit den verschiedenen Varianten ergangen wäre: Hätten Sie den maximalen Verlust von 40 Prozent mit einem offensiven Pantoffel durchgehalten? Auch wenn Ihr Partner eventuell vorwurfsvoll nachfragt oder irgendein „Experte" in den Medien glaubhaft behauptet hätte, die Börse würde sich sicher nie wieder erholen? Die Zeile „Endvermögen" ist der Beweis: Nervenstärke hat sich ganz erheblich ausgezahlt.

Schritt für Schritt zu Ihrem Pantoffel

Je nach Lebenssituation und Risikoneigung haben Sie verschiedene Gestaltungsmöglichkeiten für Ihr Pantoffel-Portfolio. Für die meisten ist der ausgewogene Weltpantoffel ohne Beimischung empfehlenswert (rote Linie). Vorsichtige wählen den defensiven Pantoffel, Risikofreudige oder junge Menschen, die für die Altersvorsorge sparen, den offensiven Pantoffel.

Finanziellen Spielraum ermitteln
→ Seite 19

Summe für Einmalanlage

Rate für Sparplan

Risikoprofil wählen
→ Seite 20

Den Sicherheitsbaustein planen
→ Seite 35

Tages-, Festgeldkonto und/oder Renten-ETF wählen
→ Seite 36

Den Renditebaustein planen
→ Seite 25

Aktien-ETF Welt mit oder ohne Emerging Markets wählen
→ Seite 29

Optionale Beimischung von bis zu 20 Prozent des Bausteins mit z.B. Gold, europäischen Aktien
→ Seite 63

Setzen Sie Ihren Plan um → Seite 94

Ihren Pantoffel befüllen

Haben Sie den passenden Pantoffel für Ihre Situation und Ihr Nervenkostüm gefunden? Wunderbar! Dann kann's losgehen. Nun wählen Sie die Produkte aus, mit denen Sie Ihren Sicherheits- und Renditebaustein jeweils befüllen.

Die einfachste Variante ist der Welt-Pantoffel. Hierfür brauchen Sie nur zwei Produkte: eines für Ihren Sicherheitsbaustein – entweder ein Tagesgeldkonto oder einen Renten-ETF (mehr dazu in Kapitel 2 ab Seite 35); und eines für den Renditeteil – hier sollten Sie einen weltweit streuenden Aktien-ETF wählen. Der kann nur Aktien aus den Industrieländern enthalten oder auch Werte aus den aufstrebenden Länder – den sogenannten Emerging Markets – einschließen (alles hierzu im Abschnitt „Die ganze Börsenwelt in einem ETF" ab Seite 29).

Für die allermeisten Anlegerinnen und Anleger dürfte ein ausgewogener Welt-Pantoffel die beste Wahl sein – also einer, der je zur Hälfte aus einem Zinsprodukt und einem Aktien-ETF besteht. Aber vielleicht liegen Ihnen Nachhaltigkeit und Umwelt besonders am Herzen? Dann sollten Sie sich die Öko-Pantoffel im Kapitel „Der nachhaltige Welt-Pantoffel" ab Seite 45 genauer ansehen. Aktien-ETF gibt es nämlich inzwischen auch mit Unternehmen, die bestimmte Kriterien in Sachen Umweltschutz und Sozialstandards erfüllen müssen.

Oder wollen Sie eigene Akzente setzen, zum Beispiel auch in Gold investieren oder mehr Aktien aus Deutschland oder Europa halten? Vielleicht finden Sie auch eine spezielle Anlagestrategie interessant? Dann ersetzen Sie 20 Prozent Ihres Welt-Aktienindex durch einen oder mehrere andere Aktien-ETF. Wie das genau geht, erklären wir im Kapitel „Ergänzungen für erfahrene Anleger" ab Seite 63.

Noch ein wichtiger Hinweis: Wenn Sie sich für einen Pantoffel entschieden haben, erliegen Sie nicht der Versuchung, schlauer sein zu wollen als der Markt, sondern bleiben Sie stur bei Ihrer Strategie. Verlieren Sie keinesfalls die Nerven, wenn es an den Finanzmärkten rappelt. Wer Anteile inmitten eines Crashs verkauft, verspielt viel Geld. Prüfen Sie einfach in regelmäßigem Rhythmus, ob Sie Ihren Pantoffel nachjustieren sollten – am besten zu einem festgelegten Zeitpunkt, mindestens einmal im Jahr (siehe Seite 128). Sind die Bausteine in Ihrem Portfolio aus dem Gleichgewicht geraten, sollten Sie umschichten und Ihre ursprüngliche Gewichtung wiederherstellen. Die Disziplin, die Aufteilung Ihres Portfolios beizubehalten, ist wichtig – das belegen die Analysen der Stiftung Warentest. Jenseits dieser routinemäßigen Umschichtung tun Sie allerdings ganz einfach nur eines: gar nichts.

02

Einer für alle

Der Welt-Pantoffel

Der Welt-Pantoffel ist für die meisten Anleger und Anlegerinnen genau passend. Er benötigt am wenigsten Pflege und bietet eine sehr breite Streuung. Das senkt das Risiko.

Sie suchen einen Allrounder für Ihre langfristige Geldanlage? Pflegeleicht, kostengünstig und dennoch renditestark? Dann dürfte der Welt-Pantoffel gut zu Ihnen passen – egal, ob Sie einmalig eine größere Summe anlegen, einen Sparplan aufsetzen oder mit einem Entnahmeplan langfristig ein Zusatzeinkommen erzielen möchten. Der Welt-Pantoffel streut den Aktienanteil breit rund um den Globus. Ihren Renditebaustein füllen Sie mit genau einem ETF: einem, der die Börsen aller Industrieländer abdeckt, oder einem, der zusätzlich Unternehmensanteile aus den Emerging Markets beinhaltet. Und das hat viele Vorteile:

Sehr breite Streuung. Mit einem Weltindex-ETF kaufen Sie Anteile von Hunderten Unternehmen aus verschiedensten Ländern. Damit reduzieren Sie das Anlagerisiko erheblich.

Sehr geringe Kosten. ETF sind ohnehin kostengünstiger als aktiv gemanagte Fonds. Die laufenden Kosten für Management und Verwaltung sind bei ETF sehr gering – und auch der Kauf und Verkauf kosten nur einen Bruchteil dessen, was bei aktiven Fonds in Rechnung gestellt wird.

Besonders bequem. Sie prüfen einmal im Jahr, ob das Verhältnis von Rendite- und Sicherheitsbaustein noch zueinander passt. Im Gegensatz zu anderen Pantoffel-Varianten, bei denen Sie auch auf das Verhältnis verschiedener ETF-Anteile in Ihrem Renditebaustein achten sollten, ist diese Kontrolle einfach. Sie haben ja nur einen Aktien-ETF im Portfolio. Und: Sie benötigen keine Vorkenntnisse zu Aktien und Finanzmärkten.

Absolut transparent. Wie sich Ihr Pantoffel entwickelt, können Sie jederzeit nachverfolgen. ETF sind an der Börse notiert, es werden fortlaufend Kurse gestellt. Auch der Wert Ihres Sicherheitsbausteins lässt sich leicht nachvollziehen: über die Kurse Ihres Renten-ETF oder den Kontostand für Ihr Tages- oder Festgeld.

Das Pantoffel-Portfolio: Was aus 100 000 Euro innerhalb von 30 Jahren geworden wäre

Wer in den vergangenen 30 Jahren komplett auf Aktien (Rendite) gesetzt hätte, wäre mit tollen Renditen belohnt worden. Dafür hätten Anleger aber massive Abstürze und Durststrecken aushalten müssen. Nicht jedermanns Sache! Mit den drei Varianten des Pantoffel-Portfolios – offensiv, ausgewogen und defensiv – lässt sich das Risiko absenken.

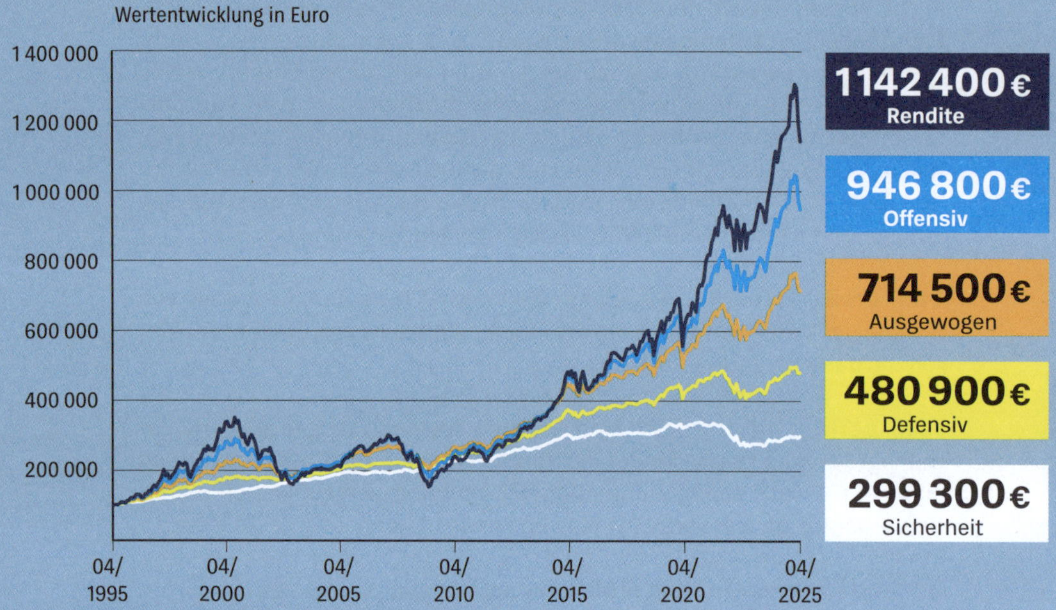

Pantoffel-Portfolio	Rendite über ... Jahre (% p. a.)					Max. Verlust (%)	Längste Verlustphase (Jahre)	Anpassungen (Anzahl)
	30	20	10	5	1			
Sicherheit	3,7	2,2	−0,1	−1,8	4,0	−20	4,3	0
Defensiv	5,4	4,1	2,7	2,3	4,4	−16	2,8	5
Ausgewogen	6,8	5,8	4,9	6,4	4,7	−23	4,8	9
Offensiv	7,8	7,5	7,2	10,0	5,0	−40	6,7	4
Rendite	8,5	8,8	9,2	13,0	5,2	−56	13,4	0

Wählen Sie Ihre Variante

Je nachdem, für welche Pantoffel-Variante Sie sich entschieden haben, wird Ihr zu investierendes Kapital – beim Sparplan Ihre Sparrate – für den Welt-Pantoffel in zwei Teile aufgeteilt. Entweder 25, 50 oder 75 Prozent stecken Sie in einen ETF auf den MSCI World oder einen vergleichbaren Index (siehe „Die ganze Börsenwelt in einem ETF" ab Seite 29). Das ist der Renditebaustein des Portfolios. Entsprechend wandern je nach Risikograd 75, 50 oder 25 Prozent in den Sicherheitsbaustein – also in Zinsanlagen. Das sind Tagesgeld, Festgeld oder ein Renten-ETF auf sichere Euro-Anleihen (siehe Seite 35).

Die Renditen des Welt-Pantoffels waren in der Vergangenheit ansehnlich. Die Zeit spielt für die Aktienbesitzer: Obwohl der Dotcom-Crash zur Jahrtausendwende und die Finanzkrise 2008 den Wert des MSCI World zeitweise halbierten und der Corona-Crash 2020 ihn kurzzeitig um mehr als ein Drittel in den Keller schickte, schneiden alle Pantoffel-Varianten immer noch wesentlich besser ab als einfache Zinsanlagen. Wenn Sie Ihr Geld in einen Welt-Pantoffel gesteckt hätten, hätten Sie zwar je nach Risikovariante etwas weniger Rendite als mit einem reinen Aktieninvestment erzielt, dafür wären die Rückschläge aber deutlich geringer ausgefallen. Unbestritten ist eine Zinsanlage über die Zeit nervenschonender und besser kalkulierbar. Das Ergebnis fällt allerdings mager aus, und Sie drohen damit in die Realzinsfalle abzurutschen, also nach Abzug der Inflationsrate negative Renditen zu erzielen (siehe Seite 17). Obwohl Sie fleißig sparen, haben Sie nach der Kaufkraftbereinigung am Ende weniger Vermögen statt mehr.

Gute Renditen mit allen Pantoffeln

Alle drei Weltpantoffel-Varianten wären heute deutlich im Plus, wenn sie vor 30 Jahren angelegt worden wären. Und das gilt unabhängig davon, ob Sie Ihren Pantoffel ursprünglich mit einer Einmalanlage oder mit einem Sparplan gefüllt hätten: Hätten Sie 100 000 Euro in ein ausgewogenes Welt-Pantoffel-Portfolio gesteckt, wären daraus rund 714 500 Euro geworden (Stand: 30. April 2025). Bei einer monatlichen Einzahlung von 200 Euro hätten Sie mit einem ausgewogenen Welt-Pantoffel-Sparplan ein Vermögen von etwa 193 000 Euro aufgebaut.

Wenn Sie sich für einen Welt-Pantoffel entscheiden, müssen Sie nur einmal die Ausrichtung festlegen, also den Anteil des Rendite- und des Sicherheitsbausteins. Falls Sie unsicher sind, wie hoch Ihr Aktienanteil sein sollte, können Sie unter „Welcher Pantoffel passt zu Ihnen?" ab Seite 18 noch einmal nachlesen. Auch ein Blick in die Tabellen zum Welt-

Simulierte Einmalanlage über 30 Jahre. Sicherheitsbaustein: Euro-Anleihen-ETF. Renditebaustein: MSCI-World-ETF. Risikoprofil Sicherheit: 100 % Sicherheitsbaustein. Defensiv: 75 % Sicherheitsbaustein, 25 % Renditebaustein. Ausgewogen: 50–50 %. Offensiv: 25–75 %. Rendite: 100 % Renditebaustein. Berücksichtigung von Handelskosten bei Umschichtungen, ohne Steuern. Risiko und Aufwand beziehen sich auf 30-Jahres-Zeitraum. Maximaler Verlust = stärkster (zwischenzeitlicher) Einbruch seit früherem Hoch. Stand: 30. April 2025 Quellen: LSEG, eigene Berechnungen

Schöne Renditen mit dem Pantoffel-Sparplan

Wer 30 Jahre lang jeden Monat 200 Euro gespart hätte, könnte sich jetzt über ein kleines Vermögen freuen. Am meisten wäre bei einem Sparplan auf Aktien-ETF (Rendite) im Depot, aber dafür hätte es gute Nerven gebraucht. Zwischenzeitlich waren die Renditen stark im Minus. Mit den drei Pantoffel-Varianten hätte es sich deutlich entspannter gelebt.

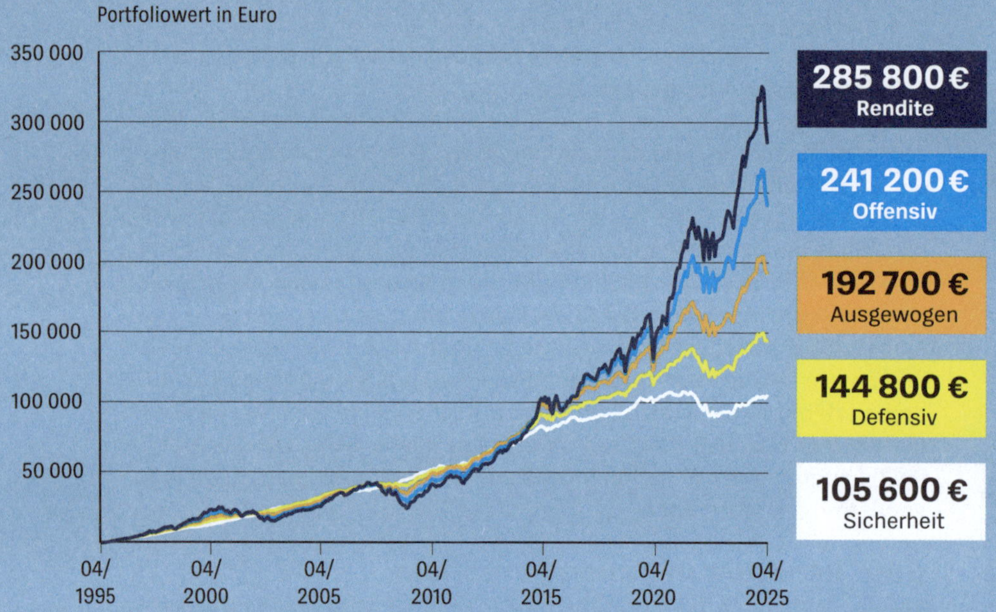

Pantoffel-Portfolio	Rendite über ... Jahre (% p. a.)					Schlechteste Rendite über ... Jahre (% p.a.)	
	30	20	10	5	1	10	1
Sicherheit	2,4	1,3	−0,7	−1,0	0,5	−0,4	−17,4
Defensiv	4,3	3,9	2,3	1,8	−2,3	2,2	−16,0
Ausgewogen	5,9	6,2	5,1	4,4	−5,0	−0,5	−17,7
Offensiv	7,1	8,5	8,0	6,8	−7,7	−3,5	−27,9
Rendite	8,0	10,0	10,1	9,1	−10,4	−6,5	−39,1

Pantoffel auf Seite 37 hilft bei der Entscheidung. Anschließend bleiben Sie beharrlich dabei. Nur wenn sich Ihre Lebensumstände grundsätzlich ändern – vielleicht weil Sie eine Familie gründen oder den Sprung in die Selbstständigkeit wagen –, sollten Sie noch einmal prüfen, ob Ihr Depot weiterhin zu Ihnen passt. Vielleicht ist es sinnvoll, es dann etwas defensiver einzustellen. Das hieße, dass Sie die Anteile der Aktien-ETF zugunsten der Zinsanteile etwas reduzieren, indem Sie Bestände umschichten. Oder besser noch bei einem Sparplan künftige Zahlungen eine Weile in den Zinsteil lenken. Der umgekehrte Fall ist auch denkbar, wenn Sie mehr finanzielle Sicherheit gewinnen, etwa weil Sie eine Wohnung erben oder einen Gehaltssprung machen.

Ansonsten gilt: Bauen Sie sich jetzt Ihren Pantoffel auf, und anschließend lehnen Sie sich entspannt zurück und lassen Ihren Sparplan laufen oder Ihr Vermögen für sich arbeiten. Mindestens einmal im Jahr schauen Sie genauer hin und passen, wenn nötig, die Gewichtung an. Das ist einfach und rasch erledigt. Wie es in der Praxis geht, lesen Sie im Kapitel „Geschickt anpassen – gezielt entnehmen“ ab Seite 127.

Die ganze Börsenwelt in einem ETF

Ihr Renditebaustein im Welt-Pantoffel ist mit nur einem Welt-Aktien-ETF ausreichend bestückt. Damit kaufen Sie sich eine breite Streuung und eine ansehnliche Rendite.

Dax, Dow Jones oder Nikkei – von denen haben Sie schon gehört und wissen auch, dass sie zu den bekanntesten Aktienindizes der Welt zählen. Alle diese Indizes werden als Indexfonds nachgebaut, an denen Sie über einen ETF Anteile erwerben können.

Nicht ganz so bekannt sind dagegen Indizes wie der MSCI World oder der FTSE Developed World. Ein solcher Weltindex wird in Ihrem Pantoffel-Portfolio allerdings künftig eine tragende Rolle spielen. Wenn Sie sich für einen pflegeleichten Welt-Pantoffel entscheiden, ist ein ETF auf einen

Simulierter Sparplan über 30 Jahre, 200 Euro monatlich. Sicherheitsbaustein: Euro-Anleihen-ETF. Renditebaustein: MSCI-World-ETF. Risikoprofil Sicherheit: 100 % Sicherheitsbaustein. Defensiv: 75 % Sicherheitsbaustein, 25 % Renditebaustein. Ausgewogen: 50–50 %. Offensiv: 25–75 %. Rendite: 100 % Renditebaustein. Berücksichtigung von Sparplankosten sowie von Handelskosten bei Umschichtungen, ohne Steuern. Risiko und Aufwand beziehen sich auf 30-Jahres-Zeitraum.
Stand: 30. April 2025 Quellen: LSEG, eigene Berechnungen

dieser Indizes alles, was Sie für Ihren Renditebaustein kaufen. Sollten Sie eigene Anlageideen mit Beimischungen verfolgen wollen, macht der Welt-Index immerhin noch 80 Prozent in Ihrem ETF-Portfolio aus.

Wie funktioniert ein Index?

Nicht jeder Aktienindex ist eine geeignete Basis für den wichtigsten ETF in Ihrem Pantoffel-Portfolio. Es gibt Hunderte von Indizes, und viele davon sind darauf ausgerichtet, ein ganz spezielles Segment der Börse abzubilden, indem sie zum Beispiel die wichtigsten Unternehmen aus einem Land oder einer Branche zusammenfassen. Genau das wollen Sie aber gerade nicht: ein Klumpenrisiko aufbauen.

Indizes auf den indischen Aktienmarkt oder auf Biotech-Unternehmen sind eben nicht breit streuend und verteilen das Risiko nur ungenügend. Selbst der Dow Jones und der deutsche Dax sind nicht optimal: Sie beinhalten jeweils nur Werte aus einem Land – und dazu noch zu wenige (im Dax sind es gerade mal 40, im Dow Jones nur 30 Aktien), als dass sie ein hinreichend gut diversifiziertes Investment darstellen.

DER INDEX LEBT: ETF investieren in die Aktien, die in einem Index vertreten sind, und zwar zu den Gewichten, die die Unternehmen darin innehaben. Die Zusammensetzung von Aktienindizes ist aber nicht in Stein gemeißelt. Regelmäßig überprüfen die Indexanbieter, ob die Unternehmen nach verschiedenen Kriterien noch die wichtigsten für den jeweiligen Aktienmarkt sind. Das hat für Indexinvestoren einen großen Vorteil: Wenn ein aufstrebendes Unternehmen in den Index kommt, wird es auch Teil ihres ETF-Vermögens, umgekehrt werden Absteiger herausgenommen.

Doch was genau ist ein Index? Wir schauen ins Jahr 1884. Da hatten die Börsenreporter Charles Dow und Edward Jones eine Idee. Sie wollten ihren Lesern täglich einen schnellen Überblick über die Lage an der Börse in New York geben.

Die beiden berechneten daher für die wichtigsten Aktien – damals waren das rund ein Dutzend Unternehmen, vor allem Eisenbahngesellschaften – eine Art gemeinsamen Kurs. Dafür zählten sie die Kurse der enthaltenen Aktien zusammen und teilten das Ergebnis durch die Zahl der Unternehmen. Der Dow Jones Industrial Average (Average = Englisch für „Durchschnitt“) war geboren, und mit ihm der erste Börsenindex. Im Laufe der Jahre erhöhte sich zum einen die Anzahl der Unternehmen im

Dow Jones – heute sind die 30 größten US-Unternehmen vertreten. Zum anderen wurden auch die Berechnungsmethoden verfeinert. Moderne Börsenindizes verwenden heute Gewichtungsformeln, in die verschiedene Faktoren einfließen, die die Bedeutung der Unternehmen widerspiegeln. Oft wird die Marktkapitalisierung zugrunde gelegt, also die Summe, die sich aus der Anzahl der gehandelten Aktien eines Unternehmens mal dem entsprechenden Kurs ergibt.

Mit der Zeit entstanden immer mehr Indizes: für alle Länder, in denen es börsennotierte Unternehmen gibt, aber auch für bestimmte Regionen wie zum Beispiel die Eurozone oder die Emerging Markets oder für einzelne Branchen und bestimmte Gruppen von Unternehmen. Hier sind beispielsweise Indizes für Technologie-Unternehmen zu nennen, wie der Nasdaq-Index aus den USA und der TecDax in Deutschland, aber auch die für kleine Firmen; sie sind hierzulande im SDax zusammengefasst.

Mehr ist besser

Ein Aktiendepot alleine so zusammenzustellen, dass es sowohl aussichtsreich als auch krisentauglich ist, überfordert die meisten Privatanleger. Nicht nur, weil es eine Menge Sachverstand und Pflege erfordert, sondern auch, weil ein nicht unerhebliches Kapital nötig ist, um ein paar Dutzend Aktienpositionen zu finanzieren.

Wenn Sie über einen ETF in einen Weltaktienindex investieren, haben Sie den Vorteil, dass Sie breit gestreut über viele Branchen und Länder anlegen. Die Unternehmen im Index sind darin nach ihrer Bedeutung – gemessen am Börsenwert – gewichtet.

Die breite Diversifikation (so lautet der Fachbegriff für Streuung) senkt die Anlagerisiken (siehe Seite 15). Denn wer auf wenige oder gar einzelne Unternehmen setzt, braucht immer auch Glück, dass gerade diese Firmen reüssieren. Wenn Sie sich dagegen an Hunderten beteiligen, profitieren Sie, sobald die Wirtschaft insgesamt wächst. Denn dann gibt es unterm Strich mehr Gewinner als Verlierer.

Zwar beträgt der Ertrag des Portfolios zwangsläufig „nur" den Durchschnittswert, den alle Aktien erreichen, der liegt aber regelmäßig weit über dem anderer seriöser Geldanlagen wie Zinseinlagen bei Banken oder Anleihen. Einige einzelne Firmen schnelden zwar immer besser ab als ein Index, doch auf Dauer ununterbrochen nur die Gewinner zu finden ist für die allermeisten Anleger unmöglich. Eine Einzelauswahl birgt zudem hohe Risiken bis hin zum Totalverlust des Kapitals. Eine breite Streuung mindert diese Risiken erheblich. Und genau diese breite Diversifikation erhalten Sie mit dem Weltindex.

DAS GEWISSE EXTRA: Dividenden – also der Anteil an den Unternehmensgewinnen, der an die Anleger ausgeschüttet wird – erhöhen den Ertrag eines ETF. Dividenden werden entweder regelmäßig auf das Konto der Anleger überwiesen oder dem Wert des Fonds hinzugerechnet (thesauriert). Nur im zweiten Fall wirkt der Zinseszinseffekt. Ein ausschüttender Fonds ist nur dann interessant, wenn Sie auf regelmäßige Einkünfte aus sind.

Der Klassiker: ein Industrieländer-Welt-Index

Auch Weltindizes gibt es einige. Sie werden von verschiedenen Indexanbietern berechnet. Die bekanntesten sind die US-Firma Morgan Stanley Capital International, kurz MSCI, und die britische FTSE, eine Tochter der Börse London. Doch auch die Indizes der eher unbekannten deutschen Solactive eignen sich gut als Basis für einen Welt-ETF. Welchen Anbieter Sie bevorzugen, ist dabei nicht ausschlaggebend: Die Indizes laufen weitgehend synchron, solange sie dasselbe Anlageziel verfolgen. Jeder von Stiftung Warentest als „1. Wahl" bezeichnete ETF aus der Kategorie „Welt" ist geeignet.

Der Klassiker ist der Industrieländerindex MSCI World. Allerdings enthält er nur Aktien aus 23 Ländern, denn die Börsenwelt unterschiedet sich erheblich von der realen Welt: Nicht in allen Ländern gibt es Aktienmärkte, an denen Anleger frei Unternehmensbeteiligungen kaufen können. Und selbst dort, wo das möglich ist, haben die Börsen in Relation zur Wirtschaft eine sehr unterschiedliche Bedeutung: In den USA ist ein Großteil der Unternehmen als Aktiengesellschaft organisiert – daher ist die Börse riesig. In Deutschland dominieren traditionell Familienunternehmen, der Aktienmarkt ist entsprechend klein. Weil ein Weltaktienindex seine Bestandteile streng nach Marktkapitalisierung festlegt – also dem Produkt aus Anzahl der gehandelten Aktien mal Kurs –, spielen die USA im MSCI World eine übermächtige Rolle: Knapp drei Viertel des Index kommen von dort. Deutschland – immer noch die drittgrößte Wirtschaftsnation der Welt – rangiert mit einem Anteil von gut 2 Prozent unter „ferner liefen" (siehe Seite 33). Auch die Liste der Branchen und Unternehmen wird von US-Firmen geprägt: Ein Viertel des Index besteht aus zehn großen US-Unternehmen – hier sind Techgiganten wie Apple, Nvidia, Microsoft, Amazon, Meta, Tesla und Alphabet vertreten.

Für den MSCI World werden nur große Unternehmen berücksichtigt. Wer auch den Mittelstand einbeziehen will, kann auf einen entsprechen-

Der MSCI World im Detail

Der MSCI World ist die gebräuchlichste Messlatte für den Anlageerfolg professioneller Investoren und Vermögensverwalter. Der globale Index enthält ausschließlich Unternehmen aus Industrieländern. Die Zahl seiner Mitglieder ist zwar nicht konstant, die Größenordnung liegt jedoch in der Regel bei 1300 bis 1600 Aktien, die aus 23 Ländern kommen.

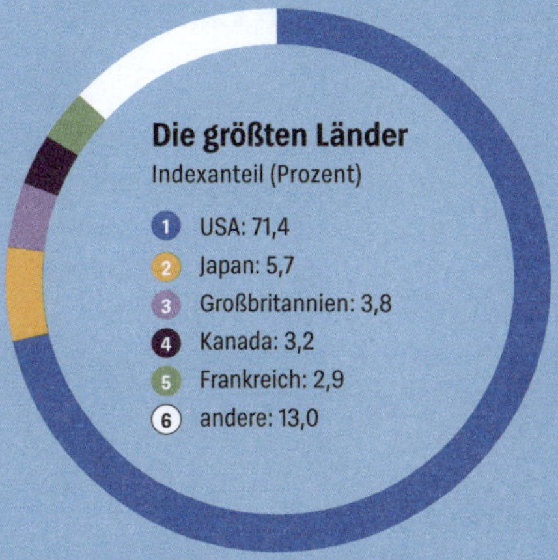

Die größten Aktien
Indexanteil (Prozent)

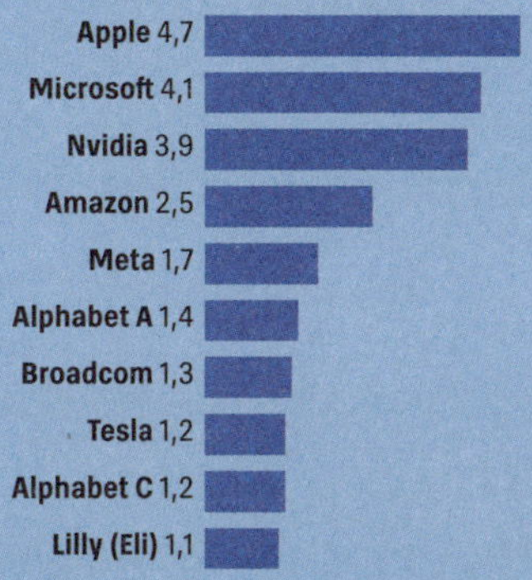

Die größten Branchen
Indexanteil (Prozent)

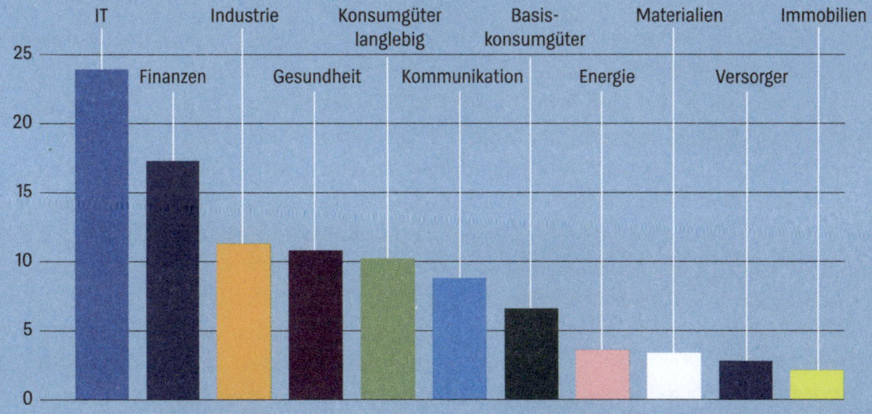

Stand: 30. April 2025 Quelle: MSCI

den Weltindex – meist mit dem Zusatz IMI – zurückgreifen, etwa den MSCI World IMI. Die Dominanz besonders der US-Börse und vor allem der großen Tech-Konzerne bricht das aber nicht. Dazu ist das Gewicht der kleinen und mittleren Aktiengesellschaften zu gering.

Trotz dieser starken Gewichtung der USA: Der MSCI World oder jeder entsprechende Industrieländerindex eines anderen Anbieters bildet die Börsenwelt der Industrieländer gut ab und ist daher als Basisinvestment für einen Welt-Pantoffel gut geeignet.

WÄHRUNG ABSICHERN? Wer die ganze Welt kauft, kauft viele Aktien in fremder Währung. Damit können Sie Erträge verlieren, auch wenn Ihre ausländischen Unternehmen gut an den Börsen laufen – immer dann, wenn Dollar, Pfund und Co. gegenüber dem Euro abwerten. Für währungsgesicherte ETF berechnen Anbieter meist etwas höhere Gebühren, und für die Absicherung der Wechselkurse können zusätzliche Kosten anfallen. Das Währungsrisiko ist auch eine Währungschance, weil Devisenkurse aufwerten können. Über die Zeit gleicht sich das in der Regel aus.

Mit oder ohne Emerging Markets?

Emerging Markets in Ihr Portfolio einzuschließen ist durchaus sinnvoll, denn hierbei handelt es sich nicht um abseitige Mini-Börsen, sondern um die Aktienmärkte von Ländern wie China, Indien und Brasilien. Dass diese Länder deutlich höhere Wachstumsperspektiven haben als die Industriestaaten, ist allgemein anerkannt. Ob sich das auch in höhere Renditen für Anleger umsetzt, dagegen weniger.

So war die Rendite der Schwellenländer-Aktien über den Zeitraum von 25 Jahren seit 1999 etwas höher als die der Industrieländerwerte. Das liegt vor allem an der fulminanten Kursentwicklung in den Emerging Markets Anfang des 21. Jahrhunderts. In den vergangenen zehn Jahren hatten aber die Industrieländer die Nase vorn: Angetrieben vor allem vom Boom der Tech-Aktien in den USA, übertraf die Durchschnittsrendite an den etablierten Börsen die der Schwellenländer deutlich.

Vor allem politische Entwicklungen bergen in diesen Ländern Risiken. Wer hätte vor fünf Jahren schon gedacht, dass russische Aktien quasi über Nacht wertlos werden, weil das Land nach dem Angriffskrieg auf die Ukraine von den internationalen Finanzmärkten ausgeschlossen wurde? Auch die chinesische Führung hat immer wieder bewiesen, dass ihr das Wohl ausländischer Anleger nicht allzu sehr am Herzen liegt. Aus politischen Gründen wurden Firmen von der Börse genommen oder die Geschäftstätigkeit von Aktiengesellschaften eingeschränkt.

Auch die Weltindizes, die Emerging Markets mit einschließen, werden streng nach Marktkapitalisierung gewichtet. Der Anteil der Schwellenländer bleibt mit 10 bis 12 Prozent daher überschaubar. Anleger, die sich für einen solchen Index entscheiden, gehen also kein übertrieben hohes Risiko ein. Allerdings bricht ein solcher Index die Dominanz der USA zumindest ein wenig: Im MSCI All Country World (ACWI) liegt der deutlich unter 70 Prozent. Welcher Index in den kommenden Jahren oder Jahrzehnten die Nase vorne hat, kann niemand sagen. Allerdings gilt: Egal, welchen Sie wählen: Solange er weltweit investiert und breit aufgestellt ist, machen Sie nichts grundsätzlich falsch.

Renten-ETF sorgen für Sicherheit

Trotz relativ niedriger Erträge: Zinsanlagen sind für jedes Depot unverzichtbar. Beim Pantoffel-Portfolio bilden sie den Sicherheitsbaustein, der das Investmentrisiko reduziert.

Die Zeiten, als es für Zinsanlagen gar keine oder bestenfalls nur sehr geringe Zinsen gab, sind zwar seit dem Sommer 2022 vorbei – im historischen Vergleich jedoch sind die Erträge aus Anleihen, Tagesgeld und Festgeld immer noch recht niedrig. Das macht sich insbesondere beim Realzins bemerkbar, also nach Abzug der Inflationsrate. Zinsanlagen können den Kaufkraftverlust oft nicht ausgleichen. Dennoch sind sie unverzichtbar.

Das gilt für die Geldanlage generell. Und natürlich haben Zinsen auch beim Pantoffel-Portfolio eine andere Aufgabe, als für möglichst hohe Erträge zu sorgen. Denn dafür ist ja der Aktienteil zuständig – er bildet den Renditebaustein. Zinsanlagen sollen dagegen vor allem für Stabilität sorgen. Sie stellen den Sicherheitsbaustein in Ihrem Portfolio dar.

Zahlreiche Vorteile sprechen für Renten-ETF

Jedes Wertpapierdepot braucht ein solides Fundament, das ihm Standfestigkeit verleiht. Dafür können am besten Anleihen sorgen, aber auch Bankeinlagen, genauer gesagt Tagesgeld oder Festgeld. Ein gebräuchlicher Name für Anleihen lautet Renten oder Rentenwerte. Mit Anleihen bestückte Indexfonds heißen entsprechend Anleihen-ETF oder Renten-ETF. Der Begriff „Rente" steht im Deutschen nicht nur für Alters- oder Ruhestandsbezüge, sondern seit Jahrhunderten schon für regelmäßige Zinszahlungen. Renten-ETF sind im Pantoffel-Portfolio in normalen Zinszeiten, in denen längerfristige Zinsanlagen mehr Rendite bringen als kurzfristige, das bevorzugte Produkt für den Sicherheitsbaustein. Sie bremsen das Gesamtrisiko des Depots.

Renten-ETF sind börsengehandelte Fonds, die einen Anleiheindex nachbilden. Sie weisen allerdings Kursrisiken auf, sind also weniger sicher als Bankeinlagen wie Tagesgeld, das zudem jederzeit kostenfrei gekündigt werden kann und damit sehr liquide ist. Trotzdem sprechen wichtige Punkte in der Ansparphase für Renten-ETF als Sicherheitsbaustein. Welche Vorteile sind das?

Zum einen bringen Renten-ETF in der Regel höhere Renditen als Tages- und Festgeld. Mehr Ertrag ist zwar beim Sicherheitsbaustein nicht ausschlaggebend, aber für das Risiko-Rendite-Profil des Pantoffel-Portfolios natürlich doch vorteilhaft. Zum anderen sind Renten-ETF bequem wie ein Hausschuh. Sie sind unkomplizierter und weniger arbeitsintensiv. Denn bei ihnen entfällt das Tages- oder Festgeld-Hopping, also das zeitaufwendige häufige Wechseln zu Banken mit den jeweils günstigsten Konditionen (siehe Seite 42).

Seitdem die Europäische Zentralbank (EZB) und andere Notenbanken ihre Null- und Negativzinsphase beendet haben, hat sich der zeitweilige Rendite-Nachteil von Anleihen gegenüber Bankeinlagen wieder zu einem Vorteil gewandelt, wie das fast immer in „normalen" Zinszeiten der Fall ist.

Das gilt auch für Staatsanleihen, das bevorzugte Produkt für den Sicherheitsbaustein. Stiftung Warentest hat ausgerechnet, dass in den letzten 30 Jahren (bis zum 30. April 2025) Euro-Staatsanleihen mit durchschnittlich 3,8 Prozent eine fast doppelt so hohe jährliche Rendite erbracht haben wie Tagesgeld mit 2,0 Prozent. Ende April 2025 rentierten Anleihen ebenfalls deutlich höher als der Durchschnitt der Tagesgeldangebote, die von der Deutschen Bundesbank mit rund 0,5 Prozent berechnet wurden. Manche Banken zahlten zwar deutlich mehr, aber eben nur ein kleiner Teil von ihnen, bei den allermeisten gab es weniger

Simulierte Einmalanlage. Sicherheitsbaustein: Euro-Anleihen-ETF bzw. Tagesgeld; Renditebaustein: MSCI-World-ETF. Berücksichtigung von Handelskosten bei Umschichtungen, ohne Steuern. Maximaler Verlust = stärkster (zwischenzeitlicher) Einbruch seit früherem Hoch. Stand: 30. April 2025 Quellen: LSEG, eigene Berechnungen

Sicherheitsbausteine im Vergleich

Das wurde beim ausgewogenen Portfolio in 30 Jahren aus 100 000 Euro mit Tagesgeld oder mit einem Mix aus Tagesgeld und Anleihen.

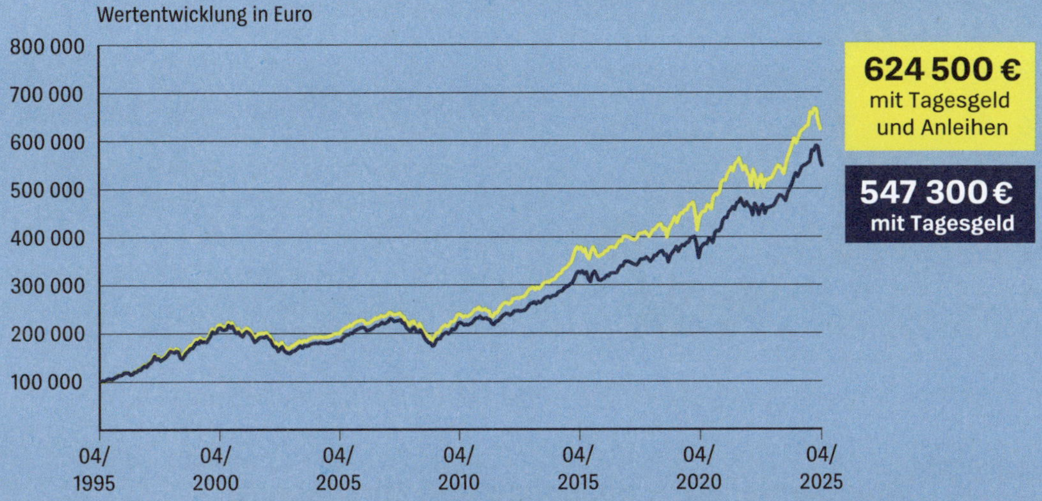

So haben sich die durchschnittlichen jährlichen Renditen und Risiko-Kennzahlen in verschiedenen Zeiträumen bei den Varianten Defensiv, Ausgewogen und Offensiv entwickelt – jeweils im Vergleich zum Sicherheitsbaustein Renten-ETF bzw. Tagesgeld allein.

Pantoffel-Portfolio	Rendite über ... Jahre (% p. a.)					Schlechteste Jahres-rendite (%)	Max. Verlust (%)	Längste Verlustphase (Jahre)
	30	20	10	5	1			
Welt-Pantoffel mit Euro-Anleihen-ETF								
Sicherheit	3,7	2,2	−0,1	−1,8	4,0	−17,3	−20	4,2
Defensiv	5,4	4,1	2,7	2,3	4,4	−15,9	−16	2,8
Ausgewogen	6,8	5,8	4,9	6,4	4,7	−17,0	−23	4,8
Offensiv	7,8	7,5	7,2	10,0	5,0	−28,8	−40	6,7
Welt-Pantoffel mit Tagesgeld								
Sicherheit	2,0	1,3	0,8	1,7	3,1	0	0	0
Defensiv	4,1	3,5	3,2	5,5	3,6	−7,4	−10	4,1
Ausgewogen	5,8	5,6	5,4	7,7	4,2	−18,7	−27	6,2
Offensiv	7,3	7,3	7,4	10,9	4,7	−29,5	−43	12,4

als ein Prozent. Deutsche Bundesanleihen mit einer Laufzeit von zehn Jahren brachten dagegen zur gleichen Zeit mit rund 2,5 Prozent eine wesentlich höhere Rendite. Staatsanleihen anderer Länder aus dem Euroraum rentierten mit teilweise über 3 Prozent sogar noch mehr. Was aber zeichnet Staatsanleihen als Sicherheitsbaustein für das Pantoffel-Portfolio aus?

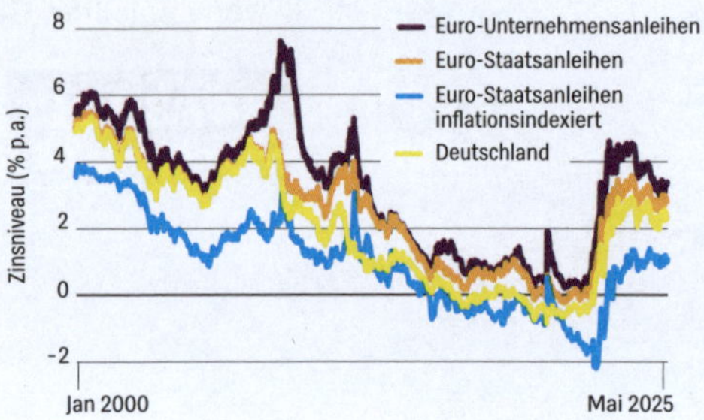

STARKE SCHWANKUNGEN: So hat sich das Zinsniveau der wichtigsten Kategorien von Euro-Anleihen in den 25 Jahren bis Ende April 2025 entwickelt. Unternehmensanleihen wiesen meistens die höchsten Zinsen auf – allerdings auch viel stärkere Schwankungen als Staatsanleihen. Die Zinsen inflationsindexierter Papiere waren in der Regel am niedrigsten.

Stand: 30. April 2025 Quellen: LSEG, eigene Simulationen

Staatsanleihen – die solidesten Zinspapiere

Staatsanleihen können nicht nur langfristig (und normalerweise auch kurzfristig) mit höheren Zinsen überzeugen als Tagesgeld. Sie gelten zudem als solideste festverzinsliche Wertpapiere. Das liegt daran, dass Regierungen anders als Unternehmen ihre Einnahmen per Gesetz – vor allem über Steuern und andere Abgaben wie Zölle – erhöhen und damit die Zins- und Rückzahlungen ihrer Anleihen sicherstellen können.

Aber Staat ist nicht gleich Staat. Die Bonität der einzelnen Länder hängt wesentlich davon ab, wie hoch ihre Staatsverschuldung ist, wie sich voraussichtlich die Schuldensituation weiterentwickeln wird und wie gut es der Wirtschaft geht, da hiervon ein erheblicher Teil der Steuereinnahmen abhängt.

Über den Grad der Bonität geben die „Noten" Auskunft, die Ratingagenturen für Schuldner und ihre Anleihen erstellen. Die größte Agentur ist Standard & Poor's (S&P). Die Bestnote bei S&P ist AAA, gefolgt von AA+, die schlechteste Note ist D. Als „Investment Grade" und damit als relativ sicher gelten die zehn Noten bis einschließlich BBB–. Ab BB+ beginnen die riskanten Schuldner.

Innerhalb der größeren Länder der Eurozone ist die Bonität der Staaten unterschiedlich – Deutschland weist mit AAA die besten Noten auf, Italien und Griechenland mit BBB und BBB+ die schlechtesten. Italien hat mit einer hohen und weiter stark steigenden Staatsverschuldung zu kämpfen, während Griechenland in den vergangenen Jahren erhebliche Fortschritte bei der Eindämmung der Neuverschuldung gemacht hat. Die gesamten Schulden des südeuropäischen Landes sind allerdings, gemessen an der Wirtschaftsleistung (dem Bruttoinlandsprodukt, BIP), immer noch sehr viel höher als in Deutschland und auch höher als in Frankreich und Italien.

Ende April 2025 betrug die Rendite deutscher Staatsanleihen mit zehn Jahren Restlaufzeit 2,5 Prozent und lag damit deutlich unter der Verzinsung französischer und spanischer Staatsanleihen mit jeweils 3,2 Prozent und italienischer mit 3,6 Prozent. Griechenland-Anleihen, die in der Euro-Schuldenkrise und in den Jahren danach besonders hohe Renditen abgeworfen hatten, brachten 3,3 Prozent. Ähnlich niedrig wie deutsche sind im Euroraum die Renditen niederländischer Staatsanleihen mit 2,8 Prozent.

Die unterschiedlichen Verzinsungen von Schuldverschreibungen im Euroraum nutzen Renten-ETF zur Ertragssteigerung und Risikostreuung. Sie bilden Rentenindizes nach, die eine Vielzahl von Staatsanleihen verschiedener Euro-Länder mit unterschiedlichen Laufzeiten zusammenfassen. Da diese Indizes eine Kombination aus hohen und niedrigen Renditen beinhalten, liegt ihre Durchschnittsverzinsung deutlich über der von deutschen Bundesanleihen.

Ein bei ETF-Anbietern und Anlegern beliebter Index für Euro-Staatsanleihen ist der Bloomberg Euro Treasury Index. Er vereint nahezu 500 Staatsanleihen aus 19 Ländern des Euroraums sowie zusätzlich Schuldverschreibungen, die von der Europäischen Union (EU) ausgegeben worden sind.

Renten-ETF nur auf Euro als Sicherheitsbaustein

Indizes auf Staatsanleihen gibt es selbstverständlich nicht nur von Euro-Ländern, sondern auch von Staaten weltweit und in zahlreichen Währungen, vor allem dem US-Dollar. Aber nur die Staatsanleihen, die von Euroländern ausgegeben werden, eignen sich als Sicherheitsbaustein für das Pantoffel-Portfolio, weil die darin enthaltenen Papiere alle auf Euro lauten.

Anders als bei Aktien-ETF ist das wichtig, weil so für Anleger aus dem Euroraum bei den Zinszahlungen und bei den Tilgungsleistungen keinerlei Wechselkursrisiko entsteht. Die Zahlungsströme sind damit weniger risikoreich, als sie dies in anderen Währungen wie dem US-Dollar sind. Sicherheit geht hier klar vor möglichen höheren Renditen.

ETF mit einer Anleihen-Mischung

Eine zweite Möglichkeit besteht darin, auf ETF zu setzen, die eine Mischung aus Staats- und Unternehmensanleihen sowie Pfandbriefen und anderen Anleiheformen enthalten. Sie sollten jedoch alle in Euro aufgelegt worden sein. Unternehmensanleihen gelten zwar als weniger sicher als europäische Staatsanleihen, aber durch eine breite Mischung wie bei einem ETF wird das Risiko reduziert.

Ein marktbreiter Renten-ETF von State Street aus dieser Kategorie, der von den Finanzprofis der Stiftung Warentest mit „1. Wahl" ausgezeichnet ist, bildet den Bloomberg Euro Aggregate Bond Index nach. Er umfasst über 2 200 Wertpapiere aus dem Euroraum. Rund 55 Prozent des Indexwerts machten bei ihm Ende April 2025 Euro-Staatsanleihen aus. Rund 21 Prozent der Anleihen sind aus Frankreich, knapp 19 Prozent von deutschen Staats- und Unternehmensanleihen.

ETF mit Unternehmensanleihen

Apropos Unternehmensanleihen: Anlegerinnen und Anlegern, die Spaß an der Geldanlage haben, den Mehraufwand nicht scheuen und größere Summen investieren möchten, bietet sich eine dritte Möglichkeit: Sie können die Bond-Kategorien selbst mixen und einem ETF auf Staatsanleihen einen auf Unternehmensanleihen beimischen. Dafür kann man Indexfonds auf Rentenindizes ins Depot nehmen, die solide Euro-Corporate-Bonds mit Investment Grade enthalten. Sie können ähnlich gute Bonitätsnoten wie Staatsanleihen mancher Länder aufweisen, bieten aber in der Regel höhere Renditen.

Einige Renten-ETF, die von der Stiftung Warentest mit „1. Wahl" ausgezeichnet sind, bilden den marktbreiten Bloomberg Euro Corporate Index ex Financials nach. Er setzt sich aus rund 2 250 Unternehmensanleihen zusammen, allerdings sind bewusst keine Banken und anderen Finanzinstitute enthalten. Die Rentenpapiere sind alle mit Investment Grade bewertet und wurden in Euro von europäischen, aber auch außereuropäischen (vor allem US-amerikanischen) Firmen aufgelegt. Dadurch besteht auch hier keinerlei Währungsrisiko. Die Durchschnittslaufzeit in diesem Index ist mit rund fünf Jahren (Ende April 2025) niedriger als bei den vorgestellten Indizes auf Staatsanleihen.

Eine weitere Alternative bei Unternehmensanleihen ist der Markit iBoxx EUR Liquid Corporates Index, auf den es ebenfalls Renten-ETF gibt. Er enthält bis zu 75 hochliquide Firmenbonds. Anders als beim zuvor beschriebenen Bloomberg-Index weist er einen klaren Schwerpunkt bei Finanzinstituten auf, die über 50 Prozent des gesamten Anleihevolumens ausmachen. Die durchschnittliche Restlaufzeit betrug Ende April 2025 knapp sechs Jahre und war damit etwas länger als beim Bloomberg Euro Corporate Index ex Financials.

Die Kurse schwanken mit den Anleihen-Renditen

Trotz der relativ niedrigen Anleihezinsen haben ETF auf Rentenindizes in den Jahren 2023 und 2024 besser abgeschnitten, als es die vergleichsweise geringen Renditen vermuten lassen. So brachte der Bloomberg Euro Corporate 2023 rund 8,2 Prozent Rendite und 2024, als die Zinsen nach kurzem Höhenflug wieder zu fallen anfingen, 4,7 Prozent. Zuvor allerdings, während des steilen Zinsanstiegs, hatte der Index 2022 ein Minus von 13,6 Prozent gebracht.

Warum aber fallen die Kurse von Anleihen (und damit auch die von Renten-ETF), wenn die Zinsen steigen? Und warum klettern sie, wenn die Renditen zurückgehen? Was auf den ersten Blick unlogisch erscheint, ist gar nicht so kompliziert.

Beispiel: Anleger A hat eine Anleihe mit einem Zinssatz von 2,0 Prozent gekauft. Nun aber steigt die Marktrendite (also der durchschnittlich erzielbare Zinssatz) für das entsprechende Anleihesegment, beispielsweise Staatsanleihen, auf 3,0 Prozent. Seine Anleihe ist damit weniger wert geworden. Er könnte sie nicht mehr verkaufen, weil andere Anleger natürlich Anleihen mit 3 Prozent Rendite solchen mit 2 Prozent vorziehen. Der Renditeausgleich erfolgt über den Kurs der Anleihe von Anleger A: Er fällt so lange, bis die Rendite das neue Zinsniveau von 3 Prozent erreicht.

Die Kursveränderungen der Anleihen sind umso stärker, je länger die Laufzeit ist. Bei einem Renditerückgang läuft es natürlich genau umgekehrt. Wenn der Marktzins von 3 Prozent auf 2 Prozent fällt, klettert der Kurs so weit, bis die Rendite der entsprechenden Anleihe ebenfalls auf 2 Prozent zurückgeht.

Laufzeit-ETF als Alternative für das Zielsparen

Renten-ETF laufen in der Regel „ewig“, sie weisen also keine bestimmte Laufzeit wie einzelne Anleihen auf. Aber es gibt Ausnahmen: Renten-ETF-Laufzeitfonds. Sie werden – ähnlich wie einzelne Anleihen – von vornherein mit einer bestimmten Laufzeit aufgelegt. Das Geld wird danach an die Anleger zurückgezahlt.

Renten-ETF-Laufzeitfonds, von denen zunehmend mehr auf den Markt kommen, eignen sich vor allem, wenn von vornherein klar ist, dass das Geld nach einer bestimmten Zeitspanne benötigt wird – sei es zu einem vorgesehenen Kauf eines Autos, von Möbeln, als Teil einer Baufinanzierung oder anderen geplanten Ausgaben. Der Vorteil: Sie wissen mit ziemlicher Sicherheit, wie viel Geld Sie zurückerhalten und mit welcher Rendite Sie rechnen können. Das steigert die Planbarkeit. Wer den Laufzeit-ETF bis zur Fälligkeit durchhält, riskiert auch keine Kursverluste. Sie können jedoch entstehen, wenn der ETF vor dem Ende der Laufzeit verkauft wird.

Laufzeit-ETF weisen in den meisten Fällen mittlere Fristen von zwei bis fünf Jahren auf, vereinzelt gibt es auch Produkte mit deutlich längeren Laufzeiten. Anlegerinnen und Anleger können dabei aus verschiedenen Varianten wählen: auf in Euro lautende Laufzeit-ETF sowohl für deutsche Staatsanleihen allein als auch für einen Korb von Anleihen aus mehreren Euroländern. Auch mit Unternehmensanleihen bestückte Laufzeit-ETF gibt es im Angebot der Emittenten. Sie bringen in der Regel etwas höhere Rendite als die Produkte, die ausschließlich mit Staatsanleihen bestückt sind. Zunehmend mehr Anbieter offerieren inzwischen Renten-Laufzeit-ETF. Die meisten Angebote stammen von iShares (iBonds genannt), Amundi und Xtrackers.

Aber Achtung: Im Gegensatz zu Tagesgeld, Festgeld und anderen kurz- und mittelfristigen Bankeinlagen greift bei Laufzeit-ETF die Einlagensicherung nicht. Somit besteht keine absolute Sicherheit. Üblicherweise packen die Emittenten jedoch nur Schuldverschreibungen mit hoher Bonität in ihre Produkte. Die Wahrscheinlichkeit der Zahlungsunfähigkeit einzelner Anleihenschuldner im „ETF-Korb" ist dadurch relativ gering. Wer Geld längerfristig auf unbestimmte Zeit anlegen möchte, sollte besser auf „normale", unbegrenzt laufende Renten-ETF setzen, da sie pflegeleichter sind und meist etwas höhere Renditen abwerfen.

Laufzeit-ETF können jedoch eine reizvolle Alternative zu Tages- und Festgeld sein. Durch den laufenden Börsenhandel sind sie ähnlich liquide wie Tagesgeld und deutlich liquider als Festgeld. Im Normalfall bringen sie höhere Renditen als der Durchschnitt der Bankangebote für Tages- und Festgeld.

Tagesgeld – sicher und flexibel

Geld auf einem Tagesgeldkonto ist besonders sicher, weil es kein Kursrisiko gibt. Zurückgezahlt wird von den Banken immer der eingezahlte Betrag plus die Zinserträge. Die Flexibilität ist ähnlich hoch wie bei einem Girokonto, weil Anleger an keine Laufzeiten oder Kündigungsfristen gebunden sind. Sie können von heute auf morgen die Geldanlage auflösen und zu einer Bank mit besseren Konditionen oder in andere Anlageformen wechseln, die für Sie gerade aussichtsreicher sind.

Die Anbieter mit guten Konditionen können mit der Zeit wechseln, da Banken ihre Zinssätze jederzeit ändern können. Die Stiftung Warentest listet die Angebote, die sich über eine längere Frist an der Spitze halten konnten, in ihrem Tagesgeldvergleich (siehe unten) unter „Dauerhaft gut". Wer Tagesgeld als Sicherheitsbaustein nutzt, wählt am besten eines dieser Angebote. Die aufwendigere Alternative besteht darin, die Anlagen umzuschichten, wenn andere Anbieter günstigere Zinsen offerieren, also Tagesgeld-Hopping zu betreiben, um die Rendite des Sicherheitsbausteins aufzubessern. Das kann aber zeitaufwendig sein.

Im Gegensatz zu Anleihen und anderen Rentenwerten ist bei Tagesgeld der Werterhalt bis zu mindestens 100 000 Euro pro Person gewährleistet. Dafür sorgt die gesetzliche Einlagensicherung, der alle Banken in der EU unterliegen. Allerdings ist es wichtig, darauf zu achten, dass das Land, in dem die Bank ihren Sitz hat, im Ernstfall in der Lage wäre, die Sparer zu entschädigen.

Alle Sparerinnen und Sparer haben einen Rechtsanspruch auf eine Entschädigung ihrer Einlagen bis 100 000 Euro je Kunde und Bank, sollte das Geldinstitut pleitegehen. Für Ehepaare mit Gemeinschaftskonto sind es also 200 000 Euro an Einlagen. Selbst Zinsen, die aufgelaufen sind, aber noch nicht gutgeschrieben wurden, fallen darunter. Zusätzlich gibt es über die gesetzliche Einlagensicherung hinaus je nach Bankengruppe freiwillige Schutzmechanismen. Bei Sparkassen und Genossenschaftsbanken sind Kundengelder sogar zu 100 Prozent in unbegrenzter Höhe abgesichert, private Banken haben einen zusätzlichen Einlagensicherungsfonds eingerichtet.

ES GIBT GRENZEN: Die Schutzgrenze bei der Einlagensicherung jeder Bank lässt sich auf der Website des Bankenverbandes bdb.de abrufen. Wer die Obergrenze überschreitet, sollte sein Vermögen vorsorglich auf mehrere Banken verteilen. Dadurch lässt sich die Einlagensicherung mit jedem Konto ausschöpfen.

Unter test.de/zinsen (Inhalte kosten eine geringe Gebühr, sind dafür stets aktuell) vergleicht die Stiftung Warentest die Tagesgeld-Konditionen von mehr als 80 Banken für fünf verschiedene Anlagebeträge. In der Bestenliste tauchen ausschließlich seriöse Zinsangebote auf, bei denen keine Gebühren oder zusätzlichen Kosten anfallen. Und die Angebote stammen von Geldinstituten aus Ländern, in denen die Einlagensicherung vertrauenswürdig ist.

Aufgrund des hohen Maßes an Sicherheit und Flexibilität ist Tagesgeld seit Langem die mit Abstand beliebteste Geldanlageform in Deutschland. Ende März 2025 waren laut einer Statistik der Deutschen Bundesbank gut 1,8 Billionen Euro als Tagesgeld angelegt.

Festgeld als Ergänzung

Um die Rendite des Sicherheitsbausteins zu verbessern, können Sie einen Teil des Geldes statt in Tagesgeld in Festgeld anlegen. Allerdings sollte Ihr Schwerpunkt weiter auf dem Tagesgeld liegen, weil nur so ein Höchstmaß an Flexibilität gewährleistet bleibt. Und die benötigen Sie, um Ihr Pantoffel-Portfolio bei Bedarf anpassen zu können (siehe Seite 135). Zudem erlaubt Ihnen eine Anlage in Tagesgeld, in unsicheren Zinszeiten jederzeit zu wechseln, wenn die Zinsen sich ändern. Im April 2025 brachten die besten Festgeldangebote für zwölf Monate etwas mehr als 2 Prozent Zinsen. Auch die Konditionen für Festgeld finden Sie online unter test.de/zinsen.

Für längere Laufzeiten als ein Jahr gibt es meist einen etwas höheren Ertrag. Der Unterschied zu Festgeld mit zwölf Monaten vereinbarter Laufzeit war jedoch Ende April 2025 im Durchschnitt laut der Deutschen Bundesbank relativ gering. Bei Festgeld können Sie das Geld während der Laufzeit nicht in andere Anlagen umschichten – es liegt fest, wie es der Name schon sagt.

Das kann sich als Nachteil erweisen, sobald das allgemeine Zinsniveau wieder steigen sollte. Mehr Flexibilität bewahren Sie sich, wenn Sie Festgelder mit verschiedenen Laufzeiten abschließen, die dann beispielsweise nach einem, zwei, drei und vier Jahren fällig werden. Dann können Sie jeweils neu entscheiden, was mit dem frei gewordenen Betrag passieren soll.

Tagesgeld, eventuell ergänzt um einen Festgeld-Anteil, war für das Pantoffel-Portfolio in der Zeit der Null- und Minizinsen Anfang der 2020er-Jahre die bevorzugte Anlageform. Damals brachten deutsche Staatsanleihen teilweise Negativzinsen, das heißt, Anleger zahlten beim Kauf von Bundesanleihen zeitweise sogar drauf. Mit der Zinswende der Europäischen Zentralbank (EZB) von Mitte 2022 hat sich das aber, wie wir gesehen haben, geändert. Da seitdem im Euroraum wieder relativ „normale" Zinszeiten herrschen, empfiehlt die Stiftung Warentest Renten-ETF als bevorzugten Sicherheitsbaustein.

03

Der nachhaltige Welt-Pantoffel

Nachhaltig investieren leicht gemacht

Die Pantoffel-Strategie lässt sich auch dann ganz einfach umsetzen, wenn Sie ethische, ökologische und soziale Kriterien bei der Geldanlage beachten wollen.

Legen Sie im Alltag besonderen Wert auf Klimaschutz und Umwelt, lehnen Waffen und Kinderarbeit ab und wollen ethische, ökologische und soziale Grundsätze auch bei der Geldanlage berücksichtigen? Kein Problem – auch die Pantoffel-Strategie gibt es als nachhaltige Variante. Stiftung Warentest untersucht regelmäßig Aktien- und Anleihen-Fonds und -ETF in Bezug auf ihre Nachhaltigkeit und die Anlagequalität, was die Auswahl nachhaltiger Anlagen einfach macht.

In diesem Kapitel erklären wir alles, was Sie zu nachhaltigen Investments wissen müssen. Sie erfahren, wie Sie ein nachhaltiges Pantoffel-Portfolio – mit nur zwei Positionen – selbst anlegen. Dabei richten wir den Blick auch darauf, was hinter der Nachhaltigkeitsidee steckt und wie es um die Performance im Vergleich zu gewöhnlichen ETF steht. Wir erläutern, welche ETF sich für die Pantoffel-Strategie eignen und wie Sie einen nachhaltigen ETF auswählen, der Ihren Anforderungen entspricht.

Was bedeutet „nachhaltige Geldanlage"?

Kurz gesagt: Nachhaltige Geldanlage ist die Bezeichnung für nachhaltige, ethische und soziale Investments. Bei der Auswahl von Aktien oder Anleihen wird also nicht nur auf die ökonomischen Zahlen wie Umsatz oder Ergebnis geachtet, sondern zusätzlich berücksichtigt, inwieweit die Aktiengesellschaften oder Anleihe-Emittenten sozial und ökologisch verantwortlich wirtschaften.

Nachhaltig anzulegen ist kein neues Thema, sondern weit älter als die Fridays-for-Future-Bewegung oder die Flower-Power- und Atomkraftgegner-Zeiten der 1960er- und 1970er-Jahre. Schon im 18. Jahrhundert vermied die religiöse Glaubensgemeinschaft der Quäker Geldanlagen, die von der Sklaverei profitierten. Die ersten ethischen Investmentfonds entstanden, weil Quäker und Methodisten in den USA und Großbritannien ihr Geld nur in Geschäfte investieren wollten, die nicht mit Alkohol, Tabak und Glücksspiel in Verbindung standen. Börsennotierte Alkohol- und Tabakhersteller werden auch „sin stocks", auf Deutsch „Sündenaktien", genannt – ein Tabu für religiöse Einrichtungen.

Die großen Treiber: Vereinte Nationen und EU

Stark vorangetrieben hat den Nachhaltigkeitsgedanken der ehemalige Generalsekretär der Vereinten Nationen (UN) Kofi Annan, der das Thema an den Kapitalmärkten fest verankern wollte. Heute forciert ihn vor allem die Europäische Union (EU), dazu im Folgenden mehr. Die UN riefen im Jahr 2000 den Global Compact ins Leben – eine Vereinbarung zwischen Institutionen und den Vereinten Nationen mit dem Ziel, die Wirtschaft sozialer und ökologischer zu machen.

UN GLOBAL COMPACT: Es handelt sich um die weltweit größte Initiative im Nachhaltigkeitsbereich – 2025 hatten ihn mehr als 25 000 Institutionen in rund 170 Ländern ratifiziert. Die Unterzeichner des Global Compact haben sich auf zehn fundamentale Prinzipien verpflichtet.

Die Unterzeichner sollen: 1) den Schutz der internationalen Menschenrechte unterstützen und achten; 2) sicherstellen, dass sich die Teilnehmer nicht an Menschenrechtsverletzungen mitschuldig machen; 3) die Vereinigungsfreiheit und die wirksame Anerkennung des Rechts auf Kollektivverhandlungen wahren; 4) für die Beseitigung aller Formen von Zwangsarbeit eintreten; 5) für die Abschaffung von Kinderarbeit eintreten; 6) für die Beseitigung von Diskriminierung bei Anstellung und Erwerbstätigkeit eintreten; 7) im Umgang mit Umweltproblemen dem Vorsorgeprinzip folgen; 8) Initiativen zur Förderung größerer Umweltverantwortung ergreifen; 9) die Entwicklung und Verbreitung umweltfreundlicher Technologien beschleunigen; 10) gegen alle Arten der Korruption eintreten, einschließlich Erpressung und Bestechung.

Die Ziele klingen gut, doch der Global Compact ist nicht unumstritten. Denn die Regeln sind recht weich formuliert, ihre Einhaltung wird von den Vereinten Nationen nicht überprüft, und Sanktionen bei Verstößen fehlen. Dennoch ist die Verpflichtung der Unternehmen zu einem jährlichen Bericht ein Anlass für diese, soziale und ökologische Aspekte zu diskutieren. Zudem überprüfen Ratingagenturen oder Indexanbieter Aktiengesellschaften unter anderem auf die Kriterien, die im Global Compact festgeschrieben sind.

Die Vereinbarung: Klimaabkommen von Paris

Ein wichtiger Meilenstein für nachhaltige Anlagen ist das im Jahr 2015 abgeschlossene „Übereinkommen von Paris". 195 Staaten vereinbarten mit dem Pariser Klimaabkommen, dass der weltweite Temperaturanstieg möglichst auf 1,5 Grad Celsius, auf jeden Fall aber deutlich unter 2 Grad Celsius im Vergleich zum vorindustriellen Zeitalter beschränkt werden soll.

Diese Vereinbarung sowie die wenige Monate zuvor von den internationalen Staats- und Regierungschefs beschlossene Agenda 2030 der Vereinten Nationen setzt die EU konsequent um. Kernstück der Agenda 2030 ist die Realisierung der 17 Sustainable Development Goals (SDGs) der Vereinten Nationen. Zu den Zielen für eine nachhaltige Entwicklung zählen unter anderem die Bekämpfung von Armut und Hunger, die Gesundheit und das Wohlergehen der Menschen, eine hochwertige Bildung oder bezahlbare und saubere Energie.

Die Umsetzung: Green Deal

Ende 2019 stellte die EU-Kommission den „European Green Deal" vor, derzeit eine der wichtigsten globalen Initiativen im Nachhaltigkeitsbereich. Das Ziel: Europa soll zu einer ressourceneffizienten und wettbewerbsfähigen Wirtschaft werden, in der im Jahr 2050 keine Netto-Treibhausgas-Emissionen mehr freigesetzt werden. Dazu haben sich alle EU-Mitgliedstaaten verpflichtet und miteinander vereinbart, die klimaschädlichen Emissionen bis 2030 um mindestens 55 Prozent gegenüber dem Stand von 1990 zu senken.

Brüssel hat in diesem Zusammenhang eine Reihe wichtiger Initiativen auf den Weg gebracht: Die EU-Taxonomie-Verordnung – das einheitliche Klassifikationssystem für nachhaltige Investitionen – definiert, welche unternehmerische Tätigkeit als ökologisch nachhaltig eingestuft werden darf und welche Kriterien Unternehmen erfüllen müssen, damit sie als nachhaltig gelten. Der Green Bond Standard regelt die Rahmenbedingungen für die Emission „grüner" Anleihen, die der Finanzierung nachhaltiger Projekte dienen sollen.

Auch die Vorschriften für die Namensgebung von Fonds haben sich geändert: Die europäische Wertpapieraufsichtsbehörde ESMA verlangt seit 2025, dass nachhaltige Fonds und ETF, die sich als solche bezeichnen, mindestens 80 Prozent des Fondsvermögens entsprechend investieren. Sie müssen zudem kontroverse Waffen- und Tabakunternehmen ausschließen und dürfen nicht in Unternehmen investieren, die gegen die Leitlinien des UN Global Compact (siehe Seite 47) verstoßen. Diese

Vorgaben gelten für Fonds und ETF, die Zusätze wie „Klima", „Transformation", „Umwelt", „ökologisch", „grün", „sustainable", „sozial", „ESG" oder „SRI" im Namen tragen.

„ESG" und „SRI" sind besonders häufig verwendete Abkürzungen im Bereich nachhaltiger Investments. Sie finden sich in zahlreichen ETF-Namen wieder:

E wie „Environmental" (Umwelt): Darunter fallen zum Beispiel Klimaschutz, Schadstoffausstoß, Luftqualität, Energiemanagement, Wasser- und Abwassermanagement.

S wie „Social" (Soziales): Gemeint sind soziale Kriterien wie die Einhaltung der Menschenrechte, gute Arbeitsbedingungen, Chancengleichheit, Sicherheit und Gesundheit der Mitarbeitenden, Personalentwicklung, Datensicherheit, Produktqualität und -sicherheit.

G wie „Governance" (Unternehmensführung): Darunter fallen unter anderem Kriterien wie Unternehmensethik, Wettbewerbsverhalten, Risikomanagement, Vermeidung von Bestechung und Korruption oder die Einhaltung der Steuerregeln.

SRI (Socially Responsible Investment), zu Deutsch: „sozial verantwortliche Anlage", ist ein häufig verwendeter Namenszusatz von MSCI. Der MSCI World SRI ist die nachhaltige Variante des MSCI World. Er gilt als wichtige Benchmark, es gibt hierzulande aber nur ETF auf Subindizes wie MSCI World SRI Low Carbon Select oder MSCI World SRI Filtered PAB (Paris Aligned Benchmark), die auf Firmen mit geringem CO_2-Ausstoß oder die Einhaltung der Pariser Klimaziele setzen.

Mit den Regeln will die EU für mehr Transparenz sorgen und dem Greenwashing, also dem offensiven Anpreisen von nur vermeintlich ökologischen Investments, ein Ende setzen. Denn am Kapitalmarkt tummeln sich gerne Anbieter, die mit gut gefeilten Werbesprüchen „ökologische Investments" verkaufen, die oft weit weniger nachhaltig sind, als die Käufer sich erhoffen.

Für Anlegerinnen und Anleger bringen die aus dem Green Deal resultierenden Vorschriften und Regelungen zwar auf den ersten Blick mehr Klarheit, ein verlässliches Urteil zur Gesamtqualität stellen sie jedoch nicht dar. Die Stiftung Warentest nimmt daher eine eigene Bewertung vor, wie gut die nachhaltigen ETF wirklich sind (siehe Seite 54).

Lohnen sich grüne Investments?

Nachhaltigen Anlagen haftete lange der Ruf einer schwachen Performance an. Das ist nicht so, wie langfristige Ergebnisse zeigen. Doch die Entwicklung ist nicht immer gleich.

Wer auf die Umwelt achtet und Produkte meidet, die unter menschenunwürdigen Bedingungen gefertigt wurden, will seinen Grundsätzen auch bei der Geldanlage treu bleiben. So stecken viele ihr Erspartes lieber in Unternehmen, die verantwortungsvoll mit der Umwelt umgehen und Mitarbeitende fair behandeln. Firmen sollen Gewinne erzielen, aber auf eine Art und Weise, die Umwelt und Gesellschaft möglichst wenig schadet. Ob sich das finanziell auszahlt, war lange Zeit umstritten. Doch die langfristigen Ergebnisse lassen keinen Zweifel: So legte etwa einer der ältesten und bekanntesten Nachhaltigkeitsindizes, der MSCI World SRI, seit Beginn der Berechnung Ende September 2007 bis zum 30. April 2025 jährlich im Schnitt um 7,61 Prozent zu, während der herkömmliche MSCI World „nur" 7,27 Prozent jährlichen Zuwachs verbuchte.

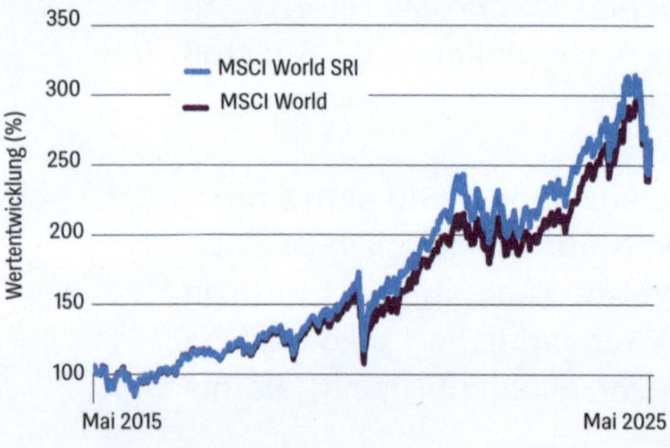

PERFORMANCEVERGLEICH: Im 10-Jahres-Vergleich entwickelte sich der nachhaltige MSCI World SRI (hell) gegenüber dem klassischen MSCI World (dunkel) phasenweise deutlich besser. Zuletzt reduzierte sich der Performancevorsprung des nachhaltigen MSCI World SRI, der teilweise 25 Prozentpunkte und mehr betrug, jedoch auf 5 Prozentpunkte.

Stand: 6. Mai 2025 Quellen: LSEG, eigene Simulation

Doch nicht in allen Jahren entwickeln sich nachhaltige Investments besser als jene, die ökologische, ethische und soziale Kriterien außen vor lassen. Viele nachhaltige ETF waren nicht nur während des „Corona-Crashs" weniger stark eingebrochen als vergleichbare ETF ohne Nachhaltigkeitsansatz, sondern hatten auch schon vorher bessere Ergebnisse erwirtschaftet. Doch seit dem Angriffskrieg Russlands gegen die Ukraine und dem später folgenden Nahostkrieg stieg die Nachfrage nach Rüstungsgütern drastisch. Die Folge: Die Geschäfte der Waffenhersteller und Rüstungsfirmen prosperierten – und damit auch die Aktienkurse. Indizes, die Rüstungsunternehmen nicht ausschließen, entwickelten sich besser als nachhaltige Investments. Daher büßte der nachhaltige MSCI World SRI einen erheblichen Teil des eroberten Vorsprungs wieder ein.

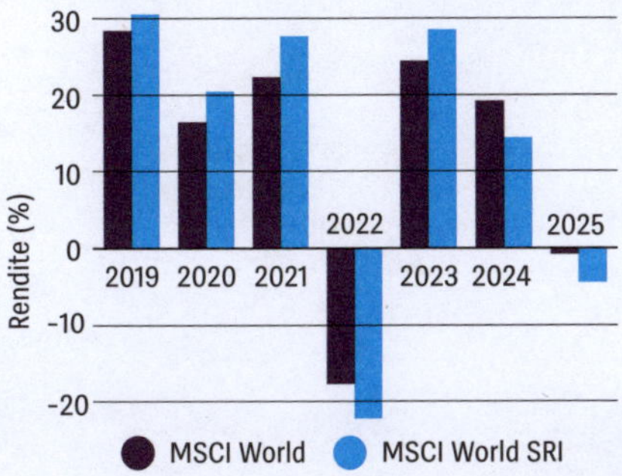

KLARER EINFLUSS DER AUFRÜSTUNG: Der nachhaltige MSCI World SRI (hell) entwickelte sich nicht immer besser als der MSCI World (dunkel). So lagen während der „Corona-Jahre" 2020 und 2021 nachhaltige Anlagen vorn, doch seit dem Angriffskrieg Russlands gegen die Ukraine im Jahr 2022 performte der MSCI World SRI nur noch 2023 besser.

Das zeigt sich auch in den Ergebnissen der Pantoffel-Portfolios. So schnitten die ausgewogene und die offensive Variante des nachhaltigen Pantoffel-Portfolios nur im 10-Jahres-Vergleich noch besser ab als die klassischen Welt-Pantoffel-Portfolios. Die ausgewogene Nachhaltigkeits-Pantoffel-Strategie brachte in den vergangenen zehn Jahren (Stand: 30. April 2025) 5,0 Prozent jährliche Rendite – 0,1 Prozentpunkte mehr als der klassische Welt-Pantoffel, den wir in Kapitel 2 vorgestellt haben. Die defensive Variante entwickelte sich im 10-Jahres-Vergleich genauso gut wie der klassische Welt-Pantoffel.

Während in der Langfristbetrachtung nachhaltige Investments vorn liegen, hinken sie in der 1-Jahres- und 5-Jahres-Performance hinterher. So erzielte der ausgewogene nachhaltige Pantoffel auf Sicht von einem Jahr gerade mal 2,5 Prozent, während die klassische Variante 4,7 Prozent zulegen konnte. Die Beispiele zeigen, wie groß die Renditeunterschiede ausfallen können. In Zeiten, in denen viele Nationen verstärkt auf Aufrüstung setzen, ist das Risiko einer schwächeren Performance gegeben. Wer also ein nachhaltiges Pantoffel-Portfolio wählt, sollte die Entscheidung aus Überzeugung treffen und weniger aufgrund der Ergebnisse in der Vergangenheit. Historische Performancedaten dienen der Orientierung, taugen aber nicht als Kursprognose für die Zukunft.

Die nachhaltigen Welt-Pantoffel

Phasenweise entwickelte sich das ausgewogene nachhaltige Portfolio (siehe Chart mittig) deutlich besser als der klassische Welt-Pantoffel. Der Renditevergleich unten bescheinigt der nachhaltigen Variante nur langfristig mehr Rendite.

75 % Zinsanlage
25 % nachhaltige
Aktien-ETF-Welt

50 % Zinsanlage
50 % nachhaltige
Aktien-ETF-Welt

25 % Zinsanlage
75 % nachhaltige
Aktien-ETF-Welt

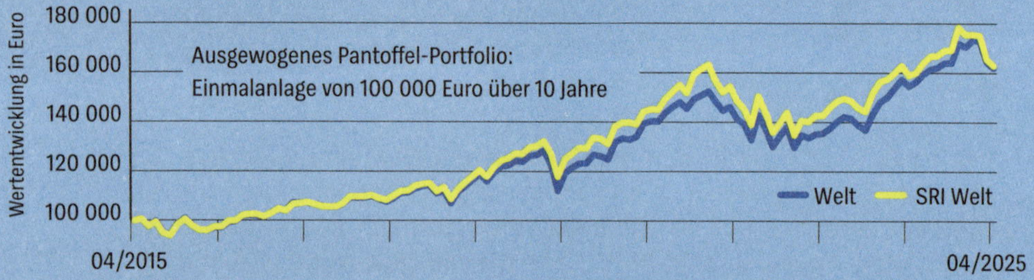

Pantoffel-Portfolio	Rendite über ... Jahre (% p.a.) 10	5	1	Max. Verlust (%)	Längste Verlustphase (Jahre)
Defensiv					
Welt	2,7	2,3	4,4	−16	2,9
SRI Welt	2,7	1,9	3,3	−17	2,9
Ausgewogen					
Welt	4,9	6,4	4,7	−15	2,1
SRI Welt	5,0	5,3	2,5	−17	2,4
Offensiv					
Welt	7,2	10,0	5,0	−16	1,9
SRI Welt	7,4	8,8	1,6	−17	2,0

Simulierte Einmalanlage über 10 Jahre.
Sicherheitsbaustein: Euro-Anleihen-ETF. Renditebaustein: MSCI-World-ETF bzw. MSCI-World-SRI-ETF. Berücksichtigung von Handelskosten bei Umschichtungen, ohne Steuern.
Maximaler Verlust = Stärkster Einbruch seit früherem Hoch.
Stand: 30. April 2025 Quellen: LSEG, eigene Simulationen.

Nach eigenen Präferenzen anlegen

Nachhaltige ETF gibt es eine ganze Reihe, doch nicht alle taugen für das Pantoffel-Portfolio. Hier finden Sie konkrete Tipps, wie Sie die Strategie möglichst einfach umsetzen.

Zwei ETF genügen für ein nachhaltiges Pantoffel-Portfolio. Lässt sich der Nachhaltigkeitsansatz wirklich so leicht mit ETF darstellen? ETF folgen Indizes (siehe „Die ganze Börsenwelt in einem ETF", Seite 29) – wie soll das funktionieren? Wenn Sie einzelne Aktien oder Anleihen mit gutem Gewissen kaufen möchten, müssten Sie die Unternehmensberichte im Detail studieren. Sie müssten genau prüfen, was hinter jedem Unternehmen steckt und wie nachhaltig dessen Geschäfte sind. Welch ein Aufwand, wenn Sie die Risiken breit streuen und weltweit anlegen möchten. Denn gerade bei großen Konzernen kann es schon mal passieren, dass eine kleinere Einheit im Unternehmen in Geschäfte verwickelt ist, die nicht zu hundert Prozent die ethischen oder ökologischen Kriterien aller Investoren erfüllen.

Indexanbieter prüfen Firmen auf Nachhaltigkeit

Um Risiken wie diese zu erkennen, prüfen Analyseteams der Indexanbieter oder Spezialisten von Nachhaltigkeits-Ratingagenturen nach festen Kriterien Unternehmen auf ihre Nachhaltigkeitsansätze und schließen Firmen aus, wenn sie den Anforderungen nicht gerecht werden. Dabei kommen die verschiedenen Bewertungsteams zu unterschiedlichen Ergebnissen. Jeder Indexanbieter entscheidet nämlich bei der Auswahl der einzelnen Titel im Index nach seinen fest definierten Regeln.

Manche Indexanbieter schließen beispielsweise Waffen, Kinderarbeit und fossile Energien konsequent aus, andere wiederum investieren nur in die unter nachhaltigen Aspekten am besten bewerteten Unternehmen. Im Klartext heißt das: Die Zusammensetzung der Indizes variiert. Als Anlegerin oder Anleger sollten Sie daher vor dem Kauf prüfen, ob die Anlagekriterien eines ETF auch Ihren persönlichen Vorstellungen entsprechen. Ein nachhaltiger Fonds oder ETF sollte einfach gut passen –

genau wie ein Kleidungsstück, in dem Sie sich rundum wohlfühlen. Wenn Sie besonders hohen Wert auf strenge Nachhaltigkeit legen, können Sie ihre gesamten Geldgeschäfte bei einer nachhaltigen Bank abwickeln. Denn nachhaltige Fonds oder ETF gibt es überall, bei der Hausbank genauso wie bei Online- oder Neobrokern (mehr dazu ab Seite 96).

Wir empfehlen für das Pantoffel-Portfolio ETF, da sie deutlich kostengünstiger sind und im Performancevergleich besser abschneiden als aktiv gemanagte Fonds. Während nämlich bei nachhaltigen weltweit anlegenden Aktien-ETF die jährlichen Verwaltungskosten nur bei rund 0,25 Prozent liegen, betragen sie bei aktiv gemanagten Aktienfonds mit Nachhaltigkeitsansatz ein Vielfaches davon. Das summiert sich über die Jahre und schmälert die Performance, wie auch die Ergebnisse unserer Untersuchungen belegen.

Stiftung Warentest vergibt Noten in zwei Kategorien

Einmal jährlich bewerten wir nachhaltige aktiv gemanagte Aktien- und Anleihen-Fonds sowie ETF. Dabei prüfen wir sowohl die Anlagequalität als auch die Nachhaltigkeit der Fonds und ETF, sprich es gibt ein Urteil, das die Performance des ETF bewertet, und eins für den Nachhaltigkeitsansatz. Zeitraubende Vergleiche können Sie sich also sparen.

Das Ergebnis: Nachhaltige Aktien-ETF haben meist eine bessere ökonomische Bewertung – das bedeutet, sie haben sich besser entwickelt, folgen aber teils weniger strengen Nachhaltigkeitskriterien als aktiv gemanagte Fonds. Anleihen-ETF sind in der Nachhaltigkeitsbewertung genauso gut wie aktiv gemanagte Rentenfonds.

DIE UMSETZUNG: Anstelle eines klassischen MSCI-World-ETF wählen Sie einfach aus der Tabelle auf Seite 166 einen nachhaltigen, global anlegenden 1.-Wahl-ETF aus. Das Siegel „1. Wahl" verdeutlicht, dass sich der ETF marktkonform bewegt. Anhand der Nachhaltigkeitspunkte können Sie erkennen, wie strikt der ETF nachhaltigen Kriterien folgt. Achten Sie auf die Anzahl der Punkte: Je mehr, desto besser.

In der Nachhaltigkeitsbewertung von Stiftung Warentest kommen einige nachhaltige aktiv gemanagte Welt-Aktienfonds auf eine höhere Punktzahl als nachhaltige Welt-Aktien-ETF. Die besten aktiv gemanagten Aktienfonds erreichten fünf von fünf möglichen Punkten in der Nachhaltigkeitsbewertung, Aktien-ETF erzielten maximal drei von fünf Punkten. In Bezug auf die Performance schnitten aktiv gemanagte nachhaltige Welt-

Aktien-Fonds jedoch weniger gut ab als nachhaltige Welt-Aktien-ETF. Bei Anleihen liegen die besten ETF und die besten aktiv gemanagten Rentenfonds, die für ein nachhaltiges Pantoffel-Portfolio geeignet sind, gleichauf und erhielten vier von maximal fünf Punkten.

Das Nachhaltigkeitsrating von Stiftung Warentest lässt den ökonomischen Aspekt komplett außen vor und stellt ausschließlich ökologische, ethische und soziale Kriterien auf den Prüfstand. Es bezieht sich auf den Auswahlprozess, den wir im Folgenden genauer betrachten. Und wir erklären, wie die ETF zu ihren Punkten kommen.

Wenn Sie an dieser Stelle nicht tiefer ins Detail einsteigen wollen, können Sie weiterblättern auf Seite 58. Dort erfahren Sie mehr zu nachhaltigen Aktienindizes, und ab Seite 61 geht es um Zinsanlagen für das nachhaltige Pantoffel-Portfolio.

So setzen sich Nachhaltigkeitsindizes zusammen

Die Indexzusammensetzung kann nach unterschiedlichen Regeln erfolgen. Fondsgesellschaften und Indexanbieter definieren in ihren Regularien, was als nachhaltig gilt und was nicht. Dabei wenden sie in der Finanzwelt anerkannte Prinzipien an, die sie teils auch kombinieren:

Ausschlussprinzip. Nomen est omen. Wer nicht ins Konzept passt, fliegt raus. Der Indexanbieter definiert zunächst das Anlageuniversum und sortiert dann alle Titel aus, die nicht den Vorgaben entsprechen, zum Beispiel Alkohol- und Tabakkonzerne oder Betreiber von Kohlekraftwerken. Durch den Ausschluss verbleiben in den nachhaltigen Indizes automatisch weniger Titel als im originären Index. Oft kommen zu diesem Verfahren noch weitere hinzu.

Auswahlstrategie: Best-in-Class. Das Prinzip ist leicht verständlich und macht Schule: Nur die Besten einer Gruppe schaffen es. So werden die Indizes im Regelfall in Branchen und Regionen eingeteilt und nur die nach Nachhaltigkeitsgesichtspunkten leistungsstärksten der jeweiligen Gruppe für den Index ausgewählt. In der Praxis ist eine Mischung aus Ausschlussprinzip und Best-in-Class-Verfahren sehr weit verbreitet.

Auswahlstrategie: Best-of-all-Classes. Wie beim Best-in-Class-Verfahren werden die Unternehmen relativ zueinander bewertet. Beim Verfahren Best-of-all-Classes wählen die Indexanbieter dann aber die besten Aktien über alle Branchen hinweg aus. Auch hier kann es Ausschlusskriterien geben.

So finden Sie Ihren nachhaltigen ETF

Die Auswahl an nachhaltigen ETF ist beachtlich. Gleichzeitig unterscheiden sich die Wünsche und Anforderungen der Anlegerinnen und Anleger an den Grad der Nachhaltigkeit ihres Investments. Die folgende Anleitung erleichtert Ihnen die Auswahl eines geeigneten Aktien- und eines Anleihen-ETF für das nachhaltige Pantoffel-Portfolio. Sie benötigen dafür lediglich zwei ETF. Aufgrund ihrer geringen Kosten – langfristig ein signifikanter Performancevorteil – präferiert die Stiftung Warentest ETF.

- **Nutzen Sie die** Tabellen im Serviceteil „Aktien-ETF für die Basisanlage" (Seite 166) und „Renten-ETF für die Basisanlage" (Seite 168).
- **Breite Risikostreuung** ist das A und O im Pantoffel-Portfolio. Der nachhaltige Aktien-ETF sollte daher weltweit anlegen. Entscheiden Sie, ob Sie einen ETF mit oder ohne Schwellenländer präferieren.
- **Regional, sprich Euro, lautet die Devise** dagegen beim Zinsbaustein. Alle im Serviceteil genannten Anleihen-ETF lauten auf Euro und schalten somit das Wechselkursrisiko aus.
- **Achten Sie auf das Nachhaltigkeitsurteil** von Stiftung Warentest. Es gilt: Je höher die Punktzahl, desto besser.
- **Bei Aktien-ETF erreichten die Besten** in der Wertung drei von fünf möglichen Nachhaltigkeitspunkten.
- **Anleihen-ETF auf deutsche Staatsanleihen** erhielten sogar vier von fünf möglichen Punkten.
- **Entscheiden Sie** nach Ihrer Präferenz: ETF auf deutsche Staatsanleihen liefern weniger Rendite, schneiden aber in puncto Nachhaltigkeit besser ab. Umgekehrt gilt: Nachhaltige ETF auf Euro-Anleihen stellen höhere Renditen in Aussicht, hinken aber in der Nachhaltigkeitsbewertung hinterher.
- **Beachten Sie:** Ein ETF auf einen nachhaltigen Index muss immer die jeweiligen Aktien erwerben. Nur wenn in der Beschreibung des ETF „physische Replikation" oder „optimiert" steht, können Sie sicher sein, dass nur die nachhaltigen Aktien für den ETF erworben werden, die auch im Index enthalten sind. Alle nachhaltigen ETF, die Sie im Serviceteil ab Seite 156 finden, erfüllen dieses Kriterium.

Auswahlstrategie: Absolute Auswahl. Hier haben nur Unternehmen eine Chance, die bestimmte nachhaltige Mindeststandards erfüllen. Diese Standards werden in der Regel nach festen Kriterien anhand von Punkten oder Ratings ermittelt.

Auswahlstrategie: Themenbasiert. Die Auswahl erfolgt nach einem Leitthema. So können etwa für einen ETF, der auf Umwelttechnologien setzt, nur Titel der Solar- und Windenergiebranche ausgewählt werden. Achtung: Themenbasierte ETF wie Solar oder Wasser sind aufgrund der mangelnden Risikostreuung nicht als Basisanlage für das Pantoffel-Portfolio geeignet, sondern nur zur Depotbeimischung.

Die 29 Ausschlusskriterien von Stiftung Warentest

Die Ausschlusskriterien dominieren die Nachhaltigkeitsbewertung, sie bestimmen die Hälfte der Gesamtnote. Stiftung Warentest hat 29 Ausschlusskriterien festgelegt. Das sind:

1) Kohleförderung zur Verwertung in thermischen Kraftwerken; 2) konventionelle Erdgasförderung; 3) konventionelle Ölförderung; 4) Förderung von Ölsand, Ölschiefer und Schiefergas; 5) Betrieb von Kohlekraftwerken; 6) Betrieb von Erdgaskraftwerken; 7) Betrieb von Ölkraftwerken; 8) Kernkomponenten für Atomkraftwerke; 9) Betrieb von Atomkraftwerken; 10) Abbau von Uran; 11) genetisch veränderte Organismen in der Landwirtschaft; 12) Massentierhaltung; 13) Tierversuche für Kosmetik; 14) Produktion von Palmöl; 15) Produktion von langlebigen organischen Schadstoffen; 16) ernste oder wiederholte Umweltschäden; 17) Korruption, Steuervermeidung, Geldwäsche; 18) Arbeitsrechtsverletzungen gemäß Konventionen der Internationalen Arbeitsorganisation (ILO); 19) Menschenrechtsverletzungen gemäß den Vereinten Nationen (UNO); 20) Glücksspiel; 21) Pornografie; 22) Alkohol; 23) Tabak; 24) Kriegswaffen und Militärgüter; 25) Handfeuerwaffen; 26) abgereicherte Uranmunition; 27) Massenvernichtungswaffen; 28) Anti-Personen-Minen; 29) Streumunition.

So kommen ETF zu ihren Nachhaltigkeitspunkten

Neben den Ausschlusskriterien spielen weitere Faktoren eine Rolle, die die restlichen 50 Prozent zur Gesamtwertung beisteuern. Wichtig sind die Auswahlstrategien – ob etwa Mindeststandards existieren wie bei der absoluten Auswahl oder die Besten jeder Branche aufgenommen werden. Auch die Strenge der Auswahl – sie berücksichtigt, wie viele Aktien aussortiert werden – ist relevant. Ebenfalls berücksichtigt ist das Engagement der Anbieter, wie etwa die Wahrnehmung von Aktionärsrechten auf Hauptversammlungen.

Die Anbieter von ETF werden häufig dafür kritisiert, dass sie keinen Einfluss auf die Firmenleitungen nehmen und so auf eine stärkere Einhaltung von Regeln pochen würden. Doch insbesondere, wenn sie große Vermögen verwalten und viele Aktien besitzen, nutzen auch ETF-Anbieter ihre Stimme und prangern Missstände an. Zum Teil finden solche Gespräche hinter verschlossenen Türen statt, weshalb die Öffentlichkeit davon wenig mitbekommt. Die ETF-Anbieter halten zwar viele Aktien, verkaufen können sie ihre Bestände aber nicht, auch wenn Unternehmen nicht auf Kritik reagieren. Denn sie müssen den Index abbilden.

Die strengsten globalen Nachhaltigkeitsindizes

Die besten Bewertungen erhielten in der Nachhaltigkeitsanalyse vom Sommer 2024 ETF, die sich auf Subindizes des MSCI World SRI beziehen. Erschrecken Sie nicht, wenn Sie die Namen der Nachhaltigkeitsindizes im Serviceteil (ab Seite 166) lesen. Sie lauten zum Beispiel MSCI World SRI Filtered PAB, MSCI World ESG Climate Paris Aligned Benchmark Select oder MSCI World SRI Low Carbon Select 5 Prozent Issuer Capped.

Hier die Erklärung: Der Name „MSCI World“ bildet die Basis für die Auswahl. Alle Aktien des sogenannten Mutterindex stehen dabei auf dem Prüfstand. Während sich die oben genannten Beispiele auf die 23 Industrieländer beziehen, existieren auch viele nachhaltige Varianten auf den MSCI ACWI, der neben den Industrieländern auch die Aktien von Schwellenländern umfasst.

„SRI“ ist die Abkürzung für „Socially Responsible Investment“ und verdeutlicht den Nachhaltigkeitsansatz.

Die Abkürzung „PAB“ steht für „Paris Aligned Benchmark“ und bezieht sich auf die Übereinstimmung mit den Pariser Klimazielen.

„Low Carbon“ zielt auf niedrigen CO_2-Ausstoß.

„5 Prozent Issuer Capped“ begrenzt die Gewichtung einzelner Aktien im Index auf 5 Prozent. Gut zu wissen in diesem Zusammenhang: Der Indexanbieter MSCI überprüft die Zusammensetzung und Gewichtung der Aktien in den SRI-Indizes viermal jährlich. Dabei versucht MSCI, in den nachhaltigen Indizes die Gewichtung der Länder und Sektoren des MSCI World grob beizubehalten. Zwischen den Anpassungsterminen kann das Gewicht einer Aktie aber auch mal fünf Prozent übersteigen, wenn der Kurs der Aktie kräftig zulegt. Bei der nächsten Anpassung wird es dann wieder zurückgesetzt.

Stand: 30. April 2025 Quelle: MSCI

Klassiker versus Nachhaltigkeit

MSCI World und die nachhaltige Indexvariante MSCI World SRI kommen aus derselben Familie, unterscheiden sich aber in der Genetik: Gravierend sind die Unterschiede in der Anzahl der Aktien und den Anteilen an Schwergewichten im Index.

MSCI World		MSCI World SRI
1352	**Anzahl Aktien**	378
71 %	**Gewichtung USA**	69 %
Apple 4,7 %, Microsoft 4,1 %, NVIDIA 3,9 %, amazon 2,5 %, Meta 1,7 %	**Die fünf Schwergewichte**	NVIDIA 15,7 %, TESLA 4,8 %, The Home Depot 2,1 %, Coca-Cola 1,8 %, ASML 1,5 %

Die fünf gewichtigsten Branchen

	Informationstechnologie	Finanzen	Industrie	Gesundheitswesen	Zyklische Konsumgüter
MSCI World	24 %	17 %	11 %	11 %	10 %
MSCI World SRI	25 %	18 %	11 %	11 %	14 %

MSCI hat ein eigenes ESG-Researchteam, das die Aktien des MSCI World auf Nachhaltigkeitskriterien untersucht. Oberstes Ziel des MSCI SRI ist es, Unternehmen mit negativem Einfluss auf Umwelt und Soziales auszuschließen. Deshalb werden Firmen mit Aktivitäten im Bereich kontroverser Waffen wie Streumunition, Landminen, Waffen mit abgereichertem Uran, biologischen oder chemischen Waffen von vornherein aussortiert. Unternehmen anderer umstrittener Branchen können aber mit einem kleinen Anteil im Index enthalten sein.

Hohe US-Aktien-Gewichtung

Zu den größten Unternehmen im MSCI SRI zählen US-Konzerne, da diese eine hohe Marktkapitalisierung im internationalen Vergleich aufweisen. Sie dominieren genauso wie beim Mutterindex MSCI World auch die nachhaltigen Indexvarianten. Schwergewichte im MSCI World SRI sind der Chipkonzern Nvidia, der Autohersteller Tesla, der Heimwerkermarkt Home Depot, die Getränkehersteller Coca-Cola und Pepsico, der Kommunikationskonzern Verizon, der Softwareanbieter Intuit und der Reisedienstleister Booking Holdings. Mit dem niederländischen Hersteller von Lithografiemaschinen ASML und dem dänischen Pharmariesen Novo Nordisk haben es auch zwei europäische Aktien unter die Top 10 geschafft. Firmen wie Tesla oder Walt Disney zählen zu den Klassikern der Nachhaltigkeitsinvestoren.

Walt Disney hat in seinen Themenparks Solarpanels installiert, reduziert Müll und setzt auf sparsamen Wasserverbrauch. Solar ist auch ein großes Thema bei Tesla. Der Konzern gilt nicht nur als Hersteller von Elektroautos als typischer Nachhaltigkeitswert, sondern vor allem auch aufgrund der Solardächer, die das Unternehmen auf Häusern installiert. Doch nicht alle Firmen überzeugen in sämtlichen Nachhaltigkeitskriterien. Gerade Tesla oder Walt Disney wurden häufig kritisiert, es mit der Gesundheit und Sicherheit am Arbeitsplatz nicht so genau zu nehmen.

RISIKOABWÄGUNG: Nachhaltige ETF verteilen die Risiken nicht so stark wie marktbreite Indizes. Während der MSCI World aktuell rund 1350 Aktien abbildet, stecken im MSCI World SRI – genauso wie in vielen anderen nachhaltigen Aktienindizes – meist nur ein paar Hundert Unternehmen. Geeignete Aktien-ETF für den Aktienteil Ihres nachhaltigen Pantoffel-Portfolios finden Sie im Serviceteil ab Seite 166. Dort gibt es auch eine Kurzbeschreibung aller Indizes, die für das Pantoffel-Portfolio infrage kommen.

Gute Auswahl für sichere Anlagen

Das Angebot an nachhaltigen Zinsanlagen wächst kontinuierlich. Wir präferieren einfache und praktische Lösungen, auch ausgewählte Länder-ETF erfüllen Nachhaltigkeitskriterien.

Kein Pantoffel-Portfolio kommt ohne Zinskomponente aus, sie ist die solide Basis. Das Angebot an nachhaltigen Zinsanlagen ist in den vergangenen Jahren stark gewachsen und absolut ausreichend, um den unterschiedlichen Anforderungen der Investoren gerecht zu werden. Sie können ganz strikt vorgehen oder nachhaltige Kriterien weniger stark berücksichtigen. Um diesen Sicherheitsbaustein des Pantoffel-Portfolios möglichst stabil zu halten, empfehlen wir bei Zinsanlagen ausschließlich Investments in Euro. So vermeiden Sie das Risiko von Wechselkursschwankungen.

Die Nachhaltigkeitsbewertung von Stiftung Warentest erleichtert die Auswahl. Genauso wie bei Aktien gibt es auch hier zwei Anlageurteile: Das eine verdeutlicht den Anlageerfolg von ETF, das andere zeigt, wie nachhaltig das Investment ist. Im Serviceteil finden Sie geeignete 1.-Wahl-ETF (Seite 166) inklusive der Nachhaltigkeitsurteile. Zudem gibt es eine Kurzbeschreibung der Indizes (Seite 162), die hilfreich bei der Auswahl ist.

Genau wie beim Aktienbaustein ist die Entscheidung für eine Zinsanlage aber eine Frage der persönlichen Präferenzen. Geeignet sind:

Tagesgeld oder Festgeld bei einer nachhaltigen Bank. Ethische Banken verleihen die Einlagen ihrer Kunden für die Finanzierung nachhaltiger Projekte. Ein Tages- oder Festgeldkonto ist schnell eröffnet, doch Tagesgeld bringt kaum Rendite, und Festgeldanlagen werden immer wieder fällig und müssen stets neu angelegt werden. Da sich die Konditionen von Tages- und Festgeldkonten laufend ändern, sollten Sie die aktuellen Angebote von Zeit zu Zeit überprüfen. Achten Sie besonders darauf, dass keine zusätzlichen Gebühren anfallen, beispielsweise für die Kontoführung.

ETF auf deutsche Staatsanleihen oder Euro-Staatsanleihen. Die Anleihen der europäischen Staaten sind zwar keine Öko-Anleihen, doch die meisten Länder haben klare Klimaschutzziele definiert, achten auf die Menschenrechte und sind den wichtigsten Konventionen zum Verbot geächteter Waffen beigetreten. Daher können die Länder genauso wie Unternehmen nach ESG-Kriterien (siehe Seite 49) beurteilt werden. Deutsche Staatsanleihen erreichen eine bessere Nachhaltigkeitsbewertung als Euro-Staatsanleihen, bringen aber weniger Rendite.

ETF oder Fonds auf Euro-Staats- und Unternehmensanleihen. Aktiv gemanagte Fonds wie der Kepler Ethik Rentenfonds oder der Erste Responsible Bond Fund erreichten – ebenso wie ETF auf deutsche Staatsanleihen – vier Punkte in der Nachhaltigkeitsbewertung. Dagegen überzeugten Green-Bond-ETF in der Nachhaltigkeitsbewertung bislang nicht. Green Bonds sind spezielle Anleihen, die der Finanzierung von Klima- und Umweltprojekten dienen.

Für die Nachhaltigkeitsbewertung wurden Fonds und ETF vorab aussortiert, die Anleihen von Staaten wie USA, China oder Indonesien erwerben, in denen die Todesstrafe gilt. Diese Länder begeben teils auch Euro-Anleihen, gehören aber nicht in ein nachhaltiges Portfolio. Weitere Ausschlusskriterien bei Staaten sind mangelnder Klima- und Umweltschutz, Atomkraft, Verstöße gegen Demokratie und Menschenrechte, Atomwaffen, kontroverse Waffen, Korruption oder ein Militärbudget von mehr als 4 Prozent der Wirtschaftsleistung (BIP). Die Gesamtnote für die Bewertung der Staatsanleihen berücksichtigt die elf Kriterien des Länderratings.

Die Ausschlusskriterien bei Unternehmen sind: fossile Energien, Atomkraft, Umweltzerstörung, kontroverse Waffen, konventionelle Waffen, Verletzung von Arbeits- und Menschenrechten, Korruption, Tierversuche, Glücksspiel, Pornografie, Alkohol, Tabak sowie Verstöße gegen den UN Global Compact. Zudem fließen die Methodik der Titelauswahl und die Strenge der Auswahl ein. Wie bei Aktien-ETF werden auch hier Aspekte wie die Transparenz berücksichtigt, damit die Aktionen für Investierende nachvollziehbar sind.

Anleihen-Fonds und ETF sind komfortabel. Einmal gekauft oder einen Sparplan angelegt, machen sie nicht mehr viel Arbeit. Man kann sie lange im Depot behalten und bei Bedarf verkaufen. Allerdings schwanken Anleihenkurse, weshalb Sie unter Umständen Verluste in Kauf nehmen müssen, wenn Sie in einer Phase steigender Zinsen verkaufen.

04

Ergänzungen für erfahrene Anleger

Varianten für Fortgeschrittene

Vielleicht wollen Sie das klassische Pantoffel-Portfolio gern erweitern? Wir zeigen Ihnen verschiedene Möglichkeiten – und bewerten, ob und für wen sie sich lohnen.

Für die meisten Anlegerinnen und Anleger reicht das überschaubare Welt-Pantoffel-Portfolio mit jeweils einem ETF auf den MSCI World als Renditebaustein und einem Renten-ETF oder wahlweise Tagesgeld als Sicherheitsbaustein völlig aus. Aber es gibt durchaus Ergänzungen, die plausibel erscheinen. Sie kommen dem Wunsch vieler Anleger entgegen, denen ein Portfolio aus zwei Bausteinen ein bisschen zu langweilig ist. Und denen die Aktienmärkte, für die sie sich im Besonderen interessieren und die ihnen aussichtsreich vorkommen, im „herkömmlichen Pantoffel" unterrepräsentiert sind.

Mögliche Änderungen in der Depotzusammensetzung betreffen ausschließlich den Renditebaustein, sprich den Aktienanteil. Ausgangspunkt der Überlegungen ist die Zusammensetzung des MSCI World. Vielleicht ist Ihnen der Anteil der US-Aktien in diesem Welt-Index von mehr als 70 Prozent zu hoch und ein Deutschland-Anteil von rund 2,5 Prozent zu niedrig. Die außerordentlich hohe Quote der USA können Sie reduzieren, indem Sie das Pantoffel-Portfolio um ETF auf zusätzliche Indizes ergänzen oder den MSCI World durch andere Börsenbarometer ersetzen.

Wer sich näher mit Geldanlage und Börse beschäftigt und sich über die Wirtschaftsentwicklung informiert hält, möchte häufig gezielt weitere Akzente setzen. Zum Beispiel den Schwellenländeranteil erhöhen, weil dort überdurchschnittliche Wachstumschancen warten, oder Deutschland als „Heimatmarkt" stärker gewichten. Möglicherweise möchten Sie zusätzlich einen Gold- oder generell einen Rohstoffanteil integrieren. Auch verschiedene Strategiestile, in der Fachsprache als Faktoren bezeichnet, haben ihre Anhänger. Ein stärkeres Gewicht kleiner und mittlerer Aktiengesellschaften (Small Caps), dividendenstarker Werte, Aktien mit niedriger Bewertung (Value-Aktien) oder mit einem starken Momentum (starke Kursdynamik nach oben) machen für manche Anlegerinnen und Anleger, die sich ausführlicher mit den Entwicklungen an den Aktienmärkten auseinandersetzen, einen aussichtsreichen Eindruck.

Die gute Nachricht lautet: Das Pantoffel-Konzept lässt sich problemlos um eine Komponente oder auch gleich um mehrere Bestandteile aus diesem breiten Spektrum an Alternativen erweitern. Wenn Sie das machen, müssen Sie allerdings in Kauf nehmen, dass dadurch die Konstruktion des Portfolios komplexer und damit in der Regel auch deutlich pflegeintensiver wird.

Pantoffel-Varianten im Vergleich

Stiftung Warentest hat eine Reihe ergänzender Varianten analysiert und berechnet, wie sie sich in der Vergangenheit entwickelt haben – auch im Vergleich zum klassischen Welt-Pantoffel, der aus zwei Komponenten besteht und in den vorigen Kapiteln detailliert beschrieben worden ist.

Die Ergebnisse der Kombinationen für ausgewogene Pantoffel-Portfolios – also jeweils 50 Prozent Anteil des Rendite- und des Sicherheitsbausteins – sind auf Seite 66 dargestellt. Für die Beimischungen haben wir feste Regeln vorgegeben, damit das Pantoffel-Konzept in seinen Grundzügen erhalten bleibt:

Zum Start sollen 20 Prozent des Renditebausteins in Ergänzungen zum MSCI World investiert werden. Fällt der Anteil unter 10 Prozent oder klettert er über 30 Prozent, sollte die Ausgangsmischung von 20 Prozent wiederhergestellt werden (Rebalancing). Bei einem Renditebaustein von 10 000 Euro wären also zu Beginn 8 000 Euro für einen Welt-ETF reserviert und 2 000 Euro für Beimischungen.

DREI OPTIONEN: Wir haben eine Reihe von Varianten des klassischen Welt-Pantoffels nach drei Kriterien entwickelt: 1) nach Ländern und Regionen; 2) nach Rohstoffen – dabei handelt es sich vor allem um Gold, aber auch um andere Commodities; 3) nach Anlagestilen, sogenannten Faktoren.

Bevor wir in diesem Kapitel ausführlich die Alternativen mit ihren Vor- und Nachteilen und ihren Anlageerfolgen beschreiben, folgt zunächst ein kurzer Überblick über wichtige Ergebnisse der Analysen. In der Tabelle auf Seite 66 ist unter anderem die Performance der verschiedenen Ergänzungen bei einer Anlagedauer von 30 Jahren, 10 Jahren, 5 Jahren und einem Jahr für ausgewogene Depots dargestellt:

Rendite von 14 Beimischungen zum klassischen Welt-Portfolio

So haben sich Ergänzungen zum MSCI-World-Index in unterschiedlichen Zeiträumen geschlagen – jeweils im ausgewogenen Portfolio. Im Vergleich zum Weltindex allein haben die Kombinationen „Welt + Momentum", „Welt + Quality" sowie „Welt + Gold + Momentum" beim Ertrag am meisten überzeugt.

Pantoffel-Portfolio	Chance-Risiko-Zahl (10 Jahre)	Rendite über … Jahre (% p.a.)				Maximaler Verlust (%)
		30	10	5	1	
2 Bausteine						
Welt	98	6,8	4,9	6,4	4,7	–23
SRI-Welt	97	—	5,0	5,3	2,5	—
3 Bausteine						
Welt + Gold	105	6,8	5,1	6,4	7,7	–15
Welt + Rohstoffe	100	6,6	4,7	7,2	3,9	–20
Welt + Momentum	99	7,3	5,2	6,3	5,0	–23
Welt + Quality	99	7,1	5,2	6,4	4,3	–22
Welt + Growth	99	6,9	5,2	6,3	4,8	–22
Welt + Minimum Volatilität	98	6,5	4,8	5,5	5,3	–25
Welt + Dividende	97	6,7	4,7	5,7	4,7	–25
Welt + Dax	96	6,8	4,7	6,5	6,7	–24
Welt + Value	96	6,6	4,7	6,2	4,6	–25
Welt + Kleine Werte	94	6,5	4,4	5,8	3,9	–24
Welt + Schwellenländer	94	6,6	4,2	5,2	4,4	–26
SRI-Welt + Neue Energien	91	—	4,3	4,8	0,9	—
4 Bausteine						
Welt + Gold + Momentum	102	7,0	5,2	6,1	6,4	–19
Welt + Gold + Schwellenländer	99	6,7	4,7	6,0	6,0	–19

Simulierte Einmalanlage über 30 Jahre. Reihenfolge nach Risikoprofil, Anzahl der Bausteine, Chance-Risiko-Zahl; Sicherheitsbaustein: Euro-Anleihen-ETF, Tagesgeld oder Kombination. Renditebaustein: MSCI-World-ETF plus Beimischung. Berücksichtigung von Handelskosten bei Umschichtungen, ohne Steuern. Risiko und Aufwand beziehen sich auf den jüngsten 10-Jahreszeitraum. Maximaler Verlust = Stärkster Einbruch seit früherem Hoch.

Bei den Ländern und Regionen können die Kombinationen „Welt + Schwellenländer“ sowie „Welt + Dax“ bei der Durchschnittsrendite einer Einmalanlage nach 30 Jahren mit dem Weltindex allein mithalten. Mit der Ergänzung um den Dax haben Anleger per 30. April 2025 mit 6,8 Prozent eine gleich hohe jährliche Rendite erzielt wie der Weltindex allein. Die Beimischung eines Schwellenländer-Index war nicht ganz so erfolgreich, brachte mit 6,6 Prozent jedoch ebenfalls eine ansprechende Rendite. Bitte denken Sie bei der Bewertung dieser Ergebnisse stets daran, dass es sich um die Gesamtrendite eines ausgewogenen Pantoffel-Portfolios handelt, also 50 Prozent Renditebaustein und 50 Prozent Sicherheitsbaustein. Bei kürzeren Anlagedauern fallen die Unterschiede größer aus: Bei 10 Jahren hat der Pantoffel „Welt + Schwellenländer“ mit 4,2 Prozent Rendite deutlich schwächer als der Weltindex allein mit 4,9 Prozent abgeschnitten, bei 5 Jahren ist die Differenz noch größer. Die Kombination „Weltindex + Dax“ war ähnlich erfolgreich wie der Weltindex, bei 10 Jahren lag die Rendite etwas niedriger, bei 5 Jahren etwas höher.

Bei Gold und Rohstoffen sticht die Ergänzung mit Gold heraus. Der ausgewogene Pantoffel „Welt + Gold“ erreichte bei 30 Jahren Anlagedauer die gleiche Rendite wie mit dem Weltindex – aber bei geringerem Risiko. Der maximale Verlust war mit 15 Prozent viel niedriger als beim Weltindex mit 23 Prozent. Diese Kombination erwies sich als die beste Risikobremse aller untersuchten Kombinationen. Beim Pantoffel „Welt + Rohstoffe“, der eine breite Palette von Commodities enthält, war das Risiko mit einem maximalen Verlust von 20 Prozent ebenfalls geringer als beim Weltindex. „Welt + Rohstoffe“ erwies sich als Ergänzung mit dem zweitniedrigsten Risiko. Sowohl Gold als auch Rohstoffe vermochten die Schwankungen zu dämpfen – ein Vorteil dieser zwei Kombinationen.

Bei den Anlagestilen gab es mit „Welt + Momentum“ einen klaren Sieger. Die Rendite übertraf bei 30 Jahren mit 7,3 Prozent den Weltindex sowie alle anderen analysierten Faktoren – und das bei gleich hohem Risiko wie der Weltindex, also mit einem maximalen Verlust von 23 Prozent. Am nächsten kam der Momentum-Ergänzung der „Welt + Quality“-Pantoffel mit 7,1 Prozent Rendite. Am schwächsten schnitten im langfristigen Vergleich „Welt + Minimum Volatilität“ und „Welt + Kleine Werte“ ab, die jeweils 6,5 Prozent Rendite brachten. Und das auch noch bei beiden mit einem etwas höheren Risiko als beim Weltindex als alleinigem Renditebaustein. Im Mittelfeld der Anlagestile finden sich die Pantoffel-Varianten „Welt + Growth“, „Welt + Dividende“ und „Welt + Value“ wieder.

Schwellenländer erweitern das Depot

Der MSCI World enthält nicht die ganze Börsenwelt – wichtige Schwellenländer wie China fehlen. Mit einem ETF auf einen Emerging-Markets-Index lässt sich die Lücke schließen.

In den 1980er-Jahren verzeichneten die vier asiatischen Staaten Südkorea, Taiwan, Hongkong und Singapur ein außerordentlich starkes Wirtschaftswachstum. Konjunkturforschende sahen sie „auf dem Sprung“, mit ihrer Wirtschaftskraft die Schwelle zu den Industrienationen zu überwinden. Große Sprünge – das verbanden Fachleute mit den weiten Sätzen von Tigern. Der Begriff „Tigerstaaten“ für die zuvor als Entwicklungsländer und später als Schwellenländer bezeichneten Nationen war geboren. Nach und nach starteten weitere Schwellenländer – sogenannte Emerging Markets – eine wirtschaftliche Aufholjagd. Zunächst zählten dazu vor allem asiatische, später auch lateinamerikanische, afrikanische und osteuropäische Länder. Auch bevölkerungsreichen Nationen wie China, Indien, Mexiko oder Brasilien ist das geglückt. Sie haben den Sprung in vielen Bereichen geschafft, aber nicht in allen. Aufgrund ihrer Größe, ihres hohen Wachstumstempos und ihrer teilweise starken Stellung in wichtigen Branchen üben sie einen erheblichen Einfluss auf die Weltwirtschaft aus. Insbesondere seit Beginn des Jahrtausends verschwimmen die Grenzen zwischen Industrie- und Schwellenländern zunehmend. Das gilt allerdings vielfach mehr für die wirtschaftliche Entwicklung als für die politische.

Stiftung Warentest betrachtet ETF mit Schwellenländer-Aktien als wichtige Depotbeimischung für das Pantoffel-Portfolio. Der Aktienindex, der am häufigsten für ETF auf die Aktien der Schwellenländer eingesetzt wird, ist der MSCI Emerging Markets. Er enthielt Ende April 2025 über 1200 Aktien aus 24 Schwellenländern. Gestartet hatte der Finanzdienstleister MSCI den Index 1988 mit zehn Ländern, 1994 kam Indien dazu, 1996 China. Diese beiden mit Abstand bevölkerungsreichsten Staaten der Welt wiesen Anfang 2025 mit jeweils über 1,4 Milliarden Menschen zusammen mehr als ein Drittel der gesamten Weltbevölkerung von rund

8,1 Milliarden auf. Der Schwerpunkt des MSCI Emerging Markets liegt jedoch nicht nur in puncto Bevölkerung in Asien, sondern auch in der Wirtschaftskraft und -dynamik. China, Taiwan, Indien und Südkorea sind die Staaten mit den höchsten Indexgewichten. Zusammen bestimmen sie rund drei Viertel der Kursentwicklung des MSCI Emerging Markets.

CHINA DOMINIERT: Das größte Gewicht im MSCI Emerging Markets hat mit weitem Abstand China. Ende April 2025 betrug der Indexanteil des Riesenreichs über 29 Prozent. Dahinter rangierten Indien mit gut 19 Prozent, Taiwan mit 17 Prozent und Südkorea mit über 9 Prozent. Das bedeutendste Index-Mitgliedsland, das nicht aus Asien kommt, ist Brasilien mit knapp 5 Prozent Anteil.

Trotz der wachsenden Bedeutung der Schwellenländer für die Weltwirtschaft beträgt der Börsenwert des MSCI Emerging Markets mit 7,9 Billionen Dollar (Stand: Ende April 2025) nur 11,5 Prozent des Börsenwerts, den der MSCI World mit 68,6 Billionen Dollar auf die Waage bringt.

Die Schwergewichte im Schwellenländer-Index

Die Bedeutung Asiens spiegelt sich in der Rangliste der Aktien wider, die im MSCI Emerging Markets Ende April 2025 das höchste Indexgewicht aufwiesen und damit die Entwicklung maßgeblich mitbestimmen:

Taiwan Semiconductor (TMSC) mit 8,8 Prozent Anteil. Das Unternehmen ist der weltgrößte Auftragsfertiger von Chips für andere Hightech-Firmen wie Nvidia oder Apple und zählt zu den Top 3 der globalen Halbleiterfertiger. Das Unternehmen produziert auch außerhalb Taiwans und unterhält zahlreiche Tochtergesellschaften.

Tencent mit 5,0 Prozent Anteil. Das chinesische Unternehmen gilt als größtes soziales Netzwerk und Internetportal Asiens und ist auch in vielen anderen Bereichen – zum Teil mit Minderheitsbeteiligungen – tätig, etwa im Onlinespielesektor.

Alibaba-Group mit 3,1 Prozent Anteil. Das Unternehmen mit dem Namen aus Tausendundeiner Nacht ist der mit Abstand bedeutendste Onlinehändler Chinas und wird deshalb auch als „Amazon Asiens" bezeichnet. Neben der Handelsplattform alibaba.com hat der Konzern weitere Aktivitäten wie das Online-Auktionshaus Taobao aufgebaut.

Das steckt in den MSCI-Indizes

ETF auf den MSCI Europe (siehe Seite 79) sowie auf den MSCI Emerging Markets gehören zu den bedeutendsten Investmentvehikeln. So sah Ende April 2025 ihre Länderaufteilung aus – und das waren die jeweils zehn gewichtigsten Aktienpositionen in diesen beiden Börsenbarometern:

MSCI Europe

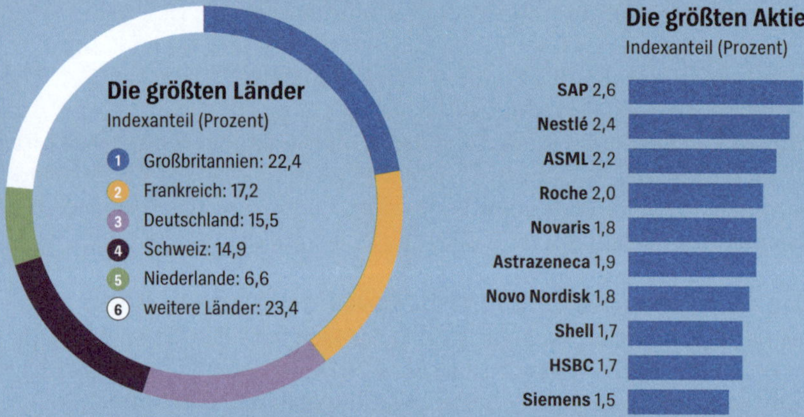

MSCI Emerging Markets

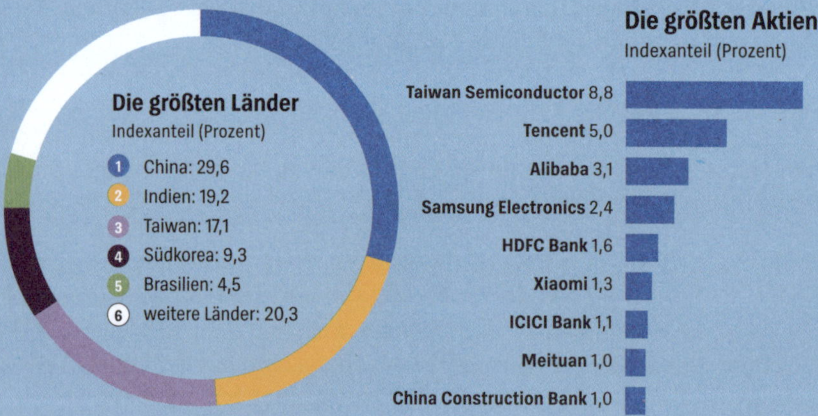

Samsung Electronics mit 2,4 Prozent Anteil. Das südkoreanische Unternehmen hat sich als einer der weltgrößten Hersteller in mehreren Elektronikbereichen etabliert, insbesondere bei Smartphones, TV-Geräten, Computern und Halbleitern.

HDFC Bank mit 1,6 Prozent Anteil. Die größte private Bankengruppe Indiens wurde 1994 im Zuge der Privatisierungsinitiative der Regierung gegründet und ist seither stark gewachsen, zum Teil durch Fusionen und Übernahmen. Die Kundenbasis übersteigt nach Firmenangaben 120 Millionen Menschen.

Xiaomi Tech mit 1,3 Prozent Anteil. Der erst 2010 gegründete chinesische Hersteller von Elektronikgeräten zählt zu den Weltmarktführern bei Smartphones und ist mit der Tochtergesellschaft Xiaomi Auto zudem in den Markt für Elektroautos eingestiegen.

Stand: 30. April 2025 Quelle: MSCI

Die vier Aktien mit dem größten Index-Anteil machen fast ein Fünftel des Börsenwerts aus. Sie sind Anteilsscheine von Hightech-Unternehmen, die zu den führenden Weltkonzernen zählen. In der Branchenaufteilung nimmt die Informationstechnologie (IT) den zweiten und die Kommunikationsindustrie den vierten Rang ein. An der Spitze liegt der Finanzsektor, auf Platz drei befinden sich langlebige Konsumgüter. Die starke Abhängigkeit von den Rohstoffmärkten, die lange die Entwicklung der Schwellenländer geprägt hatte, ist einer breiteren und zukunftsträchtigeren Branchenstruktur gewichen, mit der stärksten Dynamik bei Hightech-Firmen und Dienstleistungsunternehmen.

Das Wachstumstempo der Emerging Markets war in den rund zehn Jahren bis April 2025 deutlich niedriger als vor der Finanzkrise. Denn Schwellenländer sind als Zulieferer sowie Anbieter von Rohstoffen und Konsumgütern am meisten von der Weltkonjunktur abhängig. Sowohl Abschwünge als auch Aufschwünge fallen deshalb meistens stärker aus als bei den Industrienationen. Eine Wiederbelebung der Weltwirtschaft würde nach den Erfahrungen der Vergangenheit Emerging Markets überdurchschnittlich begünstigen. Das zeigte sich eindrucksvoll 2009, als die Weltbörsen nach der Finanzkrise ihre Kurserholung starteten. Der MSCI Emerging Markets legte damals um 78 Prozent zu und damit über 2,5-mal so stark wie der MSCI World, der immerhin nahezu 30 Prozent Gewinn verbuchen konnte.

Schwellenländer-Aktien sind nicht nur wegen ihrer Konjunkturabhängigkeit, sondern auch aufgrund politischer Faktoren riskanter als Aktien aus den Industriestaaten. Politische Entscheidungen beeinflussen in manchen Ländern die Entwicklung der Unternehmen besonders stark. Zudem sind Schwellenländer wie China häufig in Handelskonflikte verwickelt. Zollerhöhungen und Sanktionen können Staaten und Unternehmen hart treffen – und wieder aufgehoben werden.

Derartige politische Entscheidungen können die Investment-Aussichten schlagartig verändern, sowohl negativ als auch positiv. Die breite Streuung über 24 Länder hinweg reduziert zwar das Index-Risiko im Vergleich zum Risiko einzelner Länder-Indizes, doch Sie sollten keinesfalls den Einfluss der politischen Aspekte bei den Schwellenländern aus den Augen verlieren.

Alternative: der FTSE Emerging Index

Es muss nicht unbedingt der MSCI Emerging Markets Index sein, um an der Wertentwicklung der wichtigsten Schwellenländer-Aktien teilzuhaben. Eine Alternative ist der FTSE Emerging Index. Vanguard, der amerikanische ETF-Pionier und einer der weltgrößten Indexfonds-Anbieter, verwendet ihn aus Kostengründen schon länger. FTSE Russell ist ein britischer Indexanbieter im Besitz der Londoner Börse. Mit mehr als 2200 Unternehmen beinhaltet der FTSE Emerging Index noch wesentlich mehr Aktien aus Schwellenländern als sein MSCI-Pendant.

Der größte Unterschied liegt darin, dass der FTSE Emerging einen etwas höheren China-Anteil aufweist, weil er auch sogenannte A-Aktien berücksichtigt, die lange Zeit nur von Chinesinnen und Chinesen gekauft werden durften. Dadurch liegt das Gewicht chinesischer Aktien mit nahezu 33 Prozent (Stand: Ende April 2025) um fast vier Prozentpunkte höher als beim MSCI Emerging Markets.

Darüber hinaus zählt der Londoner Indexanbieter Südkorea und Polen seit einigen Jahren nicht mehr zu den Schwellenländern, sondern zu den Industrienationen. Deren Aktien tauchen deshalb nur noch im FTSE Developed auf und nicht mehr im FTSE Emerging. Damit fehlen dort Titel wie Samsung Electronics und Hyundai Motors. Die Wertentwicklung verlief in den vergangenen Jahren trotz der kleinen Unterschiede ähnlich derjenigen des MSCI Emerging Market.

Für den Schwellenländer-Anteil des Pantoffel-Portfolios kommen sämtliche ETF infrage, die Stiftung Warentest geprüft und mit „1. Wahl" bewertet hat. Beim MSCI Emerging Markets Index und beim FTSE Emerging Index haben mehrere Indexfonds dieses Prädikat erhalten. Diese finden Sie in der Übersichtstabelle „Aktien-ETF für Fortgeschrittene" im Serviceteil ab Seite 169.

Mehr Gewicht für Dax und Co.

Bei deutschen ETF-Anlegern ist kein anderer Index so beliebt wie der Dax. Er lässt sich ebenso wie der weniger bekannte FAZ-Index einfach mit dem MSCI World kombinieren.

Wenn es um Aktien geht, ist für die meisten Bundesbürger der Dax das Maß aller Dinge. Der deutsche Leitindex lässt sich ebenso wie der FAZ-Index einfach mit dem MSCI World kombinieren. Warum ist das sinnvoll? Weil der niedrige Deutschland-Anteil in den breiten Welt- und Europa-Indizes bei Weitem nicht der wirtschaftlichen Bedeutung des bevölkerungsreichsten EU-Mitglieds entspricht. Das liegt an der besonderen Wirtschaftsstruktur. Hierzulande gibt es viele mittelständische Familienunternehmen, die nicht an der Börse notiert werden, aber erheblich zur Wirtschaftsleistung beitragen. Beispiele dafür sind Miele oder Dr. Oetker. Auch Stiftungen spielen eine wichtige Rolle. Ihnen gehören international bedeutende Unternehmen wie Bosch und Bertelsmann. Beide Weltkonzerne sind, ebenso wie viele kleinere, familiengeführte Unternehmen, nicht börsennotiert.

Hinzu kommt, dass sich einige Aktiengesellschaften ganz oder teilweise in Staatsbesitz befinden, etwa die DHL Group (ehemals Deutsche Post AG) oder die Deutsche Telekom. Bei ihnen ist der frei an der Börse handelbare Anteil der Aktien (Freefloat) wegen des staatlichen Anteils geringer als ihr gesamter Unternehmenswert. Da die Gewichtung eines Landes bei Indizes vom Börsenwert des Freefloats berechnet wird, liegt Deutschland auch deshalb hinter Großbritannien, Frankreich und Kanada, obwohl deren Wirtschaftsleistung (gemessen am BIP) viel kleiner ist.

Variante 1: der Dax

Der Dax als deutscher Leitindex vereinigt seit September 2021 die 40 wichtigsten Aktien. Zuvor waren es 30 Unternehmen. Wie werden die 40 Mitglieder bestimmt? Die Deutsche-Börse-AG-Tochter Stoxx als Indexanbieter verwendet dazu zwei Kriterien: den Börsenwert, also die Marktkapitalisierung eines Unternehmens, und die Börsenumsätze, um sicherzustellen, dass nur hochliquide, rege gehandelte Aktien im Aktienbarometer vertreten sind. Das ist wichtig, weil der Dax sekündlich neu berechnet wird – Aktien mit relativ geringen Handelsumsätzen könnten das Bild verzerren. Das Ausgangsniveau für die Berechnung des deutschen Leitindex wurde Ende 1987 mit 1 000 Punkten festgelegt. Der aktuelle Stand zeigt damit immer an, um wie viel höher der Dax steht. Bei einem Dax-Niveau von knapp 22 500 Zählern (Stand: Ende April 2025) bedeutet das einen Anstieg auf mehr als das Zweiundzwanzigfache.

Wie sind die 40 Werte nach Branchen aufgeteilt? Drei Sektoren waren Ende April 2025 mit Anteilen von mehr als 10 Prozent vertreten und bestimmen damit in erheblichem Umfang die Dax-Entwicklung: Industriegüter-Hersteller, Technologieunternehmen und Versicherungskonzerne.

Die Branchen-Zusammensetzung zeigt ein Manko des Deutschen Aktienindex: Ein Großteil der Sektoren und Unternehmen ist in Bereichen zu Hause, die als „Old Economy" bezeichnet werden. Das Gewicht der „New Economy", die vorwiegend wachstumsstarke Technologieunternehmen umfasst, hat zwar seit der Aufstockung der Zahl der Dax-Mitglieder von 30 auf 40 zugenommen, aber sie ist dennoch weniger stark vertreten als in anderen Leitindizes. Ein Sektor, der im Dax fast komplett fehlt, ist die Ölindustrie, ebenso wie der Rohstoffbereich insgesamt.

Der hohe Anteil „alter" Industriesektoren hat einen weiteren Nachteil: Da diese Branchen in der Regel besonders zyklisch sind, also stark abhängig vom Auf und Ab der Konjunktur, schwanken ihre Gewinne heftiger als in vergleichbaren anderen Staaten. Im Wirtschaftsaufschwung klettern sie oft außerordentlich kräftig, in Abschwungphasen und einer Rezession fallen sie dagegen meistens besonders stark. Das spiegelt sich in der hohen Volatilität der Aktienkurse wider. Aber es gibt auch Vorteile dieser Branchenmischung: Dax-Aktien weisen häufig eine recht hohe Dividendenrendite auf. In Zeiten niedriger Zinsen ist das für manche Anleger ein Kaufargument. Unternehmen der „Old Economy" schütten in der Regel einen größeren Teil der Gewinne aus als Technologiefirmen.

Die Schwergewichte im Dax

Die Gewichtung der einzelnen Aktien im Dax richtet sich nach dem Börsenwert (Aktienkurs mal Anzahl der Aktien), wobei eine Aktie maximal 15 Prozent Anteil am Index haben darf. Das ist die Kappungsgrenze. Seit Februar 2025 gibt es zwar zwei neue Dax-Varianten – eine weist gar keine Kappungsgrenze mehr auf, die andere eine von 20 Prozent. Aber als „normaler" Dax, der in den Medien und bei ETF-Anbietern verwendet wird, gilt weiterhin der Index mit 15 Prozent Kappungsgrenze.

Stand: 30. April 2025 Quelle: Deutsche Börse

Deutsche Aktienindizes im Fokus

Die Grafik zeigt, welche zehn Aktien bei Dax, MDax, SDax und FAZ-Index jeweils die höchsten Indexanteile und damit den größten Einfluss auf die Indexentwicklung aufweisen. Nicht berücksichtigt ist auf dieser Seite der TecDax, dessen Mitglieder zugleich in einem der drei Indizes der Dax-Familie vertreten sind.

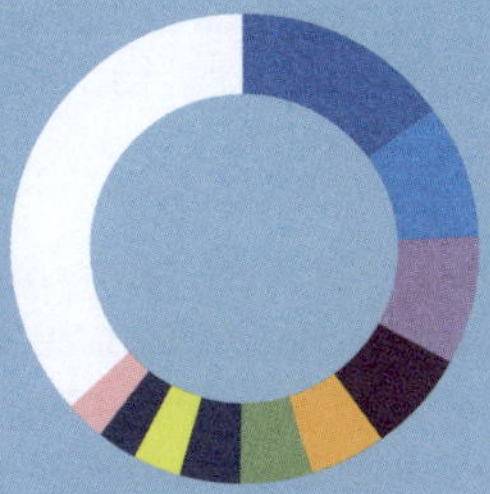

Dax

Indexanteil (Prozent)

1. 15,0 SAP
2. 9,4 Siemens
3. 8,7 Allianz
4. 7,0 Deutsche Telekom
5. 5,4 Airbus
6. 5,0 Münchener Rück
7. 4,1 Rheinmetall
8. 3,3 Deutsche Börse
9. 2,8 Siemens Energy
10. 2,8 Deutsche Bank

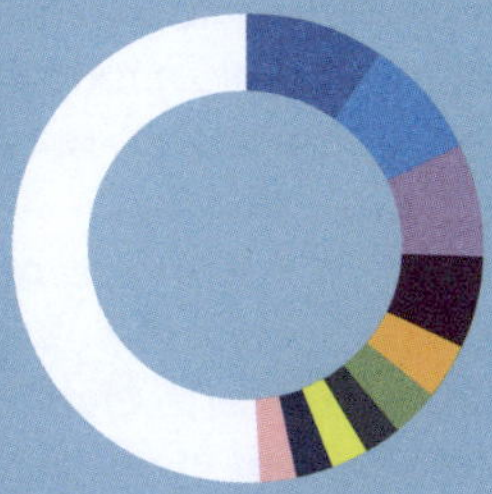

FAZ-Index

Indexanteil (Prozent)

1. 9,7 SAP
2. 8,1 Deutsche Telekom
3. 7,9 Siemens
4. 6,3 Allianz
5. 3,9 Münchener Rück
6. 3,3 Rheinmetall
7. 2,6 Siemens Energy
8. 2,5 Siemens Healthineers
9. 3,3 Deutsche Börse
10. 2,4 Mercedes-Benz

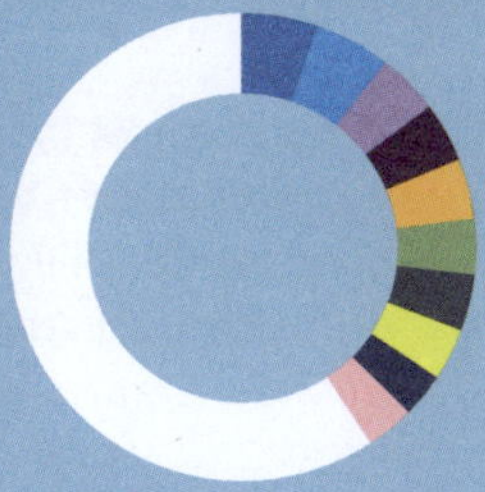

MDax

Indexanteil (Prozent)

1. 5,5 GEA
2. 5,1 Scout 24
3. 4,3 Nemetschek
4. 4,2 Lufthansa
5. 4,0 CTS Eventim
6. 4,0 Talanx
7. 3,8 Knorr Bremse
8. 3,6 LEG Immobilien
9. 3,2 Delivery Hero
10. 3,2 ThyssenKrupp

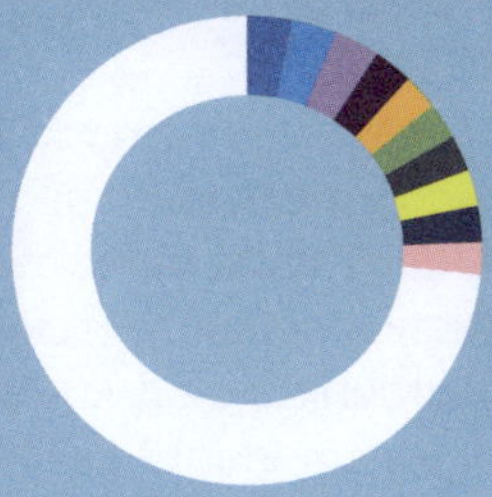

SDax

Indexanteil (Prozent)

1. 3,2 Atoss
2. 3,0 Fielmann
3. 2,8 IONOS
4. 2,8 Sixt
5. 2,7 Dürr
6. 2,5 Hypoport
7. 2,5 Deutz
8. 2,4 Kontron
9. 2,4 Befesa
10. 2,3 Eckert Ziegler

Welche der 40 Aktien haben nun das höchste Gewicht im deutschen Leitindex? Ende April 2025 sah die Dax-Rangliste laut der Deutschen Börse AG folgendermaßen aus:

SAP mit 16,3 Prozent Anteil, von denen wegen der Kappungsgrenze nur 15 Prozent berücksichtigt werden. Die SAP-Aktie hatte in den zweieinhalb Jahren bis Ende April 2025 einen beeindruckenden Kursanstieg um mehr als 200 Prozent hingelegt. Das hing vor allem damit zusammen, dass SAP frühzeitig viel investiert hat, um seine Unternehmenssoftware, bei der SAP Weltmarktführer ist, mit KI-Anwendungen auszustatten. Die Aktie profitierte vom Boom der KI (künstliche Intelligenz).

Siemens mit 9,4 Prozent Anteil. Das Unternehmen zählt zu den größten Mischkonzernen der Welt und gehört in mehreren Bereichen zu den Weltmarktführern, etwa bei der Automatisierung und Digitalisierung der Industrie. Siemens hat sich in den vergangenen Jahrzehnten von einigen Unternehmensteilen getrennt oder den Anteil verringert, um sich aufs Kerngeschäft zu konzentrieren. Das betrifft zum Beispiel den Chiphersteller Infineon, den Leuchtmittelkonzern Osram, die Medizintechniktochter Siemens Healthineers und die Energietochter Siemens Energy.

Allianz mit 8,7 Prozent Anteil. Der Münchner Finanzdienstleister ist mit seinen wichtigsten Säulen Versicherungen und Vermögensverwaltung weltweit einer der führenden Anbieter. Zahlreiche Tochtergesellschaften in rund 70 Ländern sowie mehr als 1000 sonstige Beteiligungen tragen zum Geschäft der Dachgesellschaft Allianz SE bei.

Deutsche Telekom mit 7,0 Prozent Anteil. Das Unternehmen ist in über 50 Ländern vertreten und zählt zu den größten Telekom-Konzernen weltweit. Ende 2024 hatte es 261 Millionen Mobilfunk-Kunden, 25 Millionen Festnetzanschlüsse sowie 22 Millionen Breitband-Kunden. Regionale Schwerpunkte sind Europa und die USA. Dem deutschen Staat gehört mehr als ein Viertel des Kapitals.

Airbus mit 5,4 Prozent Anteil. Der größte europäische Luft- und Raumfahrtkonzern ist bei Verkehrsflugzeugen, zivilen Hubschraubern und Trägerraketen einer der Weltmarktführer und zählt auch im Rüstungsgeschäft – vor allem mit dem Eurofighter – zu den bedeutendsten Herstellern weltweit. Großaktionäre sind Deutschland, Frankreich und Spanien, 73,7 Prozent des Kapitals werden als Freefloat an den Börsen gehandelt.

Münchener Rück (Munich Re) mit 5,0 Prozent Anteil. Das Unternehmen aus der bayerischen Landeshauptstadt zählt zu den führenden Rückversicherungsgesellschaften der Welt und ist mit der Tochter Ergo in Europa einer der größten Erstversicherer. Zudem ist der Konzern mit der Tochter Meag als Vermögensverwalter und Fondsgesellschaft tätig.

Variante 2: der FAZ-Index

Der FAZ-Index ist der älteste noch berechnete deutsche Aktienindex. Seine Ausgangsbasis mit 100 Punkten ist der 31. Dezember 1961. Vor dem Start des Dax war der Index der Frankfurter Allgemeinen Zeitung (FAZ) das wichtigste Börsenbarometer. Sein Vorteil: Er weist mit 100 Aktien eine breitere Streuung auf als der Dax und enthält auch Unternehmen mittlerer Größe. Im Prinzip fasst er den Dax und den MDax zusammen. Unterschiedlich ist auch die Berechnungsmethode. Anders als der Performanceindex Dax ist der FAZ-Index ein Preisindex, der Ausschüttungen wie Dividenden nicht in den Indexstand einbezieht, sondern nur die Kursniveaus. ETF-Anleger auf den FAZ-Index bekommen die Dividenden der Unternehmen im Index natürlich trotzdem ausbezahlt. Für den Deutschland-Anteil im Pantoffel-Portfolio kommen ETF auf den Dax und den FAZ-Index infrage, die wir als „1. Wahl" bewertet haben. Sie finden ETF auf den Dax auf Seite 170, ETF auf den FAZ-Index unter test.de/fonds.

Anlegerinnen und Anleger, die nicht nur von den Blue Chips aus dem Dax, sondern auch von der Entwicklung mittelgroßer und kleiner Unternehmen profitieren möchten, können einen Teil des für Deutschland vorgesehenen Geldes auch in Neben- oder Spezialwerteindizes aus der Dax-Familie investieren. Passende Anlagen dafür sind ETF auf den MDax oder den SDax. Auf den Mid-Cap-Index gibt es fünf ETF, auf den SDax lediglich einen Indexfonds. In den 20 Jahren bis Ende April 2025 haben Dax und MDax ähnlich gut abgeschnitten, der SDax hinkte hinterher.

Lange Zeit hatte der MDax den Dax jedoch weit hinter sich gelassen. Aber etwa seit der Indexreform vom Herbst 2021, als die zehn größten MDax-Aktien in den Dax übernommen und die Zahl der Unternehmen von 60 auf 50 reduziert wurde, hat der MDax deutlich weniger Rendite erzielt als der Dax und auch weniger als der SDax. Seit dem Ausgangspunkt aller drei Indizes, der bei Dax, MDax und SDax am 30. Dezember 1987 mit einem Indexstand von jeweils 1000 Punkten war, ist der MDax bis Ende April 2025 auf ein Niveau von fast 29900 Punkte geklettert, der Dax auf knapp 22500 Zähler und der SDax auf gut 15750 Punkte. Weitere Details zu deutschen Indizes finden Sie in der Grafik auf Seite 75.

Alternativen zum MSCI World

Statt mit dem MSCI World lässt sich der Renditebaustein mit einer Kombination verschiedener Länder- und Regionen-Indizes darstellen. Oder mit einem Europa-ETF.

Wer einen Anteil von mehr als 70 Prozent US-Aktien am MSCI World als zu hoch erachtet, kann den Weltindex im Pantoffel-Portfolio durch eine andere geografische Aufteilung ersetzen. Dieser Weg erfordert zwar deutlich mehr Zeit und Mühe als die Variante mit einem klassischen Weltindex, aber wenn Sie gerne etwas mehr Aufwand auf sich nehmen, kann er durchaus reizvoll sein. Wir stellen Ihnen drei Alternativen zum „Klassiker" MSCI World vor.

Variante 1. Mit einem MSCI All Country World (ACWI), also MSCI World plus MSCI Emerging Markets. Diese Variante haben wir bereits in Kapitel 2 im Abschnitt „Mit oder ohne Emerging Markets" (siehe Seite 34) erläutert.

Variante 2. Mit einer Vier-Regionen-Mischung mit Aktien aus den USA, Europa, Japan und den Schwellenländern (Emerging Markets). Der USA-Anteil ist zwar mit 40 Prozent der höchste, aber deutlich geringer als im MSCI World. Europa folgt mit 30 Prozent, die Schwellenländer mit 20 Prozent und Japan mit 10 Prozent. Das Gewicht Europas ist damit wesentlich höher als im MSCI World, wo es Ende April 2025 17 Prozent betragen hatte – obwohl es mit 15 die meisten der 23 Länder im MSCI World stellt. Dieser Vorschlag ist nur ein Beispiel, wie Anleger die Welt aus verschiedenen Regionen- und Länder-Bausteinen zusammenstellen können. Er wäre in der Vergangenheit arbeitsaufwendiger gewesen als mit dem MSCI World als einzigem Renditebaustein. In den vergangenen 30 Jahren hätten Sie sechsmal umschichten müssen – immer dann, wenn die tolerierbaren Abweichungen überschritten wurden. Die Wertentwicklung war dafür mit 8,3 Prozent Rendite etwas höher als beim MSCI World.

Variante 3. Besteht nur aus einem Europa-ETF. Diese Alternative eignet sich für Anlegerinnen und Anleger, die davon überzeugt sind, dass Aktien, die in europäischen Indexfonds vertreten sind, künftig besser abschneiden werden als US-amerikanische. In der Vergangenheit war das jedoch nicht der Fall. In den 30 Jahren bis Ende April 2025 hat der Europa-ETF MSCI Europe mit 7,3 Prozent weniger Ertrag erzielt als der MSCI World mit 8,2 Prozent – bei höherem Risiko.

Alle drei Depotaufteilungen weichen relativ stark vom MSCI World ab, besonders das Europa-Portfolio. Entsprechend kann sich ihr Wert in der Zukunft unterschiedlich im Vergleich zum MSCI World entwickeln – mit zusätzlichen Chancen und Risiken. Von den dort berücksichtigten Regionen und Ländern hat Stiftung Warentest zahlreiche ETF mit dem Prädikat „1. Wahl" herausgefiltert. Sie eignen sich für die vorgeschlagenen Welt-Alternativen. Als Europa-Indizes sowohl für das Vier-Regionen-Portfolio als auch für die Lösung ausschließlich mit Europa-ETF bieten sich der MSCI Europe und der Stoxx Europe 600 an.

Der MSCI Europe enthält rund 400 Aktien aus 15 europäischen Industriestaaten. Osteuropäische Schwellenländer wie Polen und Tschechien sind darin ebenso wenig vertreten wie Rumänien oder Kroatien. Das größte Gewicht weisen britische Unternehmen auf, gefolgt von Frankreich und Deutschland (siehe Grafik auf Seite 70). In der Branchengewichtung haben Finanzen, Industrie und Gesundheit die Nase vorn. Die Hightech-Branchen sind relativ gering vertreten. Die gewichtigsten Aktien im MSCI Europe sind neben SAP auf Platz eins und der niederländischen ASML Holding auf Rang drei die Schweizer Weltkonzerne Nestlé, Roche Holding und Novartis. Mit Siemens auf Platz zehn ist ein zweites deutsches Unternehmen vertreten (Stand: 30. April 2025).

Der Stoxx Europe 600 weist, wie es der Name andeutet,mit 600 deutlich mehr Titel als der MSCI Europe auf. Das ist aber nicht der gravierendste Unterschied. Der besteht darin, dass er neben den Aktien großer Unternehmen auch mittlere und kleine Aktiengesellschaften aus europäischen Industrieländern umfasst. Die Anzahl der Staaten ist mit 17 allerdings etwas größer als beim MSCI Europe. Die Länderaufteilungen der zwei Indizes ähneln sich. Die Aktien mit der höchsten Gewichtung im Stoxx Europe 600 sind dieselben wie beim MSCI Europe: Das ist nicht verwunderlich, weil bei beiden Indizes die Anteile der einzelnen Aktien nach ihrem Börsenwert (Marktkapitalisierung) berechnet werden.

Alternative Welt-Portfolios

Wer den MSCI World im Renditebaustein des Pantoffel-Portfolios durch die Vier-Regionen-Variante aus USA, Europa, Japan und Schwellenländern (Emerging Markets) ersetzt hat, erzielte im 30-Jahres-Vergleich mit 1083 Prozent etwas weniger Zuwachs als der MSCI World mit 1142 Prozent. Die Variante Europa-ETF, also nur europäische Aktien, schnitt im Gesamtertrag mit 911 Prozent sogar deutlich schlechter ab als der Weltindex, hat aber im vergangenen Jahr wieder etwas aufgeholt.

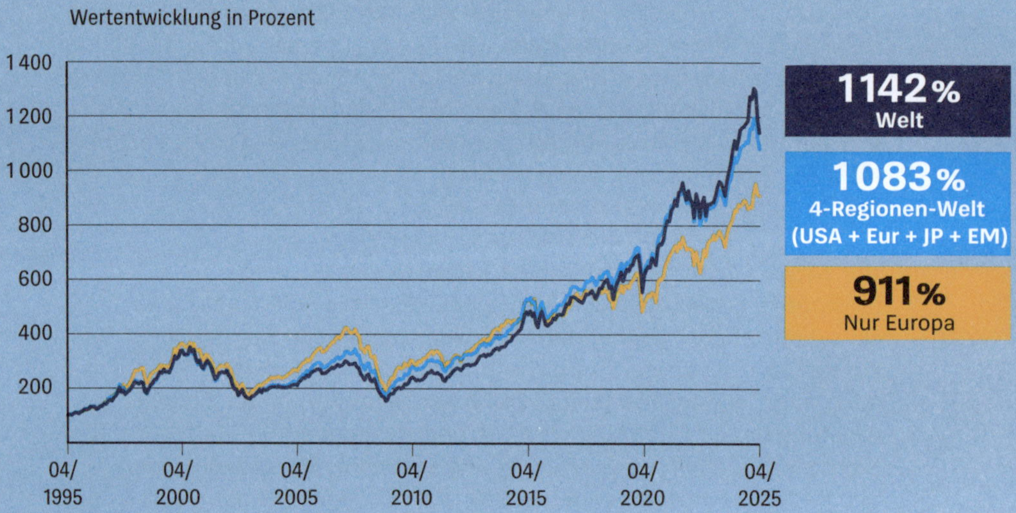

Die Tabelle zeigt die jährliche Rendite für verschiedene Zeiträume, den maximalen Verlust und die Zahl der Anpassungen beim MSCI World und den zwei Varianten.

Portfolio	Rendite über ... Jahre (% p.a.)				Max. Verlust (%)	Anpassungen (Anzahl)
	30	10	5	1		
Welt	8,5	9,2	13,0	5,2	−56	0
USA + Europa + Japan + Schwellenländer (EM)	8,3	7,5	11,2	4,6	−54	4
Europa	7,6	5,6	12,0	6,8	−54	0

Stabilität durch Gold und Rohstoffe

Gold hat bei Anlegern viele Anhänger. Wer das edle Metall als Investment schätzt, kann den Welt-Pantoffel mit einem Gold-Anteil ergänzen. Oder mit einem breiten Rohstoffindex.

Kaum ein Markt ist so vielfältig wie der Rohstoffsektor. Ob Gold, Kupfer oder Erdöl, ob Weizen, Zucker oder Soja – eine Menge unterschiedlichster Waren zählt zum Rohstoffmarkt. Sie werden in standardisierter Form, also mit genau festgelegten Eigenschaften, an spezialisierten Börsen gehandelt, und die Preise werden nach Angebot und Nachfrage ermittelt. Der Großteil der Umsätze erfolgt an Warenterminbörsen wie Chicago, New York und London. Rohstoffe werden dabei meistens nicht sofort ausgehändigt, sondern die Kontrakte werden als sogenannte Futures zur Lieferung an einem genau festgelegten Termin in der Zukunft gehandelt. Bei manchen Produkten sind zusätzlich Spot-Geschäfte zur sofortigen Lieferung üblich, zum Beispiel bei Rohöl.

Commodities, wie Rohstoffe auf Englisch heißen, sind für viele Industrie- und Dienstleistungszweige unverzichtbare Grundstoffe. Neben Aktien und Zinsprodukten sind Rohstoffe die dritte große Anlageklasse. Man rechnet sie zu den „alternativen Investments". Ihre Preise sind wichtige Indikatoren für die weltwirtschaftliche Entwicklung, unterliegen aber auch mannigfaltigen politischen und technologischen Einflüssen. Und nicht nur Gold und andere Edelmetalle, sondern Rohstoffe allgemein können einen gewissen Schutz vor Inflation bieten.

Nicht zuletzt deshalb eignet sich sowohl Gold als auch ein Korb von Rohstoffen nach Ansicht von Stiftung Warentest als eine Möglichkeit der Beimischung zum Pantoffel-Portfolio. Hinzu kommt, dass sich Rohstoffpreise häufig nicht im Gleichklang mit Aktien und Anleihen bewegen. Sie weisen somit, wie es in der Fachsprache heißt, eine niedrige Korrelation zu den anderen wichtigen Anlageklassen auf. Rohstoffe sind deswegen zur Diversifikation gut geeignet, sie dämpfen das Gesamtrisiko.

Wir haben untersucht, welchen Einfluss die Beimischung von Rohstoffen auf das Rendite-Risikoprofil des Pantoffel-Portfolios ausübt. Zum

Simulierte Einmalanlage über 30 Jahre. Chance-Risiko-Zahl. Renditebaustein.
MSCI-World-ETF, MSCI-Europe-ETF beziehungsweise Länder-ETF-Mix. Berücksichtigung von Handelskosten bei Umschichtungen, ohne Steuern. Maximaler Verlust = Stärkster Einbruch seit früherem Hoch. Maximaler Verlust und Anzahl der Umschichtungen beziehen sich auf 30-Jahres-Zeitraum.
Stand: 30. April 2025 Quelle: LSEG, eigene Berechnungen

einen haben wir ausgerechnet, wie sich Gold allein auf die langfristige Ertragsentwicklung ausgewirkt hat, zum anderen, wie es bei einem breiten Rohstoffindex ausgesehen hat. Das Ergebnis: Beide Varianten haben besser abgeschnitten als das Weltportfolio – wobei Gold klar die Nase gegenüber Rohstoffindizes vorn hatte.

Einzelne Commodities gelten als sehr risikoreich, weil Preisschwankungen enorme Ausmaße annehmen können. Vielleicht erinnern Sie sich noch an die Jahre 2021 und 2022, als die Erdgaspreise an den Warenterminbörsen innerhalb kurzer Zeit auf das Zehnfache emporschnellten, um in den Monaten danach wieder fast ebenso kräftig zu fallen. In den zwei Jahren bis Ende April 2025 haben sich die Bewegungen der Rohstoffpreise insgesamt jedoch deutlich beruhigt. Gemessen an breiten Indizes wie dem Bloomberg Commodity Index, der über 20 Rohstoffe umfasst, haben sie sich per Saldo bis zum Frühjahr 2025 nur wenig verändert. Einige Rohstoffe allerdings wiesen starke Kursschwankungen auf – nach oben wie bei Gold ebenso wie nach unten wie bei Rohöl. Während manche Rohstoffe Allzeithochs erreicht haben, sind andere auf Mehrjahrestiefs zurückgefallen.

Für Anleger besonders bedeutsam war der Höhenflug von Gold. Der Preis des edlen Metalls kletterte innerhalb von zwei Jahren um rund 80 Prozent. Stiftung Warentest bewertet Gold schon seit Langem als interessante Beimischung für das Pantoffel-Portfolio. Wer das Metall schätzt, kann den Welt-Pantoffel mit einem Gold-Anteil ergänzen. Was aber spricht für Gold als Teil des Renditebausteins? Und mit welchen Produkten lässt sich die Beimischung am besten bewerkstelligen?

Gold als Renditebringer und Depot-Stabilisator

Keine Wertanlage und kein Zahlungsmittel hat sich schon so lange bewährt wie Gold. Seit Jahrtausenden vertrauen viele Menschen dem gelben Metall. Anleger schätzen Gold als weltweit akzeptierten Sachwert und als eine Art Versicherung gegen Finanzkrisen, Inflation und politische Turbulenzen. Die Inflation war zwar mit Ausnahme der Jahre 2021 bis 2023 wenig beunruhigend, aber spätestens seit den massiven Zollerhöhungen von US-Präsident Donald Trump im April 2025 geht die Angst vor wirtschaftlich unsicheren Zeiten um.

An Krisen gab und gibt es dagegen alles andere als einen Mangel. Jede der großen Turbulenzen an den Finanzmärkten seit dem Jahrtausendwechsel hat dem Goldpreis einen Aufwärtsschub beschert. Das war nach dem Absturz der Technologieaktien von 2000 bis 2003 ebenso der Fall wie nach der Weltfinanzkrise 2008/09 sowie in den 2020er-Jahren im Gefolge der Corona-Krise und zu Beginn des Kriegs in der Ukraine. Von knapp 300 Dollar je Feinunze (31,1 Gramm) Ende des 20. Jahrhunderts schnellte der Goldpreis bis 2006 auf rund 750 Dollar hoch. Von 2008 bis 2011 kletterte er weiter auf über 1900 Dollar. Anschließend folgte eine lange Durststrecke mit einem Preisverfall bis auf rund 1050 Dollar hinunter, ehe es ab 2018, ausgehend von etwa 1200 Dollar, zunächst allmählich und dann ab 2020 steil nach oben ging. Der bislang letzte Schub begann 2022. Er katapultierte die Notierungen bis Ende April 2025 auf rund 3300 Dollar. Mit anderen Worten: Seit Beginn des Jahrtausends hat sich der Goldpreis mehr als verzehnfacht.

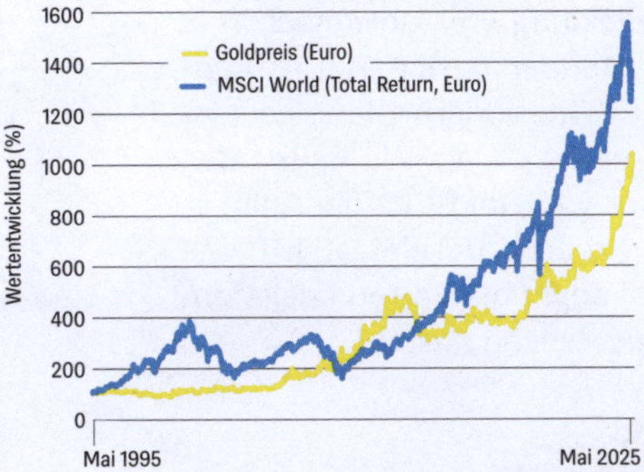

GOLDENE ZEITEN? Der Goldpreis ist in den 30 Jahren bis Mai 2025 nicht so stark gestiegen wie der MSCI World. In den letzten Jahren hat er aber stark aufgeholt und 2024/25, als der Weltindex zeitweise Einbußen verzeichnete, seinen Anstieg fortgesetzt. Die Entwicklung des Goldpreises war von längeren Rückschlagsphasen geprägt als beim MSCI World.

Stand: 6. Mai 2025 Quelle: LSEG

Gold ist Teil des Renditebausteins

Trotz dieser Wertzuwächse ist Gold aber – anders, als manche Edelmetall-Anhänger glauben – keine sichere Anlage. Preisschwankungen und zwischenzeitliche Verluste können sehr stark ausfallen. Gold gehört keinesfalls in den Sicherheitsbaustein des Pantoffel-Portfolios, sondern in den Renditebaustein als Beimischung zur Basisanlage. Dort ist es eine sinnvolle Ergänzung Ihres Vermögens. Zumal es in der Vergangenheit nicht nur ertragssteigernd wirkte, sondern aufgrund der oft gegenläufigen Bewegung zu Aktien die Vermögensentwicklung stabilisierte.

Der beschleunigte Goldpreisanstieg ab 2018 war nicht allein den Krisenängsten zuzuschreiben. Ein zusätzlicher Faktor für den neuerlichen Glanz des Goldes waren die zeitweise tief gefallenen Zinsen. Dadurch ist ein gravierender Nachteil von Gold entfallen: Das Edelmetall wirft keine Zinsen ab. Bei Null- oder Negativzinsen, wie sie zeitweise geherrscht hatten, fällt dieses Manko kaum ins Gewicht. Die Goldnachfrage war groß, als es kaum Zinserträge auf sichere Geldanlagen gab. Seit der Corona-Krise 2020 nimmt die Nachfrage zusätzlich zu, weil Anleger Angst vor Spätfolgen der weltweit kräftig erhöhten Staatsverschuldung und der ausgeweiteten Geldversorgung durch die Notenbanken haben.

Zu Investmentzwecken erwerben können Sie Gold entweder physisch – als Barren und Münzen – oder als Wertpapiere in Form von ETC. Das ist die Abkürzung für „Exchange Traded Commodities", also börsengehandelte Rohstoffe. Gold-ETF sind in Deutschland nicht zum öffentlichen Vertrieb zugelassen, da sie nur eine einzige Anlage enthalten. Vorgeschrieben ist laut Gesetz, dass ein ETF höchstens 30 Prozent in einer Anlage investieren darf. Die Namensnähe von ETC zu ETF deutet an, dass sie ähnlich funktionieren – mit einem gravierenden Unterschied: ETC sind keine Sondervermögen wie ETF, sondern Inhaberschuldverschreibungen. Deren Kurse bilden die Wertentwicklung von Gold nach und sind meistens mit physischen Edelmetallbeständen besichert. ETC-Käufer sind also nicht Miteigentümer wie bei ETF, sondern Gläubiger der ETC-Emittenten. Im Pleitefall kann das Probleme geben. Wir halten das Risiko aber für gering, weil die Herausgeber von Gold-ETC die Anlagegelder meistens komplett in Goldbarren investieren. Bei einigen ETC wie Xetra-Gold können Sie sich Ihren Goldanteil sogar als Barren ausliefern lassen. Allerdings entstehen dafür häufig zusätzliche Kosten.

Gold-ETC – die bequeme Lösung

Beim Gold-Pantoffel hält Stiftung Warentest die Wertpapierlösung für besser geeignet als Barren und Münzen. ETC werden laufend an den Börsen gehandelt und sind damit liquide. Die Kosten sind insbesondere bei kleineren Anlagebeträgen geringer als bei Barren und Münzen. Mit ETC können Sie den Goldanteil im Portfolio einfacher und kostengünstiger darstellen als mit physischem Gold. Das gilt auch für Sparpläne, die von einer Reihe von Banken und Onlinebrokern auf Gold-ETC angeboten werden. Allerdings sind die jährlichen Kosten mancher Banken bei kleinen Sparraten von 25 oder 50 Euro zum Teil beträchtlich. Informieren Sie sich vorab, um nicht in die Kostenfalle zu tappen. Eine Untersuchung zu den Kosten beim Kauf von Gold-ETC finden Sie unter test.de/gold.

Aus steuerlicher Sicht weist Gold Besonderheiten auf. Zum einen ist der Kauf von physischem Gold von der Mehrwertsteuer befreit. Beim Erwerb anderer Edelmetalle wie Silber, Platin und Palladium fallen 19 Prozent an (Stand: Mai 2025). Zum anderen bleiben Gewinne steuerfrei, wenn zwischen Kauf und Verkauf mehr als ein Jahr vergangen ist. Dann handelt es sich um ein steuerlich nicht relevantes privates Veräußerungsgeschäft. Nach einem Urteil des Bundesfinanzhofs (BFH) gilt das nicht nur für physisches Gold, sondern auch für Xetra-Gold (Az. VIII

R 4/15 und VIII R 35/14), das einen Auslieferungsanspruch verbrieft. Die Finanzverwaltung hat sich später mit ihrem BMF-Schreiben zur Abgeltungssteuer dieser Rechtsprechung des BFH angeschlossen. Dabei spielt es keine Rolle, ob man sich das Gold ausliefern lässt oder Anteile mit Gewinn verkauft. Das Urteil bezieht sich auf Xetra-Gold, gilt aber nach Einschätzung der Börse Stuttgart auch für Euwax Gold II.

Die Bundesregierung spielte 2020 mit dem Gedanken, ab 2021 auf Konstruktionen wie Xetra-Gold, bei denen eine Auszahlung in Gold gewährt wird oder werden kann, die 25-prozentige Abgeltungssteuer einzuführen. Sie hat die Pläne aber wieder verworfen. Da sich die Steuergesetzgebung jedoch auch jederzeit wieder ändern kann, sollten Anleger, die in diese Edelmetall-Papiere investieren, die Entwicklung genau verfolgen. Einen Auslieferungsanspruch auf Gold bietet zum Beispiel Xetra-Gold von der Deutsche Börse Commodities und Euwax-Gold von der Börse Stuttgart Securities. Daneben existieren noch weitere Gold-ETC, auf die Banken und Onlinebroker Sparpläne anbieten.

Rohstoff-Beimischung mit Vor- und Nachteilen

Die häufig stark unterschiedliche Entwicklung der einzelnen Rohstoffpreise und die kräftigen Preisschwankungen einzelner Commodities lassen sich mit einem ETF auf einen breit diversifizierten Korb von Rohstoffen teilweise ausgleichen. Auch das politische Risiko wird durch eine Streuung über eine Vielzahl an Rohstoffen reduziert. Für Anlagezwecke interessant sind Indexfonds auf den Bloomberg Commodity Index, den Rogers International (RICI) und den UBS CMCI Index. Auf sie gibt es eine Reihe von ETF, die in der Vergangenheit gute Anlageerfolge erzielt haben.

Der Bloomberg Commodity fasst Terminkontrakte auf gut 20 Rohstoffe zusammen, die an den Warenterminbörsen rege gehandelt werden. Nachgebildet wird der nächstliegende Future. Unterteilt wird der Index in Energie, Edelmetalle, Industriemetalle, Agrargüter und Lebendvieh. Ende April 2025 wies Gold mit 17,2 Prozent das höchste Gewicht auf, gefolgt von Erdgas mit 9,0 Prozent und Rohöl der Nordseesorte Brent mit 6,2 Prozent. Da die US-Ölsorte WTI 5,8 Prozent beiträgt, kommt Öl auf 12 Prozent. Größte Agrargüter sind Soja mit 6,0 und Mais mit 5,7 Prozent. ETF auf den Bloomberg Commodity und auf andere Rohstoffindizes beinhalten nicht die darin enthaltenen Futures oder Rohstoffe. Das wäre teuer und unpraktisch. Die Anbieter bilden den Index mithilfe von Derivaten, vor allem Swaps, also Tauschgeschäften nach. Dadurch werden Risiken der Warenterminmärkte gemildert oder ausgeschaltet. Bleiben wir beim Bloomberg Commodity Index: Auf ihn, genau wie auf andere Indizes, gibt es ETF auf den Hauptindex und auf Abwandlungen davon. Einige Indexfonds bilden den Index ohne Agrar und Lebendvieh nach – sie tragen die Bezeichnung „ex Agri & Livestock" oder „ex Agriculture & Livestock". Andere Anbieter offerieren den Bloomberg Commodity 3 Month forward. Hier bildet der Index Rohstoff-Futures nach, deren Fälligkeitstermine drei Monate später sind als im Hauptindex.

Rohstoff-ETF bieten die Möglichkeit, ein Portfolio zu diversifizieren und von der Entwicklung der Rohstoffpreise zu profitieren. Sie sollten jedoch die Volatilität und die Risiken des Rohstoffmarkts beachten.

Faktor-Strategien für den Ertragskick

Wissenschaftler haben Faktoren gefunden, mit denen Sie theoretisch mehr Ertrag erzielen können als der Gesamtmarkt. Einige Anlagestile eignen sich als Pantoffel-Beimischungen.

Die künftigen Gewinneraktien ins Depot legen und potenzielle Verlierer links liegen lassen – das streben viele Anleger an. Wie aber finden Sie „gute" Aktien, also Unternehmensbeteiligungen, die überdurchschnittlich gut laufen und/oder ein unterdurchschnittlich hohes Risiko bergen? Über Antworten auf diese Fragen zerbrechen sich Finanzwissenschaftler seit Jahrzehnten ihre Köpfe. Sie forschen nach objektiven, statistisch überprüfbaren Merkmalen und Eigenschaften – sogenannten Faktoren oder Anlagestilen –, mit denen Aktien langfristig ein günstigeres Verhältnis von Rendite und Risiko erzielen können als der Gesamtmarkt. Die Betonung liegt auf „können". Denn Anlagestile, die in jeder Börsenphase dem Index überlegen sind, gibt es, wie die Geschichte gelehrt hat, nicht. Auch die Untersuchungen von Stiftung Warentest belegen das.

Zu den ersten Faktoren (auch als Smart Beta bekannt), bei denen eine Risikoprämie langfristig nachweisbar und plausibel war, gehörten Aktien kleiner Unternehmen (Small Caps) und Gesellschaften mit niedriger Bewertung (Value-Aktien). Wissenschaftlich nachgewiesen haben das die beiden US-Forscher Eugene Fama und Kenneth French im Jahr 1992. Sie sahen die historisch ermittelte Mehrrendite dieser beiden Anlagestile als Entschädigung für ein höheres Risiko an, als es dem Gesamtmarkt innewohnt, und erwarteten, dass dies auch in Zukunft der Fall sein werde. 2013 erhielt Fama den Alfred-Nobel-Gedächtnispreis für Wirtschaftswissenschaften.

In den 1990er-Jahren und verstärkt ab der Jahrtausendwende steuerten weitere Forschende wissenschaftliche Arbeiten über zusätzliche Faktoren bei. Indexentwickler und ETF-Anbieter nahmen deren Ergebnisse dankbar an und brachten eine Vielzahl darauf basierender Faktor-ETF auf den Markt. Durchgesetzt haben sich neben den Vorreitern Small Cap und Value noch Dividende, Momentum, Growth (starkes Gewinnwachstum), Qualität und geringes Risiko (Low Volatility). Sie lassen sich bequem mit ETF nachbilden – für Welt- und Regionen-Indizes. Stiftung Warentest hat die wichtigsten Anlagestile unter die Lupe genommen.

Value-Strategie: die Substanz im Blickfeld

Darunter fallen Aktien, deren Kurs im Verhältnis zu den Fundamentaldaten des Unternehmens niedrig ist, die also eine unterdurchschnittliche Bewertung aufweisen. Sie werden auch als Substanzwerte bezeichnet. MSCI verwendet drei Kennzahlen für Value-Aktien:

Das Kurs-Buchwert-Verhältnis (KBV). Es drückt aus, wie viel Substanz das Unternehmen im Verhältnis zum Aktienkurs aufweist. Der Buchwert gibt an, wie hoch die Vermögenswerte in der Bilanz abzüglich der Verbindlichkeiten sind. Das KBV wiederum wird errechnet, indem der Aktienkurs durch den Buchwert je Aktie dividiert wird. Bei einem Kurs von 30 Euro und einem Buchwert von 20 Euro ergibt sich also ein KBV von 1,5 (30 geteilt durch 20). Als günstig wird üblicherweise ein KBV von unter 1 bezeichnet, also ein Kurs unterhalb des Buchwerts. Allerdings hat das KBV große Schwächen. Bei Unternehmen, deren Wert weniger von physischen Gütern wie Maschinen, Anlagen und Bauten bestimmt wird, sondern mehr von immateriellen Faktoren wie Patenten, Markenrechten oder anderen Formen geistigen Eigentums, ist es wenig aussagekräftig. Technologieaktien sind das Musterbeispiel dafür. So wies Microsoft Ende April 2025 ein KBV von über 12 auf. Bei Techwerten gibt der Buchwert nur unzureichend den tatsächlichen Unternehmenswert wider. Auch deswegen gilt das Kurs-Buchwert-Verhältnis nur im Vergleich zu anderen Aktiengesellschaften der gleichen Branche als einigermaßen aussagekräftig.

Die relative Wertentwicklung von Stil-Indizes

Der Chart zeigt die relative Wertentwicklung (Outperformance) der wichtigsten Anlagestile gegenüber dem MSCI World in den vergangenen 25 Jahren. Eine steigende Kurve bedeutet, dass der Anlagestil in diesem Zeitraum besser lief als der MSCI World. Eine fallende Kurve bedeutet, dass in dieser Zeit der MSCI World die bessere Performance erreicht hatte.

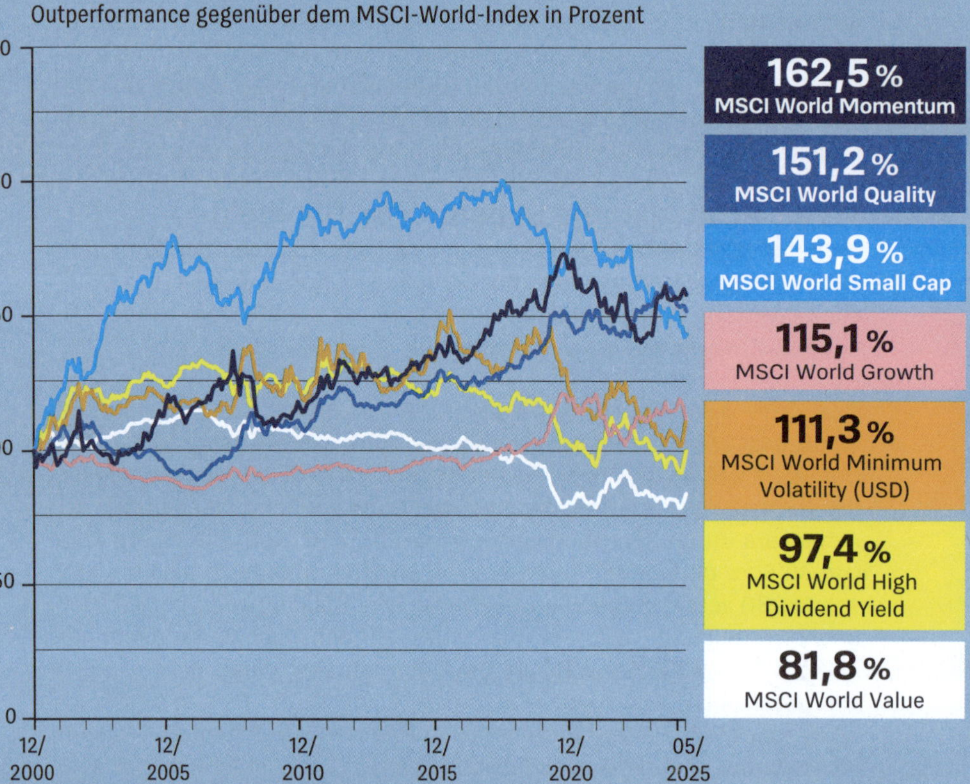

Das Kurs-Gewinn-Verhältnis (KGV). Kombiniert wird das KBV meistens mit dem KGV, dem Kurs-Gewinn-Verhältnis. Es errechnet sich, indem der Börsenkurs durch das Ergebnis je Aktie dividiert wird, und drückt aus, wie viel mal der Kurs höher ist als der Gewinn des aktuellen Geschäftsjahres oder der nächsten zwölf Monate. Je niedriger das KGV ist, desto preiswerter wird die Aktie eingeschätzt. Die Kennzahl ist leicht zu berechnen und wird häufig für eine Schnellanalyse des fundamentalen Wertes einer Aktie herangezogen. Aber auch bei ihr gibt es Schwächen. So wird das Ausmaß des Gewinnwachstums nicht in die Berechnung einbezogen. Aktien schnell expandierender Unternehmen weisen deshalb deutlich höhere KGV aus als Auto- oder Maschinenbauwerte. Das erschwert die Vergleichbarkeit erheblich.

Die Dividendenrendite. Sie wird berechnet, indem die Dividende je Aktie durch den Aktienkurs dividiert wird. Bei einer jährlichen Ausschüttung von 3 Euro je Aktie und einem Kurs von 100 Euro sind das also 3,0 Prozent. Auch hier gilt wie beim KGV, dass meistens nicht die vergangene Dividende als Grundlage herangezogen wird, sondern die erwartete. Nur so lässt sich eine einigermaßen zeitnahe Renditeerwartung kalkulieren. Auch die Dividendenrendite hat jedoch Schwächen, wie Sie im folgenden Abschnitt über die Dividenden-Strategie nachlesen können.

Dividenden-Strategie: Fokus auf laufende Einkünfte

Auf Aktien zu setzen, die eine attraktive Dividendenpolitik betreiben, ist bei Anlegern eine beliebte Faktor-Strategie. Das sieht man daran, dass es hier so viele ETF gibt wie bei keinem anderen Anlagestil. An zweiter Stelle folgen Value-ETF mit etwa halb so vielen Produkten. Manche Fachleute werten die Dividenden-Strategie als Teil der Value-Strategie.

Die Popularität der Dividendenstrategie ist bei Anlegern besonders groß, die hohe laufende Zusatzeinkünfte anstreben – beispielsweise im Ruhestand als Ergänzung zu Rente oder Pension oder als Zubrot zu Lohn oder Gehalt. Unter dem Begriff „Dividenden-Strategie" werden zwei Arten zusammengefasst, die unterschiedliche Ausprägungen aufweisen:

Aktien mit hoher Dividendenrendite, bekannt als High-Dividend-Strategie. Der in Deutschland bekannteste dieser Indizes ist der DivDax, der die 15 Dax-Mitglieder mit den höchsten Dividendenrenditen umfasst. Gewertet wird jeweils die letzte Ausschüttung. Dadurch ist der Index vergangenheitsorientiert und statisch. Zum Zeitpunkt, an dem die

Stand: 6. Mai 2025 Quellen: LSEG, eigene Berechnungen

Ausschüttung für ein Geschäftsjahr erfolgt, haben die Unternehmen schon ein Viertel bis zu gut der Hälfte des folgenden Geschäftsjahrs absolviert. Als besser geeignet gelten High-Dividend-ETF (sie gibt es von verschiedenen Indexanbietern), die nicht auf den vergangenen Ausschüttungen basieren, sondern auf den an den Börsen für das laufende Geschäftsjahr erwarteten. Sie beziehen auf diese Weise die künftige Ertragsentwicklung der Unternehmen mit ein. In der Vergangenheit haben sie meistens besser abgeschnitten. Generell gilt, dass die an der Dividendenrendite orientierten Strategien Aktien aus der „Old Economy" übergewichten, da viele Technologiefirmen keine oder nur geringe Dividenden verteilen. Das beginnt sich allerdings allmählich zu ändern.

Aktien mit zunehmenden Dividendenzahlungen. Die Dividendenrendite spielt hier nur eine Nebenrolle. Dieser Ansatz heißt Dividend-Growth- oder Dividenden-Wachstums-Strategie. Dazu zählen die sogenannten Dividenden-Aristokraten, die nur in die entsprechenden Indizes aufgenommen werden, wenn sie in den USA nach der Definition des Indexanbieters S&P Dow Jones mindestens 25 Jahre lang und in anderen Regionen mindestens zehn Jahre lang ihre Ausschüttungen erhöht oder unverändert gelassen haben. In den zehn Jahren bis zum 30. April 2025 haben ETF auf die Dividend-Growth-Strategie jedoch schlechtere Ergebnisse gebracht als ETF mit einem High-Dividend-Ansatz.

Stiftung Warentest ist von Dividenden-Strategien wenig überzeugt. Unsere Berechnungen zeigen, dass sie keine überlegenen Ergebnisse liefern. ETF auf diese Strategie eignen sich daher nur als Beimischung.

Small-Cap-Strategie: auf die Kleinen achten

Aktien mit einer geringen Marktkapitalisierung werden als Neben- oder Spezialwerte bezeichnet. Lange Zeit haben solche Small Caps besser abgeschnitten als Large Caps, also große Unternehmen aus den Standardindizes. Was aber spricht für Small Caps? Kleine Firmen weisen ein höheres Wachstumspotenzial auf, da sie mit neuen Produkten und Absatzmärkten leichter Umsatzsprünge bewerkstelligen können als weltweit agierende Konzerne.

Small Caps gelten als innovativ, da sie oft in Nischenmärkten tätig sind und ihre Forschung darauf konzentrieren. In den vergangenen Jahren haben Small Caps allerdings viel von ihrem einstigen Glanz verloren. Im 30-Jahres-Vergleich zum 30. April 2025 haben sie vor allem wegen der schwachen Kursentwicklung der letzten zehn Jahre am schlechtesten von allen Pantoffel-Beimischungen abgeschnitten. Zum Teil lag das daran, dass die Börsenkurse der großen Technologieunternehmen seit Beginn des Jahrzehnts enorm geklettert sind. Sie haben in dieser Börsenphase den größten Tel der Börsengewinne vereinnahmt und die Indizes der Large Caps mit nach oben gezogen.

Bei deutschen Small Caps kommt hinzu, dass sie weitaus mehr als große Firmen von der inländischen Konjunktur abhängig sind – im Durchschnitt werden 30 Prozent des Umsatzes am heimischen Markt erzielt, bei Großunternehmen nur 20 Prozent. Da die deutsche Konjunktur in die Rezession rutschte, litten Small Caps besonders.

Stiftung Warentest hält trotz der unterdurchschnittlichen Entwicklung in der jüngeren Vergangenheit Small Caps für eine geeignete Beimischung im Portfolio. In den Standardindizes sind sie nicht oder nur schwach vertreten. Sie sind aber wichtige Wachstumstriebfedern. Da es bei Small Caps wegen des höheren Risikos einzelner Firmen besonders wichtig ist, breit zu streuen, eignen sich ETF gut für diesen Anlagestil.

Momentum-Strategie: Wenn es läuft, dann läuft's

Je stärker eine Aktie in der Vergangenheit gestiegen ist, desto besser stehen die Chancen auf weitere Kursavancen. Was auf den ersten Blick seltsam klingt, hat sich an der Börse als Momentum-Strategie durchgesetzt. „Momentum" bedeutet Impuls oder Bewegung. Der Ansatz setzt darauf, dass ein eingeschlagener starker Aufwärtstrend einer Aktie noch eine Weile anhält. „The trend is your friend" ist eine alte Börsenweisheit. ETF auf diese Strategie haben sich kurz- und langfristig bewährt.

Die Auswahl der Aktien in den Indizes erfolgt bei den einzelnen Anbietern unterschiedlich. MSCI beispielsweise kombiniert die Kursentwicklung der letzten sechs und zwölf Monate und bildet daraus eine Rangliste der größten Gewinner. In den zehn Jahren bis Ende April 2025 kletterte der MSCI World Momentum um 12,3 Prozent jährlich, während der MSCI World 9,9 Prozent zulegen konnte. Im Dreijahresvergleich lautete das Verhältnis 14,1 zu 11,6 Prozent zugunsten der Momentum-Strategie.

Dem beachtlichen Erfolg dieses Anlagestils liegen mehrere mögliche Ursachen zugrunde. Ein plausibler Grund ist, dass sich die Geschäfte von Unternehmen nicht schlagartig ändern, sondern dass ein Aufwärtstrend eine Weile Bestand hat. Hinzu kommt, dass viele Anlegerinnen und Anleger bevorzugt Gewinneraktien kaufen, die im Rampenlicht der Medien stehen, und von Analysten entsprechende Kaufempfehlungen erhalten. Das gilt nach einer 2014 von der Deutschen Bundesbank durchgeführten Studie für den deutschen Aktienmarkt insbesondere für ausländische Großanleger. Sie haben deutsche Aktien häufig nach der Momentum-Methode ausgewählt. Die Währungshüter warnen jedoch davor, dass „insbesondere in unsicheren Zeiten eine Momentum-Strategie verlustreich sein kann".

Stiftung Warentest hält die Momentum-Strategie als Beimischung für geeignet. Die Entwicklung war trotz starker Schwankungen beeindruckend – mit mehr Rendite als der breite Markt bei ähnlichem Risiko.

Low-Volatility-Strategie: das Risiko gering halten

Aktien, deren Kursverlauf eine geringere Schwankungsbreite um ihren Mittelwert aufweist als der breite Markt, also mit relativ niedriger Volatilität aufwarten, sind Bestandteile der Low-Volatility-Strategie. Der Indexanbieter MSCI nennt sie „Minimum-Volatility-Strategie". Der Vorzug dieses Ansatzes: Das Risiko ist geringer als beim breiten Markt. Der Nachteil: Auch die Rendite fällt niedriger aus. Dieser Zusammenhang ist normal, da eine höhere Rendite in der Finanztheorie eine Prämie für ein erhöhtes Risiko darstellt.

Beim MSCI World Minimum Volatility, der Ende April 2025 knapp ein Fünftel aller Titel aus dem MSCI World beinhaltet hat, war zwar die Volatilität niedriger als beim Weltindex, aber auch die Rendite hinkte hinterher. Lediglich in der ganz langfristigen Betrachtung seit 31. Mai 1988 lag sie leicht über der des MSCI World.

In den Berechnungen von Stiftung Warentest nimmt die Kombination „Weltindex + Low Volatility" zusammen mit Small Cap den letzten Platz bei der 30-Jahres-Rendite ein. Die Strategie ist für defensive Anleger, die auf ein niedriges Risiko Wert legen, als Beimischung akzeptabel.

Quality-Strategie: ausgezeichnete Kennzahlen

Qualität setzt sich immer durch, sagt ein Sprichwort. Das gilt auch für die Quality-Strategie bei der Aktienanlage. Bei diesem Ansatz werden Unternehmen nach betriebswirtschaftlichen Kennzahlen gescannt und bewertet. Der Datenanbieter MSCI hat dazu drei Kriterien als Zeichen einer hohen Unternehmensqualität ausgewählt: hohe Eigenkapitalrendite, stabiles Gewinnwachstum und niedriger Verschuldungsgrad. Für den MSCI World Quality werden auf diese Weise 300 der rund 1350 im Weltindex enthaltenen Konzerne herausgefiltert. Das Verfahren hat sich bewährt. In den zehn Jahren bis 30. April 2025 hat der MSCI World Quality um 12,5 Prozent pro Jahr zugelegt, der MSCI World um 9,9 Prozent. Allerdings war die Strategie volatiler, also risikoreicher. Auch in kürzeren Zeiträumen erwies sich der Qualitätsansatz als renditestark.

Stiftung Warentest bewertet ETF, die Quality-Strategie-Indizes nachbilden, als akzeptable Beimischung im Pantoffel- Portfolio. Im 30-Jahres-Vergleich erzielten sie mit 7,1 Prozent die zweithöchste Rendite. Da die Zusammensetzung der Indizes aufgrund unterschiedlicher Kriterien verschieden sein kann, sollten Sie vor dem Kauf gut vergleichen.

Growth-Strategie: Spitzenreiter beim Gewinnplus

Kein Börsensegment hat ab 2016 so viel Aufmerksamkeit erregt wie der Growth-Sektor. Er umfasst Branchen, denen in Zukunft große Wachstumschancen zugebilligt werden. Growth-Aktien finden sich hauptsächlich in der „New Economy" – besonders in der Informations- und Kommunikationstechnologie, aber auch im Pharma- und Konsumbereich. Vor allem US-Wachstumswerte haben bis Anfang 2025 phänomenale Kursgewinne verzeichnet. Das gilt in erster Linie für die „Magnificent Seven", die „Glorreichen Sieben". Apple, Alphabet (Google-Dachgesellschaft), Amazon, Meta Platforms (Facebook und Instagram), Microsoft, Tesla und Nvidia sind Hightech-Weltmarktführer. Auf sie entfiel lange Zeit der Löwenanteil der Kursgewinne im Bereich Wachstumsaktien. Beim MSCI World Growth Index machten sie Ende April 2025 über 40 Prozent der Marktkapitalisierung aus. Die weiteren 567 Aktien mussten sich mit den übrigen knapp 60 Prozent begnügen.

Growth-Aktien sind risikoreicher als der Gesamtmarkt. Die Volatilität der Indizes wird durch die Konzentration auf wenige Unternehmen verstärkt. Das zeigte sich in den ersten vier Monaten 2025 und zuvor 2022, als Wachstumswerte stärker abgestürzt waren als Aktien anderer Anlagestile. Der MSCI World Growth verlor damals 29,1 Prozent, der MSCI World 17,7 Prozent und der MSCI World Value 5,8 Prozent. In den zehn Jahren bis Ende April 2025 legte der MSCI World Growth mit 11,9 Prozent jedoch deutlich stärker zu als als der MSCI World mit 9,9 Prozent.

Growth-Aktien und damit auch ETF auf diesen Anlagestil sind für risikobereite Anleger sinnvoll. Da Wachstumswerte im MSCI World einen Großteil der Marktkapitalisierung ausmachen, sind Besitzer eines Weltindex-ETF ohnehin stark an ihrer Entwicklung beteiligt.

FONDSFINDER: Eine Auswahl an Stil-ETF finden Sie im Serviceteil ab Seite 171. Unter test.de/fonds können Sie ETF gezielt nach Anlagestilen vergleichen. Unter der Rubrik „Weitere Filter", „ETF: Stile und Faktoren" finden Sie Indexfonds für die Stile Dividenden, Momentum, Small Caps, Quality, Low Volatility, Value und Growth.

05

Praxis – jetzt geht's los

Die Strategie in die Tat umsetzen

Für einen gelungenen Start in die Praxis brauchen Sie nicht nur einen guten Depotanbieter – Sie sollten auch die Regeln für Kauf, Verkauf und Versteuerung Ihrer Erträge kennen.

Sie möchten Ihr Vorhaben, langfristig Vermögen mit dem Pantoffel-Portfolio aufzubauen, in die Tat umsetzen? Doch Sie haben noch gar kein eigenes Wertpapierdepot? Oder Sie haben zwar eines, aber sind sich nicht sicher, ob Sie Ihr Depot noch bei Ihrer bisherigen Bank weiterführen möchten? Auf den folgenden Seiten erfahren Sie, worauf Sie bei der Auswahl der passenden Bank achten sollten. Denn der Weg zur Börse führt für Privatanleger über einen Depotanbieter.

Doch auch beim Kauf oder Verkauf von Wertpapieren können Sie ein paar Dinge falsch machen, die Sie von Anfang an finanziell belasten. Damit Sie solche Fehler vermeiden, werfen wir einen Blick darauf, wie Sie den oder die ETF auswählen, die am besten zu dem von Ihnen gewählten Pantoffel-Konzept passen.

Auf alle wichtigen fürs Konzept geeigneten Indizes gibt es beispielsweise mehrere Angebote von verschiedenen ETF-Häusern. Sie unterscheiden sich in einigen Details, die Sie kennen sollten. Eines betrifft zum Beispiel Dividendenzahlungen: Manche ETF zahlen erhaltene Dividenden regelmäßig an ihre Anleger aus. Andere ETF wiederum legen sie automatisch sofort wieder im ETF an. Wir schildern, wie Sie ETF nach Ihren persönlichen Bedürfnissen auswählen. Und dann haben wir ein paar Tipps parat, wie Sie ETF geschickt kaufen, um einen möglichst guten Einstandspreis zu bekommen.

Die Chancen stehen sehr gut, dass Sie bei einem langfristigen Anlagehorizont dereinst Ihre Papiere mit Gewinn verkaufen. Aber dann möchte auch das Finanzamt einen Teil davon abknapsen. Schon während der Haltedauer Ihrer ETF unterliegen die laufenden Erträge aus Dividenden, Zinsen und Co. der Besteuerung. Im Abschnitt „Pantoffel-Portfolio richtig versteuern" ab Seite 118 erläutern wir daher die wichtigsten Grundregeln zu Besteuerung von ETF.

Sie entscheiden: Filial- oder Direktbank

Um Zugang zur Börse zu bekommen, benötigen Sie ein Wertpapierdepot. Wir erklären, wie Sie die richtige Adresse dafür finden und beim Investieren clever vorgehen.

Ein Wertpapierdepot ist der Dreh- und Angelpunkt für all Ihre Wertpapiergeschäfte. Aber wo finden Sie für sich das Passende? Wollen Sie einfach bei Ihrer Filialbank um die Ecke bleiben? Dann sollten Sie sicherstellen, dass es dort möglich ist, ein verzinstes Tagesgeldkonto zu führen, das Sie ja für das Pantoffel-Modell benötigen. Nicht jede Filialbank hat Tagesgeldkonten im Angebot, und oftmals sind die Zinskonditionen bei Online-Anbietern klar besser. Bekanntlich können Tages- und kürzer laufende Festgelder nicht nur zum Geldparken genutzt werden, sondern auch als Stabilitätsanker fürs Pantoffel-Portfolio dienen, sofern Sie nicht auf Anleihen-ETF setzen möchten. Daher ist es wichtig, auf die Konditionen für diese Anlageformen zu achten.

Die zweite Alternative wäre, zu einer Direktbank zu gehen, wo Sie sowohl ein Depot als auch ein Tagesgeldkonto führen können. Sie möchten nicht mehrere Bankverbindungen, denn Sie fürchten, dadurch weniger Überblick über Ihre Finanzen zu haben? Dann sehen Sie sich nach einem Online-Anbieter um, der nicht nur ein gutes Depotangebot hat. Schauen Sie auch, was er sonst noch für Sie tun kann. Gut möglich, dass der Depotanbieter auch ein leistungsstarkes Girokonto offeriert. Dann lassen sich gleich Ihre gesamten Geldgeschäfte bei einer einzigen Bank bündeln und abwickeln.

Es kann auch sein, dass Ihnen kein Anbieter in allen Punkten zusagt – in diesem Fall ist eine Aufteilung auf mehrere Geldhäuser sinnvoll. Eine Übersicht über die günstigsten Depotanbieter sowie die Kosten für ETF-Sparpläne finden Sie im Serviceteil ab Seite 156. Bei der Auswahl hilft Ihnen außerdem unser Depotvergleich unter test.de/depotkosten (kostenpflichtig). Tipp: Bei manchen Anbietern lässt sich das Tagesgeldkonto auch direkt als Wertpapierverrechnungskonto nutzen. Bei passablen Zinsen auf Tagesgeld ist das ein Bequemlichkeitsvorteil.

Persönlicher Gesprächspartner – das Für und Wider

Anlegerinnen und Anleger, die selbst wissen, welche Wertpapiere sie kaufen möchten, sind mit einem Depot bei einer filiallosen Direktbank oder einem Onlinebroker gut beraten. Online-Anbieter sind vom Rechner, Tablet oder Smartphone aus rund um die Uhr via Internet erreichbar – seit 2019 sind zudem die sogenannten Neobroker in Deutschland im Markt, die vorwiegend auf Trading-Apps fürs Smartphone setzen.

Der Pluspunkt der filiallosen Institute: Ihre Kostenvorteile geben sie in Form von deutlich günstigeren Konditionen an ihre Kunden weiter. Dafür müssen Sie üblicherweise auf Anlageberatung verzichten. Aber um die steht es auch bei den filialbasierten Geldhäusern nicht gerade zum Besten, wie Untersuchungen etwa von Verbraucherzentralen und den Finanzfachleuten der Stiftung Warentest immer wieder zeigen. Denn oftmals beeinflusst das Interesse, für empfohlene Wertpapiere Provisionen zu kassieren, das Ergebnis der Anlageberatung. Der Verzicht auf Beratung muss für gut informierte Anleger daher kein Nachteil sein. Gerade dann nicht, wenn Sie, wie in diesem Buch geschildert, Ihren Vermögensaufbau mithilfe von breit streuenden ETF bewerkstelligen wollen, zu denen es bei den allermeisten Filialbanken ohnehin gar keine Beratung gibt. Wenn Sie dieses Buch gelesen haben, sind Sie gut im Bilde, wie Sie selbst das Passende auswählen können.

Und dennoch: Wenn Sie auf einen persönlichen Ansprechpartner bei Gelddingen nicht verzichten möchten, sollten Sie erst einmal bei Ihrer Hausbank nach dem Depotangebot fragen. Kostenlose Depots bei Filialbanken sind allerdings selten und in der Regel daran gebunden, dass sie online geführt werden. Auch die Gebühren für Käufe und Verkäufe sind meist kein Schnäppchen. Als Filialbankkunde sparen Sie, indem Sie Aufträge, für die Sie keine Beratung benötigen, künftig selbst per Internet aufgeben. Wer den Depotwechsel nicht scheut, kann übrigens mitunter mehrere Hundert Euro pro Jahr sparen, wie die Stiftung Warentest ermittelt hat. Möglichst geringe Kosten für Wertpapierverwahrung und -kauf wirken sich positiv auf Ihre langfristige Vermögensbildung aus – die gesparten Gebühren können Sie in ETF investieren.

Neobroker mit günstigen Konditionen

Gerade wer seit gefühlten Ewigkeiten ein Wertpapierdepot bei einer klassischen Filialbank oder Sparkasse hat, dürfte sich beim frischen Blick auf die Konditionen verwundert die Augen reiben. Es gibt nämlich eine Reihe von Banken oder Brokern, die für Depotführung und Kauf oder Verkauf von Wertpapieren kaum einen Cent verlangen. Seit 2019 sind immer mehr Neobroker wie Finanzen.net Zero, Justtrade, das Brokerage-Angebot von Scalable Capital, Smartbroker+, Trade Republic und Traders Place an den Markt gegangen, die den Wertpapier- und auch den ETF-Handel komplett oder nahezu kostenlos nur gegen eine minimale Fremdkostenpauschale anbieten. Bei manchen Anbietern sind bei herkömmlichen Wertpapieraufträgen Mindestordergrößen von 500 Euro zu beachten, bei anderen wiederum fällt bei kleinen Auftragsgrößen ein minimaler „Mindermengenzuschlag“ an.

Und so funktioniert das Geschäftsmodell der Neobroker: Anleger, die die Billigkonditionen nutzen wollen, können ihren Börsenplatz oft nicht frei wählen, da die Neobroker oft nur mit wenigen Handelsplätzen zusammenarbeiten (siehe „Richtig handeln beim ETF-Kauf“, Seite 110).

GUT ZU WISSEN: Wenn Sie zu den regulären Öffnungszeiten der Haupthandelsplätze (in Deutschland montags bis freitags von 9 bis 17.30 Uhr) ETF oder auch andere Wertpapiere kaufen möchten, ist die schmale Handelsplatzauswahl mancher Neobroker kein Nachteil, wie unsere Untersuchungen zeigen. Die Kursspannen orientieren sich eng am Niveau von Deutschlands größtem Handelsplatz Xetra.

Bei Wertpapieraufträgen gibt es eine Handelsspanne, genannt Spread, zwischen dem Angebots- und Nachfragekurs. Der Spread stellt die Einnahmequelle für den Handelspartner dar. Die Neobroker erhalten in der Regel für jeden Kundenauftrag eine Rückvergütung vom Handelsplatz oder von Produktanbietern. Auf diese Weise finanzieren sie sich und können auf Kundengebühren für Wertpapieraufträge großteils verzichten. Die Höhe der kassierten Rückvergütungen muss Ihnen Ihr Broker offenlegen. Fraglich ist, ob Neobroker die komplett kostenlosen Depots auf Dauer weiterhin anbieten. Laut einer EU-Verordnung sind Angebote, die sich über Rückvergütungen finanzieren, demnächst nicht mehr zulässig. Banken und Broker müssen sich per Mitte 2026 davon verabschieden und andere Einnahmequellen erschließen. Es empfiehlt sich daher, die Konditionen im Blick zu behalten.

Depotwechsel – einfacher, als viele denken

Den Übertrag eines bestehenden Depots zu ihnen hin ermöglichen inzwischen die meisten der genannten Neobroker, zum Teil aber nur für Wertpapiere, die dort auch gehandelt werden können. Bei Justtrade ist derzeit (Stand: Mai 2025) noch kein Wertpapierübertrag möglich.

Einfach zum ETF-Depot

- **Auswählen.** Wählen Sie den Anbieter, der am besten zu Ihnen und Ihren Anlagebedürfnissen passt. 20 leistungsstarke und günstige Anbieter für Depots finden Sie in unserer Übersichtstabelle auf Seite 157. Eine größere Übersicht über die Depotkosten gibt es unter test.de/depot (kostenpflichtig, laufende Aktualisierungen).

- **Eröffnen.** Als Neukunde durchlaufen Sie zunächst die Kontoeröffnungsstrecke auf der Website von Bank oder Broker und geben die erforderlichen Daten zu Ihrer Person ein. Gut, wenn Sie dazu Ihre Steuer-Identifikationsnummer bereithalten. Wollen Sie ein Depot bei einem Filialinstitut eröffnen, füllen Sie zusammen mit dem Filialmitarbeiter oder der -mitarbeiterin die Unterlagen aus.

- **Legitimieren.** In der Filialbank erfolgt auch gleich die Legitimation anhand Ihres Ausweises. Bei Online-Instituten können Sie das „Postident-Verfahren" nutzen und gehen mit Ihrem Ausweis zu einer Postfiliale. Dort bestätigt ein Mitarbeiter Ihre Identität gegenüber der Bank. Oft geht es auch ganz digital: Beim „Videoident-Verfahren" eröffnen Sie Ihr Konto in wenigen Minuten per Videogespräch. Ihren Ausweis müssen Sie auch hier vorzeigen. Auch E-Ident mit der Online-Ausweis-Funktion des deutschen Personalausweises ist zum Teil möglich.

- **Einloggen.** Kurz darauf bekommen Sie die Depotunterlagen mit Kontonummern für Depot und Verrechnungskonto. Sobald Sie sich mit dem per Post erhaltenen Passwort einloggen, aktivieren Sie das Depot. Das Passwort muss man in der Regel nach dem ersten Einloggen abändern. Haben Sie dann Geld aufs Verrechnungskonto überwiesen, ist das Depot startklar.

- **Einschätzen.** Banken und Broker sind verpflichtet, eine sogenannte Angemessenheitsprüfung durchzuführen, bevor sie für Kunden eine Wertpapierorder ausführen. Auf diese Weise soll sichergestellt werden, dass Anlegende nur in Wertpapiere investieren, deren Risiken sie verstehen. Inzwischen müssen die Depotanbieter einen Nachweis über das tatsächliche Wertpapierwissen eines Anlegers oder einer Anlegerin in Erfahrung bringen – Online-Institute fragen das mithilfe von Wissenstests ab, die Sie als Anlegerin oder Anleger durchlaufen müssen. Sie halten meist auch Informationen zu den Anlageprodukten bereit, mithilfe derer man sich schlau machen kann. Wenn Sie ETF kaufen wollen, müssen Sie Basiskenntnisse nachweisen.

Doch wie gehen Sie vor? Als Erstes eröffnen Sie das neue Depot bei Ihrem Wunschanbieter. Anschließend füllen Sie dort einen Antrag auf Depotübertrag aus. Der neue Depotanbieter zieht dann die Wertpapiere und auch ein etwaiges Guthaben auf dem Depotverrechnungskonto von der alten depotführenden Stelle ab. Laut Finanzaufsicht Bafin soll ein Übertrag längstens drei Wochen dauern. In dieser Zeit kommen Sie an die zu übertragenden Wertpapiere nicht heran.

Sofern Sie Fonds- oder ETF-Anteile im Depot haben, müssen Sie beachten, dass nur ganze Fondsanteile und keine Bruchteile übertragen werden. Auch die für die Versteuerung Ihrer Erträge relevanten Daten werden in aller Regel an die neue Bank weitergeleitet.

Manchmal bieten Depotbanken spezielle Wechselprämien an, wenn Kunden mit ihrem Depot zu ihnen umziehen. Die Prämie kann aus einer Bargutschrift bestehen, oft aber auch aus einem Kontingent an kostenlosen Orderaufträgen. Wichtig: Wählen Sie den Anbieter nicht nach der Attraktivität der Prämie aus, sondern nur danach, ob er auch ohne Prämie mit leistungsstarken Konditionen punktet.

FONDSBANKEN ALS ALTERNATIVE: Vielleicht haben Sie schon ein Depot mit aktiv gemanagten Fonds über einen Internet-Fondsvermittler aufgebaut? Dann kann es für Sie attraktiv sein, dort auch Ihre ETF-Anteile für das Pantoffel-Portfolio zu lagern. Anleger, die von vornherein nur auf ETF setzen möchten, sind bei einer günstigen Direktbank oder einem Onlinebroker aber zumeist besser aufgehoben.

Stiftung Warentest empfiehlt Fondsvermittler vor allem als günstige Einkaufsquelle für aktiv gemanagte Fonds, denn bei ihnen gibt es Tausende Fonds ohne Ausgabeaufschlag. Für die Verwahrung von Wertpapieren müssen Anlegerinnen und Anleger allerdings in der Regel etwas zahlen. Da Fondsvermittler selbst keine Banken sind, arbeiten sie mit sogenannten Fondsbanken zusammen, die die Anteile der Anleger verwahren. Wer bereits ein Depot bei einer Fondsbank führt, zahlt die Depotkosten ohnehin und kann das Depot für das Pantoffel-Portfolio mitnutzen. Im Internet finden Sie unter test.de/fondsvermittler laufend aktualisierte Informationen sowie Adressen.

So weit zur Grundsatzfrage „Filialbank versus Direktbank oder Onlinebroker“. Im Folgenden konzentrieren wir uns auf weitere Aspekte, die bei der Auswahl eines Depotanbieters für Sie wichtig sind, wenn Sie ein Pantoffel-Portfolio aufbauen möchten.

ETF-Einmalkauf – günstige Konditionen sind wichtig

Sie haben eine etwas größere Summe auf einmal anzulegen, möchten Ihr Depot mit ETF für das Pantoffel-Portfolio bestücken und die Papiere langfristig halten? Dann sind Sie gut beraten, auf möglichst niedrige Depotgebühren zu achten. Besser natürlich, wenn zudem auch die Kaufkosten für ETF günstig sind – oder im Idealfall 0 Euro betragen.

In aller Regel fallen für ETF dieselben Ordergebühren wie beim Aktienkauf an. Bei Filialinstituten ist das häufig immerhin 1 Prozent der Anlagesumme: Wer zum Beispiel 20 000 Euro in ETF investieren möchte, zahlt 200 Euro für solch eine Order. Sparen können Sie als Kunde einer Filialbank immerhin, wenn Sie Wertpapieraufträge online aufgeben. Bei Online-Anbietern ist derselbe Auftrag jedoch meist erheblich günstiger zu bekommen.

OHNE WENN UND ABER: Kostenlose Online-Depots bieten (Stand: August 2024) die folgenden Direktbanken, Online- und Neobroker: 1822direkt, Consorsbank, Deutsche Bank Maxblue, Finanzen.net Zero, Flatex, ING, Justtrade, N26, Scalable Capital, Smartbroker+, Trade Republic, Tradegate Direct, Traders Place. Von bundesweiten Filialbanken offerieren HypoVereinsbank, Postbank, Santander und Targobank Kostenlos-Depots.

Die Anbieter unterscheiden sich deutlich mit Blick auf ihre Preismodelle: Neben den Neobrokern mit Null-Euro-Handelsmöglichkeiten gibt es Anbieter, die mit einer Flat Fee arbeiten. Die Gebühr, die die Bank verlangt, ist also unabhängig von der Auftragsgröße, egal ob ETF für 2 000 oder für 20 000 Euro gekauft werden; lediglich die fremden Spesen für die Börsenabwicklung können noch variieren. Außerdem gibt es Direktbanken, die eine fixe Mindestgebühr pro Auftrag plus eine niedrige prozentuale Gebühr berechnen, die vom Ordervolumen abhängt. Meistens gibt es dort auch eine Maximalgebühr bei sehr großen Aufträgen.

Die Finanzfachleute der Stiftung Warentest haben drei verschiedene Modelldepots (klein, mittel und groß) mit verschiedenen Orderaktivitäten durchgerechnet: Vier Broker, nämlich Finanzen.net Zero, Smartbroker+, Tradegate Direct und Traders Place, verlangen in keinem Modell irgendwelche Gebühren – weder fürs Depot, noch fürs Ordern. Bei vier weiteren Anbietern sind die Kosten so niedrig, dass sie als symbolisch gelten dürfen. Mehr Infos finden Sie im Serviceteil in der Tabelle „Top 20 günstige Depots“ (Seite 157).

Beim Sparplan auf Angebot und Konditionen achten

Wenn Sie keine größere Summe auf einmal aufbringen können oder wollen, sondern über die Zeit Vermögensaufbau mit einem Pantoffel-Sparplan betreiben möchten, geht es darum, den passenden ETF-Sparplan möglichst günstig abzuschließen.

Bei Filialbanken sind ETF-Sparpläne noch immer „Bückware". Mit aktiv gemanagten Fonds, die prozentuale Ausgabeaufschläge und Bestandsprovisionen für den Bankenvertrieb abwerfen, lässt sich für die Banken schlichtweg mehr verdienen. Bankberater preisen ETF daher in den allerseltensten Fällen von sich aus an, da diese kostengünstigen Produkte kaum Erträge für den Vertrieb bringen. Genau darin liegt aus Kundensicht jedoch der Charme. ETF-Anteile im Sparplan sind speziell bei Direktbanken und Onlinebrokern günstig zu bekommen. Wer dort regelmäßig einen ETF-Sparplan füttert, zahlt in aller Regel keine Depotgebühren.

Wichtig bei der Auswahl eines geeigneten Sparplan-ETF sind insbesondere die Orderkosten: Die Depotanbieter haben in den vergangenen Jahren nicht nur die Zahl der ETF-Sparpläne insgesamt verbreitert. Bei einigen Banken werden auch mehr und mehr ETF im Sparplan kostenlos angeboten. Das liegt daran, dass ETF-Anbieter mit den Direktbanken spezielle Marketingvereinbarungen geschlossen haben, um ETF auch bei Privatanlegern populärer zu machen.

Das sollten Sie unbedingt nutzen, denn im Einkauf liegt bekanntlich der Gewinn. Werden also mehrere ETF auf den von Ihnen ausgewählten Welt-Index im Sparplan angeboten, wählen Sie einfach den ETF, den es im Sparplan kostenlos gibt. Einen Überblick über leistungsstarke Depotanbieter für Sparpläne finden Sie in der Tabelle „Die günstigsten Anbieter von ETF-Sparplänen" auf Seite 160, die aktuellen Tests gegen eine Gebühr online unter test.de/etf-sparplan.

Doch aufgepasst: Die begünstigten ETF können wechseln. Sie sollten daher regelmäßig überprüfen, ob die Konditionen noch aktuell sind. Manchmal finden Sie auch bei derselben Depotbank einen gleichwertigen Ersatz-ETF eines anderen Anbieters. Sie können dann problemlos den alten Sparplan beenden, einen Sparplan auf den gleichwertigen Ersatz-ETF abschließen und diesen dann weiter besparen. Es ist übrigens nicht nötig, die ETF-Anteile des beendeten Sparplans in den neuen umzuschichten. Das würde nur unnötige Kosten verursachen. Außerdem wird auf etwaige Verkaufsgewinne womöglich Abgeltungssteuer fällig (mehr dazu auf Seite 118). Besser ist es, die Anteile einfach stehen zu lassen. Wenn Sie Ihr Depot überprüfen, dann müssen Sie den Wert gleichwertiger ETF einfach nur zusammenzählen.

Bei einigen Online-Instituten ist das ETF-Sparen bereits ab 1 Euro pro Monat möglich, gängig sind Sparraten ab 10 oder 25 Euro. Manche Anbieter setzen aber auch noch immer eine Mindestsparrate von 50 Euro je ETF-Sparplan voraus. Beträgt die Mindestordergröße bei Ihrer Depotbank 50 Euro, müssen Sie also in der Lage sein, bei der ausgewogenen Variante des Welt-Pantoffels inklusive des Zinsanteils mindestens 100 Euro regelmäßig zu sparen, damit das Konzept aufgeht. Wenn Sie erwägen, den Renditebaustein Ihres Pantoffel-Portfolios mit mehr als einer Komponente zu bestücken, müssen Sie das mit einkalkulieren. Wer die geforderte Mindestrate nicht monatlich aufbringen kann oder möchte, hat bei vielen Brokern auch die Möglichkeit, vierteljährlich zu sparen.

Und noch etwas sollten Sie beachten, falls der Sparplan nicht kostenlos ist: Je geringer die gewünschte Sparplanrate, desto stärker machen sich Mindestordergebühren bemerkbar. Bei Monatsraten von 50 Euro und mehr sind zumeist niedrige prozentuale Ordergebühren die bessere Wahl als Angebote mit einer festen Ordergebühr.

Vermögenswirksame Leistungen (VL) mit ETF

Viele Arbeitnehmer haben Anspruch auf Vermögenswirksame Leistungen (VL) ihres Arbeitgebers. Sofern die Chefin oder der Chef die VL bezuschusst oder sogar komplett übernimmt, erhält man ein Extra zusätzlich zum Gehalt. Daher sollte man VL – je nach Branche, in der man beschäftigt ist, gibt es zwischen 6,65 Euro und 40 Euro pro Monat – unbedingt für den regelmäßigen Vermögensaufbau nutzen. Erkundigen Sie sich dazu bei Ihrer Personalabteilung. VL lohnen sich für jeden in jeder Lebenslage. Geringverdiener haben zusätzlich Anspruch auf die Arbeitnehmer-Sparzulage (20 Prozent auf einen geförderten Sparbetrag von bis zu 400 Euro pro Jahr, also maximal 80 Euro). Gut zu wissen: Zahlt das Unternehmen nur geringe VL, können Sie die Raten aus dem eigenen Netto aufstocken; wichtig ist aber, dass das Unternehmen die Raten überweist. So können sich Anlegerinnen und Anleger, die Anspruch auf die staatliche Sparzulage haben, die maximale Förderung sichern.

Noch wenig bekannt: Auch ETF auf Aktien-Indizes wie den MSCI World lassen sich fürs VL-Sparen nutzen. Möglich ist das vor allem bei Online-Anbietern, zum Beispiel bei Comdirect und Finvesto. Beide vermitteln ein Depot bei der Fondsbank FNZ – ebenso wie etliche Internet-Fondsvermittler. Von den Filialbanken bietet die Commerzbank VL-Sparpläne mit ETF an. Das Direktdepot ist kostenlos, aber die Kaufkosten für die VL-ETF sind dort relativ teuer. Auch digitale Vermögensverwalter wie Ginmon und Oskar bieten VL mit ETF an.

Die besten Papiere auswählen

Es gibt eine Menge ETF, auch auf denselben Index. Im Folgenden erfahren Sie, nach welchen Kriterien Sie sie Schritt für Schritt selektieren. So finden Sie schnell das für Sie Passende.

Sie haben ein Depot eröffnet – nun geht es daran, es zu bestücken. In den vorangegangenen Kapiteln haben wir uns mit den Märkten und dazugehörigen Indizes beschäftigt. Daher wissen Sie nun vermutlich, in welchen Index Sie investieren möchten. Wer den klassischen Welt-Pantoffel haben will, entscheidet sich in der Regel für einen ETF auf den MSCI World. Vielleicht wollen Sie aber auch Emerging Markets berücksichtigen, nachhaltig investieren oder verfolgen eine andere Strategie und sehen in Übersichtstabellen nun viele ETF. Da im Laufe der Jahre das ETF-Angebot stark gewachsen ist, bieten eine Reihe von ETF-Anbietern für die populären Indizes einen oder gar mehrere ETF an. Anleger haben die Qual der Wahl. Wie auswählen? Welcher ETF ist der beste?

Im Grunde könnten Sie für den Aktienanteil im Pantoffel-Portfolio ganz einfach einen beliebigen ETF auf den MSCI World aus der Tabelle „1. Wahl: Aktien-ETF für die Basisanlage" im Serviceteil ab Seite 166 wählen, da diese von Stiftung Warentest als „1.-Wahl-ETF" ausgezeichnet wurden und die Indexentwicklung grundsätzlich gut nachvollziehen.

Kurz erklärt: 1.-Wahl-ETF

Die Auszeichnung „1. Wahl" erhalten nur markttypische ETF, die den jeweiligen Markt in seiner ganzen Breite abbilden. So ist ein Aktien-ETF Welt markttypisch, wenn er zum Beispiel den Weltaktienindex MSCI World abbildet. Aber nicht alle 1.-Wahl-ETF kommen für die Pantoffel-Strategie infrage. Für ein klassisches Welt-Pantoffel-Portfolio eignen sich nur 1.-Wahl-ETF der Fondsgruppe Aktien Welt, nicht aber die ETF einer einzelnen Länder-Fondsgruppe wie zum Beispiel „Aktien Brasilien". Wenn Sie ganz genau wissen möchten, nach welchen Kriterien wir die ETF filtern und beurteilen, können Sie dies im Internet nachlesen unter test.de/fonds, „Das Fondsrating der Stiftung Warentest".

Persönliche Präferenzen und Feinheiten beachten

ETF unterscheiden sich zum Teil in ein paar Details, die für Sie von Bedeutung sein können. Wenn Sie die folgenden fünf Fragen durchgehen, grenzen Sie die Auswahl sukzessive ein und stellen sicher, dass Sie einen ETF kaufen, der gut zu Ihren Vorstellungen passt. Schon am ersten Beispiel, den Ertragsausschüttungen, wird deutlich, warum es sich lohnt, die auf den ersten Blick oft weniger wichtig erscheinenden Aspekte doch frühzeitig, sprich vor dem Kauf, zu bedenken.

Noch ein Tipp zur Auswahl: Lassen Sie sich von den Bezeichnungen nicht irritieren. Die Namensbezeichnungen und Kürzel vieler ETF wirken auf den ersten Blick wie ein Buch mit sieben Siegeln. Es scheint, als haben die Macher von ETF keine Gedanken daran verschwendet, ob die Namen ihrer Papiere verständlich sind. Ursprünglich wurden ETF ja bekanntlich für professionelle Investoren produziert – und die wissen, was hinter den kryptischen Kürzeln steckt.

MIT SYSTEM: Die Bezeichnungen von ETF sind immer gleich aufgebaut. Zuerst steht der Anbieter, dann folgt der Name des Index, den der ETF abbildet. Der Begriff UCITS zeigt an, dass der ETF EU-Recht gehorcht, und am Ende folgen Details, wie die Hinweise auf die Ertragsverwendung („acc“ bedeutet zum Beispiel „kumulierend“, sprich „thesaurierend“) oder die Fondswährung etc. Im Serviceteil ab Seite 156 finden Sie weitere Informationen zu den Indizes und erfahren, wer hinter den größten Anbietern steckt.

Frage 1: Regelmäßige Erträge oder Wiederanlage?

Ob die Erträge regelmäßig ausgeschüttet oder wieder angelegt werden, sollten Sie nach Ihren persönlichen Präferenzen entscheiden. Als Käufer eines ETF erhalten Sie generell auch Dividenden oder Zinszahlungen, und die können Sie entweder ansammeln oder sich auszahlen lassen. Wir sprechen hier über kleine Beträge, aber über die Jahre hinweg kommt ganz schön was zusammen. Wenn Sie langfristig Vermögen aufbauen wollen und die Zins- und Dividendenzahlungen nicht für den Lebensunterhalt benötigen oder damit die jährliche Urlaubsreise oder Ähnliches finanzieren, ist es ratsam, Zinserträge und Dividendenzahlungen gleich wieder anzulegen. Dann ist ein thesaurierender ETF für Sie die richtige Wahl. Im Serviceteil finden Sie thesaurierende und ausschüttende ETF auf die Weltaktien-Indizes (ab Seite 166) in getrennten Tabellen. Die Wiederanlage der Erträge erfolgt automatisch, der ETF investiert dann die Erträge wieder. In diesem Fall arbeiten neben dem eingesetzten Kapital auch die Ausschüttungen für Sie. Das ist der sogenannte Zinseszinseffekt.

Je länger Sie die Ausschüttungen ansammeln, desto besser. Ein jährlicher Ertrag von 2,3 Prozent – das entspricht der langfristigen durchschnittlichen Netto-Dividendenrendite des MSCI World – sorgt nach 30 Jahren in etwa für eine Verdopplung des eingesetzten Kapitals und nach knapp 50 Jahren gar für eine Verdreifachung. Daher sollten Sie nicht unterschätzen, was das wieder angelegte Geld „erarbeitet". Zudem erspart die Thesaurierung Zeit und Kosten für den Neuerwerb von ETF-Anteilen. Und da gerade für kleinere Anlagebeträge die Gebührenbelastung beim Wertpapierkauf überproportional zu Buche schlagen kann, lohnt es sich, in diesem Fall die thesaurierende Variante zu wählen.

Wenn Sie dagegen die Erträge bevorzugt selbst anlegen oder die regelmäßigen Ausschüttungen benötigen, wählen Sie einen ausschüttenden ETF. Sie erhalten die Erträge dann automatisch auf Ihr Verrechnungskonto überwiesen. Da in der Regel sowohl ausschüttende als auch thesaurierende ETF zur Wahl stehen, grenzen Sie die Auswahl ein und vergleichen im nächsten Schritt nur noch jene ETF, bei denen die Ertragsverwendung Ihren Bedürfnissen entspricht.

Frage 2: Wie wichtig ist die Konstruktion des ETF?

Es gibt unterschiedliche Methoden, um einen Index nachzubilden. Die sollten Sie kennen, damit Sie zum einen verstehen, was genau mit Ihrem Geld hinter den Kulissen passiert, und zum anderen nicht eines Tages überrascht sind, wenn Sie erfahren, dass der ETF-Anbieter möglicherweise andere Aktien oder Anleihen erworben hat, als im Index enthalten sind.

Sie lesen richtig: Für einen ETF, sagen wir zum Beispiel auf den Dax, kann ein Anbieter auch italienische oder asiatische Aktien erwerben – allerdings nur, wenn dies in den Bedingungen festgeschrieben und klar kommuniziert ist. Die Rede ist von swapbasierten ETF, für die ein Tauschgeschäft (Englisch: „swap") sicherstellt, dass sich der ETF genau wie der jeweilige Index entwickelt. Im Folgenden stellen wir Ihnen die Konstruktionsverfahren im Überblick vor:

Voll replizierend, auch „full replication" oder manchmal „physisch" genannt, ist eine gängige und von vielen Anlegern gesuchte Methodik bei ETF. Dafür werden einfach alle Aktien – oder bei Anleihenindizes die jeweiligen Anleihen – entsprechend ihrer Gewichtung im Index gekauft. Das funktioniert bei Indizes wie dem Dax (40 Aktien) oder Euro Stoxx 50 sehr gut, da diese eine überschaubare Anzahl von Aktien umfassen, die rege gehandelt werden.

Optimiert, teilweise auch „Sampling" genannt, wird häufig angewandt, wenn eine vollständige physische Nachbildung, also der Kauf aller Indexwerte, in der Praxis nicht sinnvoll erscheint. Sampling bedeutet übersetzt „Stichprobe" oder „Auswahl" und ist in diesem Fall die Lösung. Der ETF-Anbieter kauft nur einen Teil, nämlich jene Aktien oder Anleihen, die die Indexentwicklung gut widerspiegeln. Dazu beachtet er zum Beispiel, dass alle Länder und Regionen genauso gut vertreten sind wie im Index. Der Übergang zu einem voll replizierenden ETF ist fließend.

Synthetische Nachbildung erfolgt über ein Tauschgeschäft, auf Englisch „swap", weshalb diese ETF auch als „swapbasiert" oder „Swap-ETF" bezeichnet werden. Dabei wird mit dem Geld der Anleger ein Paket Aktien gekauft, das nicht zwingend den Aktien des Index oder des jeweiligen Landes entsprechen muss. Diese Titel werden im Sondervermögen des Fonds verwahrt. Mit einem anderen Marktteilnehmer vereinbart der ETF-Anbieter ein Tauschgeschäft, das die Indexperformance sicherstellt. Entwickelt sich der Index besser als die Aktien, die der ETF-Anbieter gekauft hat, gleicht der Swap-Partner die Differenz aus. Laufen dagegen die Wertpapiere im ETF besser, bezahlt der ETF-Anbieter dem Swap-Partner die Differenz. Swapbasierte ETF werden sowohl auf exotische Aktienmärkte als auch auf gängige Indizes wie Dax, Euro Stoxx oder S&P angeboten.

Da Swap-ETF ebenso strengen Regeln unterliegen wie physisch nachbildende ETF, die alle Aktien des jeweiligen Index kaufen, empfehlen wir auch diese Methode. Zum Teil existieren nur optimierte ETF, teils werden aber auch – wie zum Beispiel bei ETF auf Dax, Euro Stoxx und Co. – sowohl voll replizierende als auch Swap-ETF angeboten. Dann können Sie ganz nach Ihren persönlichen Vorlieben wählen und so die Auswahl weiter einschränken.

Folgen Sie jedoch nachhaltigen Anlagegrundsätzen, müssen Sie an dieser Stelle aufpassen. Denn swapbasierte ETF bilden zwar den Index ab, im Basisportfolio des ETF-Anbieters können aber Titel landen, die nicht immer den strengen Anlagegrundsätzen nachhaltiger Investoren gerecht werden.

Frage 3: Welche Rolle spielen die Gebühren?

Gleich vorab: Wir sprechen hier über einen Aspekt, der bei der ETF-Auswahl nicht oberste Priorität haben sollte. Wenn Ihnen das kleinteilige Überprüfen und Vergleichen verschiedener ETF lästig ist, wählen Sie einfach ein Papier aus, ohne auf den Gebührenaspekt zu achten. Im Vergleich zu den Kosten aktiv gemanagter Fonds sind die Gebühren bei ETF ohnehin mickerig. Viel wichtiger ist, dass Sie überhaupt investieren und nicht an kleinen Details verzweifeln, die man kennen kann, die aber bei ETF eher nachrangig sind.

Wenn Sie also beim Vergleich von ETF feststellen, dass ein 1.-Wahl-ETF, der in Bezug auf die Dividendenausschüttungen Ihren Vorstellungen entspricht, etwas höhere Gebühren als andere ETF aufweist, dann sollten Sie dem Dividendenaspekt den Vorrang geben. Gleiches gilt, wenn ein ETF als 1.-Wahl-ETF ausgezeichnet wurde und Ihr Onlinebroker diesen kostenfrei anbietet.

Doch wer es ganz gründlich angehen will, kann im Internet anhand der aktuellen Entwicklung Performance und Gebühren vergleichen. Dabei gilt es aber einiges zu bedenken. Bekanntlich gilt: Je höher die Gebühren, desto weniger bleibt am Ende übrig. Daher wäre es nur logisch, den ETF zu kaufen, der die niedrigsten Kosten ausweist. Aber ganz so einfach ist die Sache nicht. Denn in der Praxis können Anbieter mit höheren ausgewiesenen Kosten im Vergleich genauso gut abschneiden wie Häuser mit niedrigeren Kosten.

Dies ist beispielsweise möglich, indem sie effizient wirtschaften, Steuervorteile nutzen – das ist mit ETF, die in Irland angelegt wurden, möglich, siehe Seite 126 – oder Wertpapierleihe betreiben. Bei Letzterem werden aus dem Fondsvermögen für kurze Zeit Aktien an andere Marktteilnehmer verliehen – gegen eine Leihgebühr, die nach Abzug der Verleihkosten dem Fonds zugutekommt.

Bei diesem Thema ist es gut zu wissen, dass Wertpapierleihe keine Besonderheit von ETF ist – sie wird auch bei aktiv gemanagten Fonds praktiziert. Manche ETF-Häuser verzichten aber ganz auf die Wertpapierleihe. Generell bringt sie geringe Erträge, ist jedoch für ETF-Anbieter eine Möglichkeit, die Performance zu verbessern und im Konkurrenzkampf zu punkten.

Professionelle Investoren achten daher nicht auf die auf dem Papier ausgewiesenen Kosten, sondern auf das Ergebnis. Dafür gibt es natürlich wieder ein schönes Fachwort, das „Otto Normalanleger" vielleicht mal gehört hat, aber nicht wirklich kennen muss: Tracking-Differenz. Sie zeigt, wie stark die Rendite des ETF vom jeweiligen Index abweicht. Ohne die Kennzahl zu berücksichtigen, können Sie auch einfach auf das Ergebnis achten. Die jährliche Rendite der einzelnen ETF finden Sie neben den Gebühren in den ETF-Tabellen im Serviceteil ab Seite 156.

Frage 4: Wie wichtig ist die Fondswährung?

Die Fondswährung ist nicht relevant. Wenn Sie nach ETF auf den MSCI World im Internet suchen, fällt Ihnen vermutlich auf, dass als Fondswährung bei einigen ETF US-Dollar, bei anderen Euro angegeben sind. Diese Information können Sie ignorieren, denn die Fondswährung wird, falls es sich um eine Fremdwährung handelt, für Sie beim Kauf oder Verkauf in Euro umgerechnet. Ein Wechselkursrisiko haben Sie dadurch nicht. Sie kommen immer zum gleichen Ergebnis, ganz unabhängig, ob die Fondswährung Euro oder Dollar lautet. Für ein Wechselkursrisiko ist ausschlaggebend, welche Papiere im ETF liegen – darum geht es in der nächsten Frage.

Frage 5: Welchen Einfluss hat der Wechselkurs?

Weltweit anlegende ETF kaufen Aktien aus unterschiedlichen Ländern. Damit gehen Sie neben dem Aktienkurs- auch ein Währungsrisiko ein, ganz egal, ob der Fonds in Euro oder Dollar notiert. Rund 90 Prozent der Aktien im MSCI World werden nicht in Euro gehandelt.

In dem Moment, in dem Sie den Fonds kaufen, werden die Aktien entsprechend ihrer Gewichtung im Index in den jeweiligen Ländern erworben, sprich die amerikanischen Aktien werden in US-Dollar bezahlt, die britischen in Pfund, die japanischen in Yen, die schweizerischen in Franken. Davon bekommen Sie nichts mit, denn der Kauf des ETF in Deutschland wird in Euro abgerechnet und das Geld von Ihrem Konto abgebucht.

Doch Wechselkursveränderungen wirken sich auf den Wert Ihres Vermögens aus. Angenommen, der Index bleibt unverändert und der Dollar fällt, nachdem Sie den ETF gekauft haben. Dann sinkt auch der Wert Ihres ETF. Umgekehrt können Sie aber auch von einem Wechselkursanstieg profitieren. Das Währungsrisiko lässt sich ausschalten, denn am Markt existieren auch ETF mit Währungssicherung. Diese tragen im Namen den Zusatz „hedged". Dafür sind sie aber teurer in der Verwaltung, und die Absicherungskosten können die Rendite zusätzlich schmälern.

Stiftung Warentest rät nicht zu währungsgesicherten ETF, da sich Wechselkursschwankungen im Laufe der Zeit ausgleichen. Das Risiko sollten Sie daher nicht überbewerten und bedenken, dass im Pantoffel-Portfolio ja auch ein Teil des Vermögens in Euroanlagen steckt, und die sind vor Wechselkursschwankungen gefeit.

Richtig handeln beim ETF-Kauf

Wenn Sie ein Papier ausgewählt haben, bedarf es lediglich ein paar Mausklicks, und der ETF landet in Ihrem Depot. Einen Börsenauftrag zu erteilen ist nicht kompliziert.

Fast geschafft! Jetzt fehlt nur noch der Auftrag für den Kauf. Der ETF soll nun endlich in Ihrem Depot landen, damit sich das Geld mehren kann. Bei einer Filialbank können Sie den Kauf vor Ort erledigen, anderenfalls ordern Sie telefonisch oder elektronisch. Die Abwicklung über die Bankfiliale ist mit höheren Kosten verbunden.

Sie können in die Filiale gehen oder Ihren Berater anrufen und ihm mitteilen, welche ETF Sie kaufen wollen. An dieser Stelle versuchen viele Beraterinnen und Berater gerne, Sie von Ihrem Konzept abzubringen, und wollen Ihnen andere Papiere empfehlen, die für die Bank einträglicher sind. Lassen Sie sich nicht irritieren und bestehen Sie darauf, dass Sie genau das von Ihnen ausgewählte Papier erwerben möchten. Die Bank wird in den Unterlagen vermerken, dass Sie das Papier auf eigenen Wunsch ohne Beratung kaufen. Das ist vollkommen in Ordnung.

Auftrag erteilen – Schritt für Schritt

Haben Sie hingegen ein Depot bei einem Onlinebroker, können Sie die Beauftragung unkompliziert und bequem zu Hause am Computer erledigen. Keine Sorge, wenn Sie zum ersten Mal einen ETF kaufen: Wir besprechen im Folgenden alle für Sie relevanten Felder, damit Sie problemlos einen Kaufauftrag erteilen können.

Haben Sie sich online angemeldet, gibt es in der Regel mehrere Möglichkeiten, einen Wertpapierauftrag zu erteilen: Sie können zuerst den ETF eingeben, um mehr Informationen wie zum Beispiel die Kursentwicklung zu sehen. Klicken Sie an der Stelle auf „kaufen“, erscheint die Ordermaske wie ein Formular, das Sie ausfüllen müssen. Sie können aber auch direkt „Wertpapierauftrag“ (je nachdem, bei welcher Onlinebank, kann dies auch „Kaufauftrag“ oder „Börsenorder“ etc. heißen) anklicken und dann den ETF-Namen oder die Isin eintippen.

ISIN: Die International Securities Identification Number ist eine zwölfstellige Kombination von Buchstaben und Zahlen, um Wertpapiere genau zu kennzeichnen. Jedes Wertpapier, also auch jeder ETF, hat eine eigene Isin. Teilweise sehen Sie noch eine sechsstellige Wertpapier-Kennnummer (WKN) – sie war früher Standard in Deutschland und verliert zunehmend an Bedeutung.

In der Ordermaske sehen Sie nun einige Felder, wie zum Beispiel die Stückzahl, die Sie auf jeden Fall ausfüllen müssen. Andere sind zum Teil optional oder schon ausgefüllt, lassen sich aber verändern.

Anlagesumme errechnen

Zuerst zur Stückzahl. Sie möchten zum Beispiel 10 000 Euro in einen ETF auf den MSCI World investieren. Für den Kauf der Anteile wird aber nicht der Betrag eingegeben, sondern die Stückzahl. Also müssen Sie kurz rechnen. Bei einem Kurs von 99 Euro für den MSCI-World-ETF wären es 101 Anteile (10 000 : 99), also Anlagesumme dividiert durch den Kurs.

100 ETF-Anteile sind eine Näherung, denn zum einen kommen hier noch die Gebühren der Banken und Börsen hinzu, und zum anderen kennen Sie den exakten Abrechnungskurs vorher nicht unbedingt. Sie sollten aber wissen, dass Sie für den Abrechnungspreis eine Obergrenze (Limit) festlegen und/oder ein paar Anteile weniger ordern können oder etwas mehr als 10 000 Euro aufbringen müssen, falls noch Gebühren hinzukommen.

Gebühren berücksichtigen

Wie hoch die Gebühren beim Kauf sind, hängt von Ihrer Bank und dem gewählten Handelsplatz ab. Denn genauso wie jede Bank ihr eigenes Gebührenmodell hat, ist dies auch bei den Handelsplätzen der Fall. Teilweise fallen Pauschalgebühren an, manchmal gar keine Kosten, zum Teil werden die Gebühren prozentual nach Umsatz berechnet oder die Modelle gemischt. Betreiben Sie an der Stelle nicht zu viel Aufwand, denn Sie können auch den Abrechnungskurs nicht 100-prozentig vorhersagen, da er sich laufend ändert.

Praxistipp: Wenn Sie kleinere Beträge, sagen wir 1000 Euro oder weniger, zur Verfügung haben und häufiger ein wenig Geld beiseitelegen wollen, sollten Sie einen Sparplan in Erwägung ziehen. Die Gebühren für den Kauf sind dann geringer als für gewöhnliche Aufträge, und Sie müssen auch nicht jeden Monat, sondern können auch seltener investieren.

Limit wählen

Viel wichtiger als die Gebühren ist beim Einmalkauf der Abrechnungskurs. Diesen kennen Sie in der Regel bei einem Börsenauftrag vorher nicht, aber Sie können die letzten gehandelten Preise sehen oder ein Limit vorgeben. Das ist der maximale Preis, den Sie bereit sind, pro ETF-Anteil zu bezahlen. Dieses Feld sollte in der Ordermaske niemals leer bleiben! Denn es gibt immer eine Marke, die Sie finanziell nicht überschreiten wollen. Läuft es blöd und ein anderer Marktteilnehmer hat einen Verkauf mit einem hohen Limit abgegeben, kann sonst der unlimitierte Kaufauftrag zu diesem hohen Kurs abgerechnet werden. Das würde bedeuten, dass möglicherweise statt der in unserem Beispiel angedachten 10 000 Euro deutlich mehr von Ihrem Konto abgebucht würde. Daher gilt: Kein Auftrag ohne Limit!

Bei der Höhe des Limits orientieren Sie sich am besten an den zuletzt genannten Kursen oder aktuellen Kursindikationen, die Ihnen von den Börsen angezeigt werden. Eine Orientierung kann, vor allem in turbulenten Marktphasen, auch der iNAV (indikativer Nettoinventarwert) bieten. Dazu mehr im nächsten Abschnitt „iNAV verstehen".

Tagsüber sehen Sie häufig zwei Kurse, den An- und den Verkaufskurs. Das kann zum Beispiel so aussehen: 55,64 – 55,76 Euro. Es bedeutet, Sie können den ETF zu 55,64 Euro verkaufen, für einen Kauf müssen Sie aber 55,76 Euro pro Anteil bezahlen. Die An- und Verkaufsspanne von 12 Cent (55,76 – 55,64) nennen die Profis „Spread" – das sind Kosten, die zulasten des Anlegers gehen. Für ganz langfristig orientierte Anleger fallen die paar Cent kaum ins Gewicht, weshalb sie eher zu vernachlässigen sind.

Sollten Sie am Abend oder frühen Morgen die Kurse beobachten und erwägen, einen Auftrag zu erteilen, werden Sie feststellen, dass die Spanne breiter ist als tagsüber. Daher sollten Sie es vermeiden, am frühen Morgen oder späten Abend zu handeln. Viele Onlinebroker bieten zwar an, dass sie von 8 bis 22 oder 23 Uhr Aufträge ausführen, doch das Gros der Marktteilnehmer ist zwischen 9 und 17.30 Uhr aktiv. In dieser Zeit sind die Spreads, die Spannen zwischen An- und Verkaufskursen, enger als vorher und nachher, da während der Haupthandelszeit viel mehr Gebote vorliegen. Und das bedeutet: bessere Konditionen für Sie!

iNAV verstehen

Schnelle, starke Kurseinbrüche gibt es an den Aktienmärkten immer wieder. Sie gehören genauso zur Börse wie steigende Kurse. Während der Korrektur kann es bei ETF phasenweise sogar zu überproportionalen Ausschlägen kommen. Davon bekommen die meisten Anleger nichts mit, da die Einbrüche meist nur wenige Minuten dauern. Daher sollten Sie in besonders hektischen Marktphasen nicht panisch verkaufen. Denn Panik ist – ebenso wie Gier – kein guter Ratgeber.

Damit Sie in turbulenten Börsenphasen aber wissen, wie hoch der Wert Ihres ETF tatsächlich ist, sollten Sie den Nettoinventarwert kennen, kurz NAV (Net Asset Value). Das ist der echte Wert eines ETF-Anteils. Um ihn zu ermitteln, wird das gesamte Vermögen des ETF durch die Anzahl der bestehenden Anteile dividiert. Dieser offizielle Wert wird jedoch nur einmal täglich ermittelt und veröffentlicht.

Einmal pro Tag reicht natürlich nicht, wenn wir bedenken, dass sich der Kurs der einzelnen Wertpapiere ständig verändert. Da die Zusammensetzung eines Index kein Geheimnis ist und die ETF-Anbieter, aber auch andere Marktteilnehmer diese kennen, können sie den Wert eines ETF kontinuierlich berechnen. Die Profis nennen diesen Wert iNAV, zu Deutsch: indikativer Nettoinventarwert.

Insbesondere wenn Sie größere Summen investieren, sollten Sie auf den iNAV achten. Weicht der Kurs eines ETF signifikant vom iNAV ab, ist das ein Zeichen, dass etwas nicht stimmt. Das kann ein technisches Problem sein, häufig stellt sich aber heraus, dass Abweichungen auf Kursturbulenzen zurückzuführen sind. Schwanken die Aktienkurse nämlich zu stark, wie das in Crash-Phasen der Fall ist, kann an der Börse der Handel einzelner Aktien unterbrochen werden. Für die Berechnung des iNAV steht dann aber kein aktueller Wert zur Verfügung. In diesen Phasen, die selten und von kurzer Dauer sind, sollten Sie als strategischer Langfristanleger besser nicht handeln, sondern in Ruhe abwarten, bis sich der Sturm gelegt hat.

ÜBRIGENS: Die Deutsche Börse ermittelt für die auf Xetra gehandelten ETF den indikativen Nettoinventarwert (iNAV) fortlaufend. Den aktuellen Wert finden Sie auf der Internetseite boerse-frankfurt.de.

Handelsplätze kennen

Onlinebanken bieten die Möglichkeit des Direkthandels an, was den Vorteil hat, dass Sie Ihren Abrechnungskurs sehen und sofort zu diesem kaufen können. So lässt sich der Kapitaleinsatz klar kalkulieren. Der Nachteil: Sie bezahlen meist einen etwas höheren Spread, insbesondere wenn Sie nach Feierabend noch einen Auftrag erteilen, wenn die professionellen Investoren nicht aktiv sind. Anstatt den Auftrag an eine traditionelle Börse weiterzuleiten, wird hier ein fester Kurs angeboten, zu dem Sie die ETF-Anteile erwerben können. Akzeptieren Sie das Angebot, wird sofort abgerechnet. In der Ordermaske der Onlinebanken finden Sie häufig diese Variante oder eine bestimmte Regionalbörse voreingestellt. Der angegebene Handelsplatz ist nicht zwingend der beste, und Sie können ihn für jeden Auftrag ändern.

Was Sie bei der Auswahl des Börsenplatzes aber vermeiden sollten, ist die von manchen Banken angebotene Möglichkeit „Emittent". Dann würde der Auftrag an den ETF-Anbieter weitergeleitet werden, was den ETF-Erwerb verzögert und zusätzliche Kosten verursachen kann.

ETF sind, wie der Name „Exchange Traded Fund" vorgibt, börsengehandelte Indexfonds, damit das Geschäft schnell und effizient abgewickelt werden kann. Die Fondsgesellschaft selbst legt den ETF zwar auf, hat aber mit der Abrechnung von einzelnen Aufträgen von Privatanlegern nichts zu tun.

Um einen liquiden Handel an der Börse, also die Möglichkeit, dass Sie den ETF jederzeit kaufen und verkaufen können, kümmern sich sogenannte Marketmaker. Sie sorgen auch dafür, dass an der Börse der Preis des ETF möglichst dem Wert des zugrunde liegenden Index entspricht. Daher gehören ETF-Aufträge an die Börse.

Xetra ist der größte Handelsplatz für ETF – dort werden die meisten und größten Geschäfte getätigt. Versiertere Privatanleger und professionelle Investoren wählen bei ihren Aufträgen daher gerne Xetra als Börsenplatz und bei den Orderzusätzen „Auction only". Für „Otto Normalanleger" ist es ratsam, ein Limit sowie den Zusatz „Auction only" beziehungsweise „nur Auktion" anzugeben. Für die Auktionen, die mehrmals täglich stattfinden, werden Kauf- und Verkaufsaufträge gesammelt und zu einem einheitlichen Kurs abgerechnet. So treffen sich Käufer und Verkäufer in der Mitte, und der Spread entfällt.

Gültigkeit des Auftrags

Für jeden Ihrer Aufträge können Sie festlegen, wie lange er gültig sein soll. Wie lange ein Auftrag gültig sein kann, hängt vom Onlinesystem ihres Brokers ab. Mehrere Tage oder Wochen sind ratsam, wenn Sie zum Beispiel bei einem Kaufauftrag ein Limit gewählt haben, das unterhalb des aktuellen Kurses liegt, und daher die Order möglicherweise nicht taggleich abgerechnet werden dürfte. In diesem Fall ist es wichtig, dass Sie den Auftrag regelmäßig überprüfen und die Order im Blick behalten. Gegebenenfalls müssen Sie das Limit anpassen, um die Chancen für eine Ausführung des Auftrags zu verbessern.

In fünf Minuten zum ETF-Sparplan

Regelmäßig Geld in einen Sparplan zu stecken zahlt sich aus. Doch wie geht das in der Praxis? Wir erklären, worauf Sie achten sollten.

Sie haben sich entschlossen, einen ETF-Sparplan für das Pantoffel-Portfolio abzuschließen? Das geht schneller, als Sie denken. Wenn Sie wissen, welchen Sparplan Sie wählen, ist die Einrichtung binnen wenigen Minuten erledigt. Erste Voraussetzung: Sie besitzen schon ein Depot, in dem die Wertpapiere verwahrt werden. Wenn Sie diese Seiten lesen, haben Sie vermutlich bereits eines eröffnet – oder Sie haben schon einen neuen Onlinebroker oder eine Direktbank im Auge.

Die Übersichtstabelle „Die günstigsten Anbieter von ETF-Sparplänen" auf Seite 160/161 erleichtert Ihnen die Entscheidung. Sie sehen dort, wie hoch die Kosten pro Sparplanausführung sowie die jährlichen Kosten der einzelnen Anbieter sind. Gut für Sie: Dank des intensiven Wettbewerbs um Sparplankunden haben sich die Konditionen in den vergangenen Jahren weiter verbessert. Wer regelmäßig mit ETF spart, zahlt sehr oft keine Depotgebühr. Überdies bieten immer mehr Anbieter Sparplanausführungen für eine reguläre Kondition von 0 Euro an.

FOLGEN SIE DEM MOTTO: Je günstiger die Konditionen für den ETF-Sparplan, desto besser. Am besten ist ein breites Angebot an kostenlosen Sparplänen. Dann kann das gesamte Geld in Ihren Vermögensaufbau fließen.

Jährliche Gebühren für den Sparplan können schnell überproportional zu Buche schlagen und das Modell ad absurdum führen. Vergleichsweise teure Anbieter wie die Commerzbank mit ihrem Direktdepot verlangen zum Beispiel Fixgebühren von 2,50 Euro pro Ausführung plus 0,25 Prozent der Auftragssumme. Macht bei einem Sparplan über monatlich 50 Euro pro Jahr Kosten von 31,50 Euro – oder aber satte 5,25 Prozent der Anlagesumme von 600 Euro pro Jahr. Über die Jahre summiert sich das und schmälert Ihre Anlagechancen. Besser, Sie wählen einen Anbieter, der nach Möglichkeit generell kostenfreie ETF-Sparpläne offeriert.

So richten Sie den Sparplan ein

- **Anlagebetrag/Sparrate.** Geben Sie in diesem Feld die Summe an, die Sie regelmäßig sparen wollen. Achten Sie dabei auf die Mindestsparrate, die Ihr Depotanbieter vorschreibt. 25 Euro sind gängig, bei etlichen Brokern gibt es Sparpläne schon ab 10 Euro und sogar 1 Euro. Möchten Sie ein Pantoffel-Modell mit mehr als einem Aktien-ETF umsetzen, sollten Sie beachten, dass die Mindestsparraten pro Sparplan gelten: Bei zwei zu besparenden ETF müssen Sie unter Umständen monatlich 50 Euro in den Renditebaustein stecken können. Hinzu kommt die Rate für den Sicherheitsbaustein.

- **Frequenz/Sparintervall.** Monatliche Sparpläne sind weit verbreitet, doch nicht jeder kann jeden Monat einen festen Betrag von 50 Euro oder mehr zur Seite legen. Daher sollten Sie den Sparplan nach Ihren Bedürfnissen gestalten. So können Sie auch quartalsweise oder seltener in den Sparplan einzahlen, etwa wenn Sie einen Bonus, Urlaubs- oder Weihnachtsgeld erhalten. Wenn bei Ihrem Depotanbieter für Ihren Sparplan eine Mindestgebühr für jede Ausführung anfällt und Sie monatlich nur 25 oder 50 Euro sparen, kann es sich unter Gebührenaspekten lohnen, die Sparraten auf dem Verrechnungskonto anzusammeln, um dann weniger oft einen höheren Betrag einzuzahlen.

- **Ausführungszeitpunkt.** Früher wurden Sparpläne oft nur am 1. oder am 15. eines Monats ausgeführt. Manche Depotanbieter ermöglichen inzwischen schon mehr als nur einen oder zwei Spartermine pro Monat. Eine Möglichkeit für die Gestaltung Ihres Sparplans: Wenn Ihr Arbeitgeber Ihr Gehalt zum Ende eines Monats überweist, wählen Sie den 1. des Folgemonats. Für den Sparplan muss das Geld schon am Tag vorher auf dem Konto liegen, von dem es abgebucht wird. Das ist vor allem wichtig, wenn Sie bei einer anderen Bank einen Dauerauftrag einrichten, um regelmäßig Geld für den Sparplan zu überweisen.

- **Laufzeit.** Hier tragen Sie ein, ab wann Sie erstmalig die festgelegte Sparrate einzahlen wollen. Das funktioniert natürlich nicht rückwirkend, sondern nur für die Zukunft. Teilweise bieten die Onlinebroker ein Enddatum an. Sollten Sie also schon wissen, dass Sie nur in einem begrenzten Zeitraum sparen können, dann vermerken Sie das bereits beim Start oder im weiteren Verlauf.

- **Verrechnungskonto/Bankverbindung.** Hier wählen Sie entweder das bei der Onlinebank geführte Konto oder ein externes bei einer anderen Bank, von dem die Sparrate abgebucht werden soll.

Ganz unabhängig davon, wie viel Sie regelmäßig sparen wollen: Suchen Sie zuerst einen günstigen Anbieter, der die für Sie passende Mindestsparrate anbietet. Sparpläne sind inzwischen mancherorts ab einer Rate von einem Euro möglich, sodass die Einstiegshürden inzwischen denkbar gering sind. Allerdings kommen Sie mit einem Euro pro Monat nicht sonderlich weit bei Ihrem Vermögensaufbau.

Im zweiten Schritt prüfen Sie, welche ETF mit der von Stiftung Warentest vergebenen Wertung „1. Wahl" zur Verfügung stehen. Wählen Sie einen davon aus – für den klassischen Welt-Pantoffel einen ETF auf den MSCI World. Berücksichtigen Sie die Auswahlkriterien für die zu Ihren Bedürfnissen passenden ETF wie die Wiederanlage von Erträgen (siehe „Die besten Papiere auswählen", Seite 104), aber beharren Sie nicht zu sehr auf den einzelnen Punkten. Manche Banken bieten eine kostenlose Wiederanlage der Ausschüttungen an, weshalb es in einem solchen Fall nachrangig ist, ob Sie einen thesaurierenden oder einen ausschüttenden ETF wählen.

Nun geht es an die praktische Umsetzung. Melden Sie sich mit Ihren Zugangsdaten bei Ihrer Direktbank oder dem Onlinebroker an, um den Sparplan einzurichten. Um das Auswahlangebot für ETF-Sparpläne zu finden, gibt es keine einheitliche Vorgehensweise, da jeder Onlinebroker seine Internetseite individuell gestaltet. Alle Seiten sind jedoch mehr oder weniger selbsterklärend. Meist sind Sparpläne unter einem der Menüpunkte „Produkte", „Sparen", „Anlegen" oder „Order Manager" zu finden. Wenn das nicht klappt, tippen Sie einfach im Suchfeld „Sparplan" oder „ETF-Sparplan" ein. Kommen Sie auch so nicht weiter, kontaktieren Sie die Kunden-Hotline.

In aller Regel sind Sie mit einem Klick auf „Sparplan starten" oder „Sparplan eröffnen" schon mittendrin. Nur noch ein paar Detailinformationen, und Sie haben es geschafft. Die erforderlichen Angaben sind schnell gemacht. Tipps und Anregungen, wie Sie idealerweise vorgehen, finden Sie in der nebenstehenden Checkliste „So richten Sie den Sparplan ein". Zum Teil lassen sich die Sparraten automatisch jedes Jahr erhöhen. Diese Option ist aber für einen Pantoffel-Sparplan weniger geeignet, denn wenn sich die Rate für den Renditeteil erhöht, sollten Sie auch den Sicherheitsbaustein entsprechend anpassen.

ETF-Sparpläne sind in der Regel sehr flexibel, die meisten Anbieter ermöglichen eine Änderung der Sparrate oder Frequenz. Falls das Geld mal nicht reicht, können Sie den Sparplan pausieren oder beenden. Vergessen Sie nur nicht, wieder einzusteigen oder neu zu starten, wenn es die finanziellen Mittel wieder erlauben.

Pantoffel-Portfolio richtig versteuern

In Deutschland gelten für Kapitalanlagen wie ETF und Fonds die Regeln der Abgeltungssteuer. Sie greifen auch, wenn Sie Erträge aus Ihrem Pantoffel-Portfolio erzielen.

Ein Viertel für den Fiskus – auf diese Kurzformel lassen sich die Regeln der Abgeltungssteuer auf Kapitalerträge herunterbrechen. Was simpel klingt, ist in Wirklichkeit natürlich etwas komplizierter. Zum einen gelten nicht für alle Geldanlagen die gleichen Steuerregeln. Zum anderen ist es mit dem Abgeltungssatz von 25 Prozent allein noch nicht getan.

Daher müssen Sie wie folgt kalkulieren: Auf Zinsen, Dividenden und realisierte Kursgewinne mit Wertpapieren, zu denen auch ETF zählen, werden seit 2009 hierzulande pauschal 25 Prozent Abgeltungssteuer fällig – und nicht der persönliche Steuersatz in Höhe von derzeit bis zu 42 Prozent (beziehungsweise 45 Prozent – die sogenannte Reichensteuer). Eine Ausnahme können Gold-ETC darstellen (siehe Seite 84). Zusätzlich gehen 5,5 Prozent der Steuer als Solidaritätszuschlag ab. Der Abzug beträgt unter dem Strich also 26,38 Prozent.

Für Kirchenmitglieder kommen, je nach Bundesland, noch 8 oder 9 Prozent Kirchensteuer hinzu. Das macht also eine Gesamtbelastung von 27,82 oder 27,99 Prozent. Die inländischen Banken zwacken die Abgeltungssteuer plus Solidaritätszuschlag und etwaige Kirchensteuer automatisch für ihre Kunden ab und leiten sie an den Fiskus weiter. Anleger können dem Abzug der Kirchensteuer durch ihre Bank beim Bundeszentralamt für Steuern (BZSt) in Bonn widersprechen. Sie stehen dann aber in der Pflicht, die Kirchensteuer über die jährliche Steuererklärung selbst anzugeben – und haben mehr Arbeitsaufwand.

Aufpassen bei Auslandsdepots

Die Abgeltungssteuer ist also eine besondere Art der Quellensteuer: Aber nur sofern Ihre Depotbank ihren Sitz in Deutschland hat, leitet sie die Abgeltungssteuer ans Finanzamt weiter, bevor sie Ihnen den Rest überweist. Führen Sie Ihr Wertpapierdepot hingegen bei einer Bank oder einem Broker im Ausland, müssen Sie sich selbst um die korrekte Versteuerung Ihrer Kapitalerträge in Deutschland kümmern und sie in Ihrer Steuererklärung (Anlage KAP und KAP-INV) angeben. Wer das „vergisst", fliegt schnell auf: Mehr als 100 Staaten rund um den Globus beteiligen sich am automatischen Austausch von Finanzdaten der Organisation für wirtschaftliche Zusammenarbeit und Entwicklung (OECD). Dabei erhalten die Finanzbehörden im Wohnsitzland der Anleger insbesondere Informationen über Zinserträge, Dividenden sowie Kontostände und Erlöse aus dem Verkauf von Vermögenswerten.

Als Anleger mit deutschem Wohnsitz müssen Sie Ihre Kapitalerträge hierzulande versteuern, auch wenn Sie Erträge im Ausland erzielen. Wichtig: Im Folgenden gehen wir davon aus, dass Sie Ihr Depot im Inland führen und hier unbegrenzt steuerpflichtig sind.

Günstigerprüfung bei niedrigem Einkommen

Die Steuerschuld auf Ihre Kapitalerträge ist mit dem 25-Prozent-Abzug durch die Depotbank grundsätzlich abgegolten, wie es der Name „Abgeltungssteuer" schon sagt. Eine Steuererklärung über die Kapitalerträge sollte seither eigentlich nicht mehr nötig sein. Haben Sie aber sonst einen nicht sonderlich hohen Verdienst, kann es sich für Sie lohnen, Ihre Kapitalerträge freiwillig in der Steuererklärung anzugeben – und die sogenannte Günstigerprüfung zu beantragen (Zeile 4, Anlage KAP 2024).

Sollte Ihr persönlicher Steuersatz unter dem Abgeltungssatz von 25 Prozent liegen, zahlen Sie dann auch auf Ihre Kapitalanlagen dank Günstigerprüfung nur den niedrigeren persönlichen Steuersatz.

Sparerpauschbetrag in Höhe von 1000 Euro

Abgeltungssteuer fällt nicht schon auf den ersten mit Ihren Geldanlagen verdienten Euro an. Steuerfrei bleiben Kapitalerträge bis zur Höhe des Sparerpauschbetrags. Er beläuft sich pro Jahr auf 1000 Euro pro Person, bei Ehe- und gesetzlichen Lebenspartnern bleiben Erträge bis 2000 Euro steuerfrei. Dafür sollten Sie Ihrem im Inland ansässigen Geldinstitut einen Freistellungsauftrag erteilen. Liegen die jährlichen Erträge dann unter dem freigestellten Betrag, zwackt die Bank keine Steuern ab. Bei Banken im Ausland ist ein deutscher Freistellungsauftrag nicht möglich.

Wenn Sie das Pantoffel-Konzept zum Vermögensaufbau umsetzen, dann fallen bei Ihnen während der Spardauer vor allem Zins- und Dividendenerträge an – vorausgesetzt, Sie verkaufen zwischenzeitlich keine ETF-Anteile. Bleiben Sie damit und mit Ihren sonstigen Kapitalerträgen unter der Marke von 1000 Euro pro Jahr, streichen Sie die Erträge steuerfrei ein. Sollten Sie während der Laufzeit Teile Ihrer Aktien-ETF verkaufen, etwa weil die Zielaufteilung im Pantoffel-Portfolio nicht mehr passt, erzielen Sie unter Umständen Verkaufsgewinne. Die bleiben ebenfalls steuerfrei, sofern der Wert unterhalb des Sparerpauschbetrags von 1000 Euro insgesamt bleibt.

Übrigens: Erzielen Sie Erträge bei mehreren Instituten, dürfen Sie auch mehrere Freistellungsaufträge erteilen und den Pauschbetrag aufteilen. Dabei müssen Sie aber bei allen Aufträgen zusammengenommen unbedingt den erlaubten Höchstbetrag von 1000 Euro/2000 Euro (Ledige/Verheiratete) einhalten. Der Fiskus wird sonst sofort hellhörig. Haben Sie vergessen, rechtzeitig einen Freistellungsauftrag zu erteilen, und mussten deswegen Erträge versteuern, obwohl eigentlich noch etwas von Ihrem Sparerpauschbetrag übrig ist? Dann können Sie das über Ihre Steuererklärung korrigieren lassen.

Werbungskosten wie etwa Depotführungsgebühren werden durch den Sparerpauschbetrag abgedeckt und können nicht gesondert geltend gemacht werden. Der Abzug der tatsächlich entstandenen Werbungskosten ist ausgeschlossen. Nicht zu verwechseln damit sind die Aufwendungen für den Kauf oder Verkauf von Wertpapieren. Die Banken berücksichtigen diese Gebühren bei der Ermittlung eines steuerpflichtigen Gewinns oder Verlusts.

Doch was lässt sich steuerlich machen, wenn ein Wertpapierverkauf mit Verlust endet? Verluste aus Wertpapieren, die seit dem Start der Abgeltungssteuer 2009 angeschafft wurden, verrechnet Ihre Depotbank mit Sitz im Inland laufend automatisch mit positiven Erträgen. Verluste aus dem Verkauf von Fonds und ETF beispielsweise können grundsätzlich mit Kursgewinnen, aber auch Dividendenerlösen, Zinserträgen und Co. verrechnet werden. Bei Verlusten mit Einzelaktien greifen dagegen bestimmte Beschränkungen bei der Verrechnung.

VERLUSTVERRECHNUNG BEI MEHREREN DEPOTS: Sie führen Depots bei mehreren Banken und haben auf einem davon Verluste zu verzeichnen? Kein Problem. Beantragen Sie bei der Bank mit dem Verlustdepot bis zum 15. Dezember des jeweiligen Jahres eine Verluststeuerbescheinigung. Sie können dann über die Anlage KAP zur Steuererklärung die Verluste mit den realisierten Gewinnen auf dem anderen Depot verrechnen lassen. Sollten Sie das in einem Jahr vergessen, ist nichts verloren – die jeweilige Bank verrechnet dann die Verluste laufend mit Gewinnen der Folgejahre.

Spezialregelungen für Fonds und ETF

Für Besitzer von Fonds- und ETF-Anteilen gelten seit 2018 zusätzlich zur Abgeltungssteuer neue Steuerregeln. Das System der Fonds- und ETF-Besteuerung hat sich insgesamt erheblich geändert. Vor allem Anleger mit thesaurierenden Auslands-ETF im Depot haben es seither deutlich leichter. Doch Aufpassen lohnt sich trotzdem.

Vor 2018 waren in Deutschland Erträge auf der Fondsebene selbst steuerfrei. Fondsbesitzer, egal ob von aktiv gemanagten Fonds oder ETF, wurden im Wesentlichen genauso wie Direktanleger behandelt. Es galt das Prinzip: Nur der Anleger wird besteuert, nicht aber der Fonds.

Jetzt müssen die Fondsgesellschaften für in Deutschland aufgelegte Fonds und ETF schon auf Fondsebene Körperschaftssteuer abführen. Veräußerungsgewinne von Wertpapieren bleiben auf Fondsebene weiterhin steuerfrei und unterliegen erst beim Anleger grundsätzlich der Steuer. Wegen des Steuerabzugs auf Dividenden und Co. geben die Fonds und ETF jedoch weniger Erträge an ihre Anleger weiter – bei Ihnen kommt von den Erträgen eines ETF also weniger an als früher. Ein Überblicksschema zur Fondsbesteuerung finden Sie auf Seite 120.

Verschieden hohe Teilfreistellungen je nach ETF-Typ

Bei Privatanlegern stellt der Fiskus Ausschüttungen aus den Fonds sowie Verkaufsgewinne teilweise steuerlich frei. Das heißt, Sie zahlen für die Ausschüttungen und Gewinne aus dem Anteilsverkauf teilweise keine Abgeltungssteuer. Ihre inländische Depotbank berücksichtigt diese Teilfreistellungen, bevor sie Abgeltungssteuer für Sie ans Finanzamt abführt; ausländische Depotbanken machen das nicht. Das System der Teilfreistellung ersetzt auch die in der Vergangenheit komplizierte Anrechnung ausländischer Quellensteuern. Die Höhe des steuerfreien Anteils richtet sich nach der Art des ETF. Für Pantoffel-Anleger sind folglich nur zwei Fondsarten von Bedeutung:

Aktien-ETF. Hier betragen die Teilfreistellungen für Privatanleger 30 Prozent. Dafür ist es unerheblich, ob ein ETF im In- oder Ausland aufgelegt wurde und ob es sich um einen ETF handelt, der die Aktien aus dem Index kauft (physische Nachbildung) oder zur Nachbildung der Indexperformance zum Teil ein Tauschgeschäft (Swap) abschließt.

Renten-ETF. Erträge aus reinen Rentenfonds, die ausschließlich Zinserträge erzielen, sind wie bislang voll zu versteuern, es gibt für sie keine Teilfreistellung.

Besteuerung von Fonds und ETF

ETF-Anleger sollten die Begriffe „Vorabpauschale“ und „Teilfreistellung“ mal gehört haben, um die Steuerbescheinigung ihrer Depotbank zu verstehen.

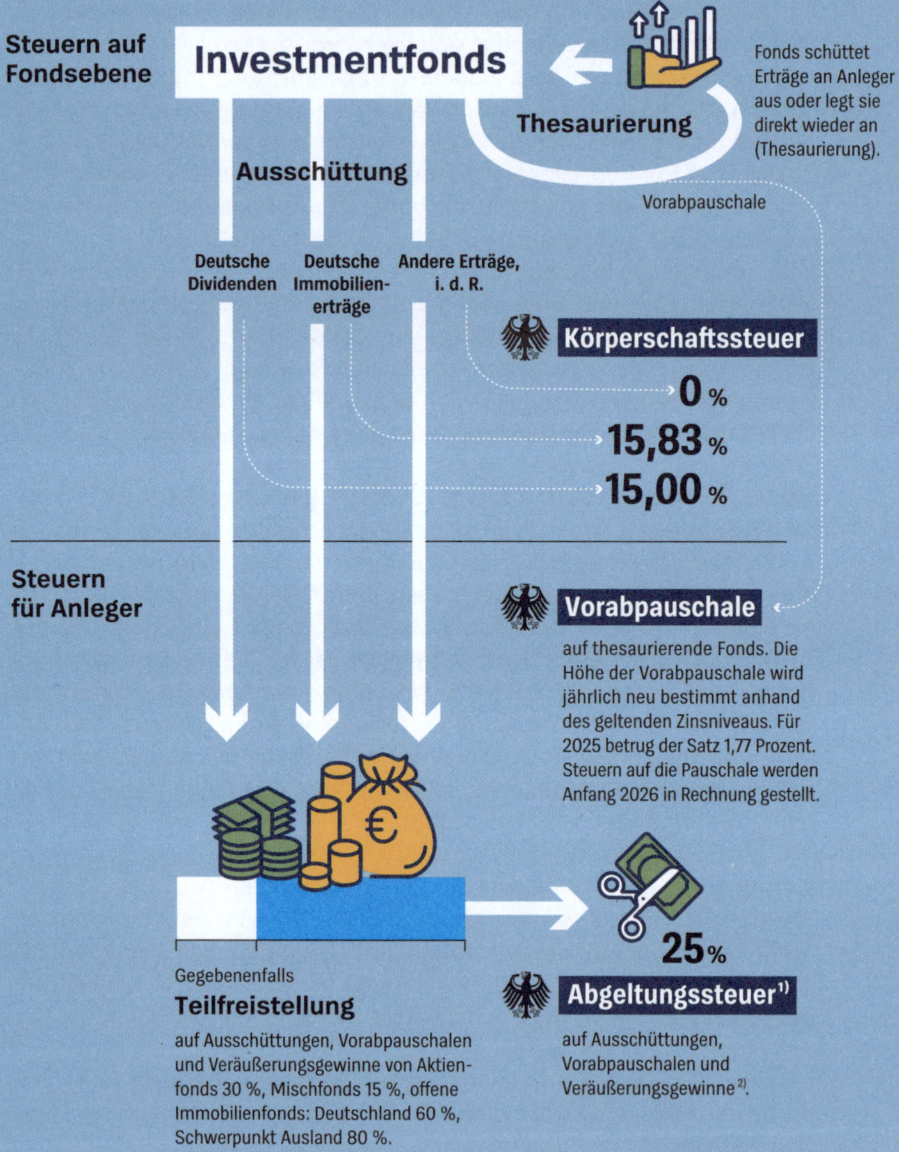

1) Zuzüglich Soli und gegebenenfalls Kirchensteuer.

2) **Freibetrag 100000 Euro:** Für ab 1. Januar 2018 auflaufende Veräußerungsgewinne aus von vor 2009 gekauften Anteilen.

Einen Nachteil haben Anlegerinnen und Anleger, deren Kapitalerträge unterhalb des Sparerpauschbetrags von 1000 Euro liegen und die deshalb eigentlich gar keine Abgeltungssteuer zahlen müssen. Bei ihnen laufen die Freistellungen ins Leere – sie erhalten auf Fondsebene steuerlich vorbelastete Erträge ausgeschüttet, profitieren aber nicht von den Teilfreistellungen. Auch wer aufgrund einer Nichtveranlagungsbescheinigung (NV) gar keine Steuern abführen muss, hat das Nachsehen.

KEINE STEUER ABFÜHREN: Mit einer Nichtveranlagungsbescheinigung (NV) können Sie auch Kapitalerträge von mehr als 1000 Euro erzielen, ohne Abgeltungssteuer zu zahlen. Voraussetzung ist, dass Sie mit Ihrem zu versteuernden Einkommen dauerhaft unter dem Grundfreibetrag (2025: 12 096 Euro) liegen. Eine NV wird für drei Jahre erteilt und muss dann wieder neu beantragt werden.

Vorabpauschale bei thesaurierenden ETF

Deutlich leichter haben es seit der Reform Anlegerinnen und Anleger mit thesaurierenden Auslands-ETF in ihrem Depot. Sie erkennen Auslands-ETF in der Regel daran, dass die Wertpapieridentifikationsnummer Isin nicht mit „DE" beginnt. Solche Fonds und ETF sind nun grundsätzlich steuerlich genauso zu handhaben wie inländische Produkte. Inländische Depotbanken kümmern sich in beiden Fällen komplett um die Versteuerung der laufenden Erträge. Das ist auch vorteilhaft für alle, die nach der Pantoffel-Methode investieren. Sie müssen sich keine Gedanken darüber machen, ob der ETF, den Sie erwerben möchten, in Deutschland oder im Ausland aufgelegt wurde.

Die sogenannte Vorabpauschale gilt als zentraler Teil der seit 2018 geltenden Regeln zur Fondsbesteuerung. Eingeführt wurde sie, damit der Fiskus auch bei thesaurierenden Fonds und ETF, die ja bekanntlich keine Erträge ausschütten, trotzdem jährlich Steuern kassieren kann. Bei sämtlichen Varianten von thesaurierenden ETF wird seither jährlich die Vorabpauschale als ein fiktiver Ertrag von den Banken automatisch errechnet. Auf diese Pauschale wird dann die 25-prozentige Abgeltungssteuer einbehalten. Die Banken berücksichtigen dabei die bereits erläuterten Teilfreistellungen.

Gut zu wissen: Die Vorabpauschale wird nicht versteuert, wenn der Fonds Verlust gemacht hat oder seine Wertsteigerung kleiner ausfällt als die Höhe der Vorabpauschale. Wichtig fürs Verständnis ist, dass also nicht die Vorabpauschale selbst ans Finanzamt fließt, sondern diese die Basis für den Abzug der 25-prozentigen Abgeltungssteuer ist.

Positiv für Sie als Privatanleger mit Inlandsdepot: Da Sie Abgeltungssteuer auf die Vorabpauschale abgezogen bekommen, müssen Sie seit dem Veranlagungszeitraum 2018 nicht mehr jährlich die Erträge von thesaurierenden ETF in der Steuererklärung aufführen. Auch bei einem späteren Anteilsverkauf übernimmt die Depotbank die nötige Verrechnung mit den bereits versteuerten Vorabpauschalen, um eine Doppelbesteuerung zu vermeiden. Als Anlegerin oder Anleger dürfen Sie also aufatmen – für Sie ist das eine klare Vereinfachung.

Haben Sie einen ausländischen thesaurierenden Fonds oder ETF aber schon länger im Depot und verkaufen ihn? Dann sollten Sie dem Finanzamt nachweisen können, dass Sie für die Zeit bis Ende 2017 brav jährlich Ihre Erträge deklariert haben. Es empfiehlt sich also, Belege dafür bis zum Ende der Haltedauer des ETF und der Prüfung der darauffolgenden Steuererklärung aufzubewahren.

VORSICHT BEI BESCHEINIGUNGEN: Verwirrend ist, dass die Abgeltungssteuer auf die Vorabpauschale immer erst mit einem Jahr Verzögerung abgeführt wird. Da die Vorabpauschale für 2025 Ihnen erst Anfang 2026 zugerechnet und besteuert wird, taucht sie erst in Ihrer Steuerbescheinigung für 2026 auf. Für 2025 beträgt sie 1,77 Prozent. In der Steuerbescheinigung, die Sie 2025 bekommen haben, finden Sie also die Steuer auf die Vorabpauschale für 2024 ausgewiesen.

Details zur Vorabpauschale

Die Höhe der Vorabpauschale bemisst sich nach dem Wert des Fondsanteils am Jahresanfang, multipliziert mit 70 Prozent des amtlich veröffentlichten Basiszinssatzes. Diesen Basiszins ermittelt die Deutsche Bundesbank jährlich neu. Die Vorabpauschale gilt nach Ablauf des Kalenderjahres als zugeflossen. Für das Jahr, in dem der Fondsanteil erworben wurde, wird die Vorabpauschale zeitanteilig ermittelt.

Die Höhe der steuerpflichtigen Vorabpauschale wird auf die Wertsteigerung des Fonds im Jahr begrenzt. Tatsächlich geleistete Ausschüttungen eines Fonds oder ETF (das kann zum Beispiel bei ETF vorkommen, die Teile ihrer Erträge ausschütten, andere Teile aber thesaurieren) mindern die Vorabpauschale gegebenenfalls bis auf null Euro, sie kann allerdings nicht negativ werden. Danach gilt folgende Formel für die Ermittlung der steuerpflichtigen Vorabpauschale:

BERECHNUNG DER VORABPAUSCHALE: Rücknahmepreis des Fondsanteils zum Jahresanfang x 70 Prozent des Basiszinssatzes laut Bundesbank = Basisertrag, abzüglich etwaiger Ausschüttungen = Vorabpauschale.

Fifo-Verfahren gilt auch für Sparplan-Anleger

Sie möchten sich mit ETF-Anteilen über die Jahre eine ansehnliche Summe ansparen und irgendwann in der Zukunft schrittweise Kasse machen? Steuerlich wertet das Finanzamt jede einzelne Sparrate eines Sparplans als eigenen Anschaffungsvorgang. Beim Verkauf gilt dann das Fifo-Prinzip: Das steht für „first in, first out".

Es bedeutet Folgendes: Es gelten diejenigen ETF-Anteile als zuerst verkauft, die Anleger als Erstes angeschafft haben. Lösen Sie also einen Sparplan teilweise auf und verkaufen Anteile, dann gelten die als Erstes gekauften Anteile als zuerst verkauft. Sie haben hier keine Wahlmöglichkeit. Eine deutsche Depotbank übernimmt auch in diesem Falle einen etwaigen Steuerabzug.

Fusion und Auflösung haben oft steuerliche Folgen

Gelegentlich kommt es vor, dass sich zwei Investmentgesellschaften zusammentun und nach und nach ihre Produktpaletten bereinigen, Fonds schließen oder zusammenlegen. In einem solchen Fall müssen Sie sich keine Sorgen um Ihr Geld machen, denn ein ETF wird dadurch nicht einfach wertlos. Doch Sie sollten wissen, wie Sie damit umgehen – und welche steuerliche Folgen das für Sie haben kann.

Häufiger von Schließungen betroffen sind normalerweise eher kleinere, unrentable ETF oder solche, die nicht mehr in die Angebotspalette des Anbieters passen. Kein absoluter Schutz, aber eine Begrenzung des Risikos ist es, wenn Sie einen ETF aus den Tabellen im Serviceteil wählen. Darin finden Sie nur die ETF, die ein Mindestvolumen von 50 Millionen Euro aufweisen.

Anfang 2025 erwischte es allerdings einen 6,5 Milliarden Euro schweren Amundi-MSCI-World-ETF (Isin LU 178 154 117 9). Er wurde mit einem anderen, jüngeren Amundi-MSCI-World-ETF mit Sitz in Irland (Isin IE 000 BI8 OT9 5) verschmolzen. An der strategischen Ausrichtung änderte sich zwar nichts, aber ungut war, dass die Transaktion für deutsche Anlegerinnen und Anleger zu einem Zeitpunkt, den sie nicht beeinflussen konnten, zu einer Steuerpflicht führte. Wer weitersparen möchte, hat dann weniger Kapital zur Verfügung, und ihm entgeht ein Teil des Zinseszinseffekts.

Werden zwei Fonds zusammengelegt, hängt die Besteuerung davon ab, ob die Fonds im selben Land aufgelegt wurden oder nicht. Verschmelzungen im selben Land sind steuerneutral, grenzüberschreitende dagegen nicht. Auf aufgelaufene Kursgewinne fällt dann für deutsche Anlegerinnen und Anleger Abgeltungssteuer an, sofern der Sparerpauschbetrag nicht ausreicht.

Bei steuerneutralen Verschmelzungen ändert sich nichts für Sie. Die Ausbuchung des alten ETF und Einbuchung des neuen werden steuerlich als Fortführung des alten Bestands gewertet. Sie haben eben nur einen anderen ETF im Depot. Sind Verschmelzungen nicht steuerneutral, gilt das steuerlich als ein Verkauf und eine Neuanschaffung.

Dass Fonds nach Irland umziehen, hat übrigens oft steuerliche Gründe: In Irland werden US-Dividenden geringer besteuert, sodass physisch nachbildende Fonds mit amerikanischen Aktien eine bessere Rendite erzielen können. Da der MSCI World derzeit zu rund 70 Prozent mit US-Aktien bestückt ist, ist das ein nicht zu unterschätzender Vorteil, der sich über die Zeit positiv auf die Fondsperformance auswirkt.

PRAXISTIPP: Wer beim MSCI World die Wahl hat, sollte bei physisch nachbildenden ETF einen ETF wählen, der in Irland aufgelegt wurde – die Isin beginnt mit „IE". Es sei denn, die jährlichen Gebühren eines vergleichbaren ETF sind circa 0,25 Prozent günstiger. In den Auswahltabellen der Welt-Aktien-ETF auf den Seiten 166/167 finden Sie daher nur in Irland aufgelegte ETF.

Wichtige Änderungen müssen ETF-Anbieter den Anteilsinhabern vorher schriftlich mitteilen. Sie haben dann ausreichend Zeit, sich Gedanken zu machen, wie sie reagieren. Ein Angebot zum Umtausch in einen anderen Fonds sollten Sie prüfen und abwägen, ob das Angebot zu Ihren Vorstellung passt oder nicht. Sie können nämlich den ETF, der aufgelöst werden soll, auch vor dem angekündigten Rückzahlungstermin verkaufen, doch dann zahlen Sie Gebühren. Die Rückzahlung durch den Emittenten erfolgt dagegen in der Regel ohne Gebührenabzug. Wird der ETF zurückgezahlt, dann haben Sie etwas Aufwand, um sich einen neuen ETF auszusuchen, und müssen die Kosten für den Kauf des neuen tragen.

06

Geschickt anpassen – gezielt entnehmen

Ein Pantoffel ist leicht zu pflegen

Auch die bequemste Geldanlage braucht Pflege, damit sie auf Dauer gut funktioniert. Beim Pantoffel-Portfolio fällt dies leicht.

Sie haben ein Pantoffel-Portfolio aufgebaut oder einen Sparplan gestartet? Oder Sie möchten ein bestehendes Pantoffel-Portfolio dafür nutzen, um sich daraus über einen Entnahmeplan selbst eine regelmäßige Rentenzahlung zu genehmigen? Ist es eingerichtet, können Sie sich erst einmal bequem zurücklehnen und sich anderen wichtigen Dingen in Ihrem Leben zuwenden. Denn ein Pantoffel-Portfolio ist pflegeleicht.

Trotzdem sollten Sie sich von Zeit zu Zeit Ihr Portfolio genauer anschauen – egal, ob Sie es für den Vermögensaufbau, Ihre Vermögensverwaltung oder für eine Do-it-yourself-Rente nutzen. Es empfiehlt sich, mindestens einmal jährlich etwas Zeit für die Pantoffel-Pflege einzuplanen. Ob Sie diesen Termin gleich beim Start eines Pantoffel-Sparplans oder zum Zeitpunkt Ihres Einmal-Investments in Ihrem Kalender festhalten, bleibt Ihnen überlassen.

Viele Leute wählen für den obligatorischen Check-up den Jahreswechsel, wenn sie ohnehin dabei sind, Bilanz zu ziehen und neue Pläne zu schmieden. Aber jeder andere Tag des Jahres ist genauso gut dafür geeignet. Empfehlenswert ist es, zusätzlich auch dann nachzuschauen, wenn die Börsennachrichten gerade besonders positiv oder aber negativ ausfallen.

Häufig reicht bei solch einem Pantoffel-Check der Kontrollblick aus. Tatsächlich handeln müssen Sie längst nicht jedes Mal, sondern nur, wenn Ihre Pantoffel-Bausteine wegen der Börsenentwicklung aus dem Gleichgewicht geraten sind. Vielleicht ändert sich auch von einem Tag auf den anderen Ihre Lebenssituation? Dann sollten Sie reagieren, die Ausrichtung des Portfolios überprüfen und gegebenenfalls anpassen.

Dies sind die beiden Gründe, die es erforderlich machen können, den Pantoffel anzupassen – Änderungen der Lebensumstände und ein wegen der Börsenentwicklung aus der Balance geratenes Portfolio. Wie Sie dabei genau vorgehen sollten, um den Pantoffel wieder auszubalancieren, schauen wir uns im Folgenden näher an.

Neues Leben, anderer Pantoffel

Ein größeres Erbe, eine längere Auszeit im Job – solche Wendungen im Leben wirken sich auch auf Ihr Pantoffel-Portfolio aus.

Frei nach Beatles-Sänger und Songschreiber John Lennon ist Leben bekanntlich das, was passiert, während man damit beschäftigt ist, andere Pläne zu schmieden. Das Leben kann sich von einem Tag auf den anderen ändern – hin zum Schlechteren, aber auch zum Besseren. Wenn das passiert, dann sollten Sie nicht zögern, sondern bei nächster Gelegenheit auch Ihr Pantoffel-Portfolio unter die Lupe nehmen. Die entscheidende Frage lautet: Passt die Zusammenstellung noch zu Ihrer neuen Lebenssituation?

Gründe, sich zu überlegen, wie es mit Ihrem Sparvorhaben weitergeht, kann es viele geben. Ein paar davon stellen wir Ihnen exemplarisch vor und zeigen, welche Möglichkeiten Sie haben, zu reagieren. Zum Glück ist die Pantoffel-Strategie so flexibel, dass Sie Ihre Geldanlage bequem an geänderte Lebensumstände anpassen können. Um die Darstellung im Folgenden einfach zu halten, gehen wir davon aus, dass Sie sich für einen ausgewogenen Welt-Pantoffel entschieden und das Geld für den Sicherheitsbaustein in Tagesgeld investiert haben.

Sie können die Sparplanrate nicht halten

Sie haben schon länger von einem halbjährigen Sabbatical geträumt – und jetzt hat Ihr Arbeitgeber auf einmal zugestimmt und es ist möglich? Doch während dieser Zeit haben Sie schlicht kein Geld übrig, um die Raten für Ihren Pantoffel-Sparplan weiter zu bedienen?

Kein Problem für jemanden, der nach der Pantoffel-Strategie spart. Wenn die Struktur Ihres Sparplans ansonsten noch Ihren Anforderungen entspricht, brauchen Sie an der Aufteilung des Portfolios nichts zu ändern. Stoppen Sie bei Bedarf einfach den Sparplan und setzen Sie die Einzahlungen sowohl in das Tagesgeld als auch in die Aktien-ETF eine Weile aus. Das ist problemlos und ohne zusätzliche Kosten möglich. In dieser Zeit pflegen Sie das Pantoffel-Portfolio dann wie eine Einmalanlage (siehe Seite 135).

Sie brauchen unverhofft Geld

Eigentlich wollten Sie in nächster Zeit noch keine Immobilie kaufen. Doch auf einmal haben Sie Ihre Traumwohnung gefunden, und für den Kauf benötigen Sie noch 20000 Euro als Eigenkapital? Angenommen, Sie haben mithilfe der Pantoffel-Methode bereits ein Vermögen von 100000 Euro aufgebaut. Dann können Sie einen Teil des Geldes für den Kauf verwenden. Dabei sollten Sie darauf achten, dass Sie aus dem Pantoffel die 20000 Euro anteilig so entnehmen, dass das Portfolio anschließend wieder passend zu Ihrer Zielgewichtung ausgerichtet ist.

Gesetzt den Fall, aufgrund einer günstigen Börsenentwicklung liegen in Ihrem ausgewogenen Portfolio derzeit 45000 Euro auf dem Tagesgeldkonto, und 55000 Euro sind in Aktien-ETF investiert. Dann würden Sie 5000 Euro vom Tagesgeld entnehmen und Aktien-ETF im Wert von 15000 Euro verkaufen. Mit diesem Schritt verschaffen Sie sich nicht nur das benötigte Eigenkapital, sondern haben bei dieser Gelegenheit auch das ausgewogene Portfolio wieder ausbalanciert – in beiden Portfolio-Bestandteilen sind dann noch 40000 Euro investiert.

Sie erhalten unverhofft Geld

Manchmal meint es das Leben gut: beispielsweise, wenn Sie von Ihren Eltern unverhofft 50000 Euro als vorweggenommenes Erbe geschenkt bekommen. Dieses Geld benötigen Sie nicht für Ihren Alltag, sondern können es langfristig anlegen. Nehmen wir an, Sie haben bereits ein ausgewogenes Pantoffel-Portfolio aufgebaut. Darin sind wiederum 45000 Euro Tagesgeld und 55000 Euro Aktien-ETF enthalten. Wie gehen Sie nun mit dem üppigen Geldgeschenk um?

Der Wert Ihres Portfolios beträgt nach der Schenkung 150000 Euro. Soll die Zielaufteilung wiederum 50:50 betragen, investieren Sie 30000 Euro in Tagesgeld und 20000 Euro in den Aktien-ETF. Nun ist das Portfolio entsprechend der bisherigen Zielgewichtung ausbalanciert.

Fühlen Sie sich aufgrund der Schenkung in der Lage, mehr Risiko in der Geldanlage einzugehen, weil Sie ohnehin über ein dauerhaft gesichertes und auskömmliches Einkommen verfügen? Dann könnte für Sie jetzt vielleicht sogar der offensive Pantoffel infrage kommen. Prüfen Sie diese Überlegung gut und wägen Sie Vor- und Nachteile ab. Falls Sie sich dafür entscheiden, investieren Sie die gesamte Schenkung von 50000 Euro in Aktien-ETF und legen noch 7500 Euro obendrauf, die Sie vom Tagesgeldkonto abziehen und ebenfalls investieren. Anschließend sind mit 112500 Euro nun 75 Prozent des Pantoffels in Aktien-ETF investiert, die übrigen 37500 Euro in Tagesgeld.

Sie brauchen das Geld in naher Zukunft

Nächstes Szenario: In ein paar Jahren erreichen Sie das Rentenalter – und fühlen sich nun wohler damit, von einem ausgewogenen auf einen defensiven Pantoffel zu wechseln, um auf Nummer sicher zu gehen. Vielleicht möchten Sie das Geld für einen defensiv ausgerichteten Entnahmeplan verwenden. Angenommen, in Ihrem 50:50-Portfolio sind wiederum 45 000 Euro Tagesgeld und 55 000 Euro Aktien-ETF enthalten. In diesem Fall verkaufen Sie Aktien-ETF im Gegenwert von 30 000 Euro und legen das Geld auf das Tagesgeldkonto. Die neue Zielaufteilung des defensiven Portfolios beträgt dann 75 000 Euro Tagesgeld und 25 000 Euro in Aktien-ETF.

An dieser Stelle sei allerdings angemerkt, dass es keinesfalls zwingend erforderlich ist, beim Eintritt ins Rentenalter sein Portfolio defensiv auszurichten. Ein ausgewogenes Portfolio kann gemäß der eigenen Risikoeinstellung und finanziellen Gesamtsituation weiterhin passend sein. Denn oft dauert der Ruhestand erfreulicherweise gut und gerne 20 Jahre oder sogar mehr – ein langer Zeitraum, in dem sich das in breit streuende Aktien-ETF investierte Geld weiter vermehren kann, kurzfristigen Schwankungen an den Börsen zum Trotz.

Auch ein Mittelweg ist eine realistische Möglichkeit: Sie ziehen zum Beispiel 10 000 Euro aus dem Pantoffel-Portfolio ab und legen es in Tages- und Festgeld an, um einen zusätzlichen Sicherheitspuffer zu schaffen oder das Geld für bestimmte kurz- bis mittelfristige Pläne auf die Seite zu legen. Dann teilen Sie die übrigen 90 000 Euro beispielsweise nach dem ausgewogenen Pantoffel-Konzept auf und sparen auch im Ruhestand damit weiter.

Wie Sie das Pantoffel-Konzept nutzen, um daraus einen Entnahmeplan fürs Alter zu speisen, erfahren Sie im Detail im Abschnitt „Einen Auszahlplan einrichten" ab Seite 141.

VORSICHT, FALLE! Wechseln Sie die Zusammensetzung Ihres Pantoffel-Portfolios nicht wegen guter oder schlechter Kursverläufe an den Börsen. Es ist wissenschaftlich bewiesen, dass Anleger leider dazu tendieren, mehr in Aktien zu sparen und ihr Portfolio offensiver auszurichten, wenn es an der Börse besonders gut läuft. Das erhöht das Risiko und widerspricht dem Erfolgsprinzip des Pantoffels: dem antizyklischen Investieren. Ebenso wenig sollten Sie Ihr Portfolio plötzlich defensiver ausrichten, nur weil die Börsenstimmung ins Negative dreht.

Besonnen agieren in Crashzeiten

An den Börsen gehen die Kurse immer mal wieder auf Talfahrt. Sie sollten dann nicht hektisch werden, sondern auf das langfristig angelegte Pantoffel-Konzept vertrauen.

Gelegentlich kracht es an den Börsen. Doch was dann? Jahrelang, bis Mitte Februar 2020, kannten die Aktienkurse vornehmlich eine Richtung: nach oben. Doch dann kam die Corona-Pandemie und sorgte für die größte Börsenkrise seit gut einem Jahrzehnt. Der Weltaktienindex MSCI World verlor in der Spitze bis zu 34 Prozent an Wert. Solch ein Kurssturz ist ein schwerer Schlag für Anleger. Vor allem, wenn sie erst seit wenigen Monaten oder ein bis zwei Jahren investiert sind, stehen ihre Aktienanteile im Depot dann zwischenzeitlich tief im roten Bereich.

Doch schon bald – und für viele Anlegerinnen und Anleger, die in Sorge um ihr Geld ausgestiegen waren, unerwartet rasch – setzte eine kraftvolle Erholung ein, da Notenbanken und Regierungen vieler Industriestaaten Notprogramme auflegten, um die wirtschaftlichen Folgen der Pandemie abzufedern. Viele Indizes, so auch MSCI World und Dax, erklommen seither immer wieder neue Höchststände. Starke Kurseinbrüche wie 2020, 2022 wegen des russischen Angriffs auf die Ukraine und im Frühjahr 2025 wegen der von US-Präsident Trump entfachten Handelskonflikte sorgen für Verunsicherung. Vor allem, wer erst seit Kürzerem investiert ist, muss emotional damit klarkommen, dass seine Aktien-ETF im Depot im roten Bereich notieren.

Die Nerven behalten

Doch wer im Börsentief in Panik alles verkauft, begeht in der Regel einen Fehler. Dann werden aus sogenannten Buchverlusten, die vorerst nur auf dem Depotauszug existieren, echte Verluste in Euro und Cent. Gerade langfristig orientierte Anleger sollten besser ruhig Blut bewahren: „Wer auf das Geld nicht angewiesen ist, sollte sich an diese Börsenweisheit erinnern: ‚Die Börse ist wie ein Paternoster. Es ist ungefährlich, durch den Keller zu fahren. Man muss nur die Nerven behalten'", sagt Christine

Bortenlänger, ehemalige Geschäftsführende Vorständin des Deutschen Aktieninstituts. Wenn Sie mit einem Anlagehorizont von zehn, besser 15 Jahren in ein international breit gestreutes Pantoffel-Portfolio investiert haben, sind Sie daher gut beraten, in Crashphasen tief durchzuatmen und die Nerven zu behalten. Die Geschichte zeigt, dass fast noch jeder Börsencrash mit einem weltweit breit gestreuten Depot nach einigen Jahren wieder aufgeholt werden konnte und langfristig die Kurse wieder nach oben gingen.

Wenn man einzelne Länder und Regionen allerdings für sich allein betrachtet, gilt das nicht unbedingt. Eine Ausnahme stellte mehrere Jahrzehnte lang der japanische Nikkei-225-Index dar. Das Beispiel Japan ist abschreckend, vorangegangen war eine Phase der Übertreibung, die zu absolut überhöhten Aktien- und Immobilienbewertungen geführt hatte und ein Warnsignal für Börsianer ist. So brauchte der Nikkei-225 sage und schreibe gut 34 Jahre, um seinen alten Höchststand von 1989 bei knapp 39000 Punkten zu übertreffen. Kein anderer Leitindex aus den Industriestaaten benötigte so lange dafür, verlorenes Terrain wiedergutzumachen. Im Vergleich dazu: Der amerikanische Leitindex Dow Jones benötigte nach dem Crash von 1929 und dem Zweiten Weltkrieg 25 Jahre, um wieder an seine alten Rekordmarken anzuknüpfen.

Am Negativbeispiel Japan zeigt sich aber auch erneut, wie wichtig es ist, sein Geld international breit diversifiziert zu streuen und nicht zu sehr auf einzelne Märkte zu setzen. Stoisch durchhalten, so lautet das Gebot der Stunde in einer Marktkrise – solange die Portfolio-Zusammensetzung nicht grundsätzlich aus den Fugen geraten ist. Wann das der Fall ist und was dann zu tun ist, erfahren Sie im Abschnitt „Depot und Sparplan richtig anpassen" auf Seite 135.

Vor dem Crash raus, nach dem Crash rein?

Wer erwägt, in einer Korrektur zu verkaufen, um später günstiger wieder einsteigen zu können, sollte bedenken, dass keiner weiß, wann der ideale Zeitpunkt für einen Wiedereinstieg ist. Und selbst in der Corona-Krise ging es nicht permanent nach unten – so erzielte der US-Index Dow Jones zum Beispiel am 24. März 2020 den bis dato höchsten Tagesgewinn seit 1933.

Wer in Panik aussteigt, läuft Gefahr, nicht wieder rechtzeitig einzusteigen, wenn es wieder aufwärts geht. Die Hamburger Sutor Bank hat 2019 in einer Langfrist-Auswertung analysiert, wie stark es auf die Rendite durchschlägt, wenn man nur wenige Tage mit hohen Kursgewinnen an der Börse verpasst. Das Ergebnis: Bei einem Anleger, der im Dax zwischen 1988 und 2018 die besten 13 Tage versäumt hätte, schrumpfte die Rendite auf die Hälfte. Verpasste er die besten 33 Tage, hätte er sogar Geld verloren. Die länderübergreifende Analyse der Bank ergab, dass es an anderen Börsen der Welt ganz ähnlich aussah. Die Auswertung zeigt sehr deutlich, dass sprunghaftes Kaufen und Verkaufen an den Aktienmärkten ein hohes Risiko bedeuten. Das sogenannte Market-Timing gelingt also ganz selten, auch nicht den erfahrensten Anlegern.

Sparplan mit Rendite-Turbo

Und was sollen Sparplan-Anleger in Crashphasen tun? Kurz gesagt: einfach weitermachen. Gerade wenn Sie erst seit wenigen Jahren dabei sind und noch viele Jahre des Sparens vor sich haben, kann ein Crash auf einen Sparplan mit Aktien-ETF wie ein Rendite-Turbo wirken. Denn in Krisenzeiten bekommen Sie für Ihre Sparrate mehr ETF-Anteile als sonst. Es gibt die Anteile sozusagen im Sonderangebot. Geht es dann langfristig wieder nach oben, profitieren Sie mit mehr Anteilen davon. Das zeigen die Resultate für die Pantoffel-Portfolios (siehe „Schöne Renditen mit dem Pantoffel-Sparplan" auf Seite 28). Auf Sicht von 30 Jahren hätten Sparerinnen und Sparer mit einem ausgewogenen Pantoffel-Portfolio eine Rendite von 5,9 Prozent pro Jahr erzielt, allen zwischenzeitlichen Kurseinbrüchen zum Trotz. Und davon gab es durchaus einige: Asienkrise Ende der 1990er-Jahre, Platzen der Dotcom-Blase Anfang 2000, Finanzkrise ab 2008, Corona-Crash 2020 und Ukraine-Schock 2022.

Haben Sie indes bereits seit Jahren gespart und wollen ausgerechnet in einer Crashphase damit aufhören und Geld entnehmen? Dann sollten Sie sich die Frage stellen, ob Sie das angesparte Geld wirklich komplett auf einen Schlag benötigen oder eventuell zumindest große Teile des Depots noch länger stehen lassen können. Denn auf diese Weise können Sie dem Aktien-Teil in Ihrem Pantoffel-Portfolio die Chance geben, sich wieder zu erholen. Für den Fall, dass Sie bereits wissen, dass Sie das Geld in ein oder zwei Jahren brauchen, können Sie sich vor dem geplanten Sparende auf die Lauer legen und in günstigen Börsenlagen einen Teil Ihres Bestandes verkaufen. Ob Sie damit erfolgreich sind oder doch Rendite verschenken, wissen Sie aber erst im Nachhinein.

Statt also reflexartig den Börsen den Rücken zuzukehren, wenn dunkle Wolken aufziehen, lohnt ein nüchterner Check, ob die Balance im Depot noch gegeben ist. Falls nicht, gilt es, das Depot wieder ins Gleichgewicht zu bringen. Dann können Sie von Schwächephasen sogar profitieren, da Sie sich antizyklisch verhalten. Wie das geht, erfahren Sie im Folgenden.

Depot und Sparplan richtig anpassen

Sie müssen nicht täglich auf Börsenkurse starren und sich fragen, ob Sie Ihr Geld vielleicht besser umschichten sollten. Aber ab und an ist ein Pantoffel-Check nötig.

Sofern sich Ihre Lebensumstände nicht grundlegend geändert haben, gibt es nur einen weiteren Grund, um Ihr Pantoffel-Portfolio umzuschichten: wenn wegen der Börsenentwicklung seine Zusammensetzung aus dem Gleichgewicht geraten ist. Zum Beispiel, weil nach einer längeren Aufwärtsphase an den Weltbörsen der Anteil an Aktien-ETF in Pantoffel-Portfolio zu groß geworden ist. Auch der umgekehrte Fall kommt vor: Nach einem Crash ist der Aktienanteil zu gering geworden.

Das mag psychologisch herausfordernd sein, doch das regelbasierte antizyklische Anpassen an die Börsensituation ist eines der Erfolgsgeheimnisse der Pantoffel-Strategie. Die Grundregel lautet daher: Sind die Kurse abgestürzt, verkaufen Sie Zinsanlagen und kaufen Aktien-ETF zum günstigen Kurs nach. Umgekehrt verkaufen Sie Aktien-ETF, wenn sie gut gelaufen sind. Doch wann ist das der Fall – und wie geht man dabei am besten vor? Um festzustellen, ob das Depot noch im Lot ist, müssen Sie es ab und zu unter die Lupe nehmen. Mindestens einmal im Jahr ist, wie bereits erwähnt, ein genauer Blick Pflicht, außerdem dann, wenn sich die Börsennachrichten gerade überschlagen – sei es mit Jubelmeldungen oder mit schlechten Nachrichten.

Sie haben ein defensiv ausgerichtetes Pantoffel-Portfolio aufgebaut oder ein Modell mit drei Bestandteilen gewählt? Dann sollten Sie besser zwei- oder dreimal jährlich Ihr Portfolio checken. Wann genau, ist nicht so wichtig, Hauptsache, Sie vergessen es nicht. Zu diesen Terminen sollten Sie überprüfen, ob die von Ihnen festgelegte Ziel-Depotaufteilung noch ungefähr besteht. Oder ob es während der zurückliegenden Monate zu deutlichen Abweichungen gekommen ist, weil es zum Beispiel an den Finanzmärkten ordentlich gekracht hat und Ihre Aktien-ETF-Anteile an Wert verloren haben. Umgeschichtet wird aber erst, wenn bestimmte Schwellenwerte erreicht sind.

Streng nach 10-Prozentpunkte-Regel vorgehen

Bei Pantoffel-Portfolios reicht es nach Untersuchungen von Stiftung Warentest völlig aus, nur dann aktiv zu werden, wenn die Gewichtung eines der Bausteine um mehr als zehn Prozentpunkte von der gewünschten Aufteilung abweicht. Öfters anzupassen würde nicht nur Arbeit machen, sondern überdies Geld kosten. Die Anpassung nach dem genannten Schwellenwert von zehn Prozentpunkten Abweichung ist nicht nur bequem, sondern man hält dadurch auch das Risiko unter Kontrolle (siehe Grafik „Umschichten oder laufen lassen?“, Seite 137).

Beim ausgewogenen Welt-Pantoffel-Portfolio, das je zur Hälfte aus Aktien-ETF und Zinsanlagen besteht, bedeutet das: Sie müssen Ihr Portfolio nur dann anpassen, wenn eine der zwei Komponenten ein Gewicht von 60 Prozent oder mehr und die andere entsprechend von nur noch 40 Prozent oder weniger hat. Bei der defensiven oder offensiven Ausrichtung müssen Sie dann handeln, wenn der Anteil des Aktien-ETF unter 15 Prozent rutscht oder 35 Prozent übersteigt (defensive Mischung) oder unter 65 Prozent/über 85 Prozent (offensive Mischung) des Gesamtportfolios landet. Nur dann sollten Sie das Portfolio anpassen.

Einmal im Jahr das Depot checken – so lautet eine gängige Faustregel, die Sie sicher häufiger hören. Stiftung Warentest hat bereits 2013 untersucht, ob dieser Rat wirklich stimmt – oder ob es bessere Methoden gibt, sein Pantoffel-Portfolio in Schuss zu halten. Tatsächlich schneidet die jährliche Anpassung, bei der Anleger die anfängliche Gewichtung im Portfolio wiederherstellen, in einer Langfristuntersuchung gut ab. Wesentlich weniger Umschichtungen sind bei der Anpassung nach einem Schwellenwert von zehn Prozentpunkten erforderlich, überdies war die Rendite der auf diese Weise gepflegten Portfolios geringfügig besser.

Dieser Richtwert von zehn Prozentpunkten für die Umschichtung hat sich als besonders vorteilhaft erwiesen – setzt man den Schwellenwert zu niedrig an, sind häufigere Umschichtungen die Folge. Die jedoch verursachen Kosten und drücken so auf die Rendite. Setzen Sie die Schwelle zu hoch an, verpassen Sie womöglich gute Kaufgelegenheiten.

ANTIZYKLISCH VORGEHEN: Der Clou liegt darin, stur gegen den Trend zu handeln. Hat es an der Börse gekracht, sind also die Aktien-ETF stark im Wert gefallen und haben ein geringeres Gewicht im Depot, dann kauft man Aktien-ETF nach und verkauft einen Teil der Zinsanlagen. Läuft es an der Börse besonders gut, verkauft man Aktien-ETF zugunsten der Zinsanlagen, um Gewinne zu sichern.

Simulierte Einmalanlage über 30 Jahre. Sicherheitsbaustein: Euro-Anleihen-ETF. Renditebaustein: MSCI-World-ETF. Berücksichtigung von Handelskosten bei Umschichtungen, ohne Steuern. Risiko und Aufwand beziehen sich auf 30-Jahres-Zeitraum. Maximaler Verlust = Stärkster (zwischenzeitlicher) Einbruch seit früherem Hoch.
Stand: 30. April 2025 Quellen: LSEG, eigene Simulationen

Umschichten oder laufen lassen?

Zwar gab es in der Vergangenheit einzelne Zeiträume, in denen Kaufen-und-Liegenlassen je nach gewählter Pantoffel-Strategie eine bessere Rendite brachte. Doch die Verlustphasen über die Anlagedauer von 30 Jahren waren länger, die Rücksetzer meist heftiger. Daher empfehlen wir regelmäßiges Umschichten.

Ausgewogenes Welt-Portfolio, Wertentwicklung über 30 Jahre in Prozent

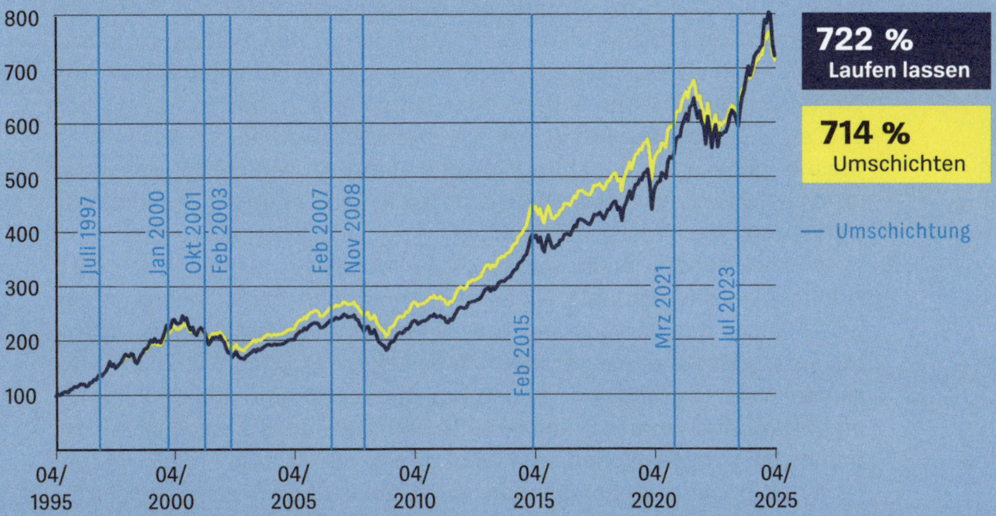

Umschich-tungsstrategie	Rendite über … Jahre (% p. a.)					Max. Verlust (%)	Längste Verlustphase (Jahre)	Anpas-sungen (Anzahl)
	30	20	10	5	1			
Defensives Welt-Portfolio								
Umschichten	5,4	4,1	2,7	2,3	4,4	−16	2,8	5
Laufen lassen	5,6	4,7	3,0	2,8	4,4	−15	4,3	0
Ausgewogenes Welt-Portfolio								
Umschichten	6,8	5,8	4,9	6,4	4,7	−23	4,8	9
Laufen lassen	6,8	6,4	5,5	6,7	4,7	−32	4,7	0
Offensives Welt-Portfolio								
Umschichten	7,8	7,5	7,2	10,0	5,0	−40	6,7	4
Laufen lassen	7,7	7,8	7,5	10,0	5,0	−45	12,5	0

Das antizyklische Vorgehen mag aus psychologischer Sicht nicht immer ganz einfach sein, ist aber für das Pantoffel-Portfolio ein Erfolgsrezept. Die festen Regeln helfen, sich nicht von den eigenen Gefühlen leiten zu lassen – und etwa in einer schlechten Börsenphase zu pessimistisch zu werden und gar seine Aktien-ETF komplett zu verkaufen.

Sie könnten auch in Versuchung geraten, ein Pantoffel-Portfolio aufzubauen und es einfach laufen zu lassen. Doch das Kaufen und Liegenlassen („Buy-and-Hold") empfiehlt sich nicht – das Risiko des Portfolios kann sonst zu groß werden. Denn wenn es an den Börsen gut läuft, steigt der Renditebaustein schneller als der Sicherheitsbaustein im Wert. Würden Sie dann einfach alles laufen lassen, hätten Sie mit der Zeit ein viel höheres Risiko, als Sie eigentlich wollten. Im Falle eines Crashs müssen Sie dann empfindliche Einbußen verkraften, was stark an den Nerven zerrt. Außerdem braucht es womöglich viele Jahre, um die Verluste mehr als wettzumachen.

Mit Blick auf die Rendite gab es zwar in der Vergangenheit je nach gewählter Pantoffel-Variante einzelne Zeiträume, in denen Anlegerinnen und Anleger mit der Buy-and-Hold-Variante mehr herausholen konnten – das galt vor allem bei einem defensiven Pantoffel. Doch das hatte seinen Preis: Die längsten Verlustphasen über 30 Jahre waren bei Buy-and-Hold meist deutlich länger. Außerdem fielen die prozentualen Einbrüche bei ausgewogenem und beim offensiven Pantoffel mit Buy-and-Hold heftiger aus. Das muss man verkraften können (siehe „Umschichten oder laufen lassen?", Seite 137). Daher raten wir zur Umschichtung beim Erreichen der 10-Prozentpunkte-Marke.

Zweier-Portfolio: Neun Aktionen in 30 Jahren

Ende der 1990er-Jahre sorgte der Internetboom für Höhenflüge an den Börsen, bis es nach der Jahrtausendwende zum Platzen der Dotcom-Blase kam. Doch wenn Anleger sich an die Regeln zur Umschichtung hielten, hätten sie bereits Ende Juli 1997 und dann erneut Ende Januar 2000 einen Teil ihrer Börsengewinne sichergestellt und das Depot ins Gleichgewicht gebracht. Im Oktober 2001 sowie im Februar 2003 wiederum hätten sie nach den Kursverlusten an den Börsen den Aktienanteil erhöht.

Die nächste Umschichtung von Aktien- in Euro-Anleihen-ETF zur Risikoreduzierung erfolgte Ende Februar 2007 – und federte die Kursverluste in Folge der späteren Finanzmarktkrise ab. Ende November 2008 schichtete man wiederum zurück in Aktien-ETF – und war beim länger anhaltenden Kursanstieg bis Ende Februar 2015 mit von der Partie. Dann nahm man erneut Börsengewinne mit und schichtete in Euro-Anleihen-ETF um. Die letzten Gewinnsicherungen bis dato fanden Ende März 2021 sowie Juli 2023 statt. Die Details zu den Umschichtungen können Sie der Grafik auf Seite 137 entnehmen.

An den genannten Umschichtungsdaten zeigt sich auch, dass es nicht sinnvoll ist, immer nur an einem fixen Tag im Jahr ins Portfolio zu schauen. Besser ist es, immer mal wieder mit einem Auge auf die Marktentwicklung zu achten – vor allem, wenn man weiß, dass die Gewichtungen bald aus dem Ruder zu laufen drohen.

BEISPIEL: Liegen bei einem ausgewogenen Portfolio inzwischen 80 000 Euro in einem Aktien-ETF und 50 000 Euro in einem Euro-Anleihen-ETF, verkaufen Sie Anteile am Aktien-ETF im Wert von 15 000 Euro und kaufen dafür Anleihe-ETF. Danach sind in beiden Bausteinen wieder jeweils ungefähr 65 000 Euro investiert. Sie müssen die Beträge nicht selbst ausrechnen, sondern können unseren Online-Rechner unter www.test.de/pantoffelrechner nutzen. Geben Sie dafür Ihre Vermögenswerte und Ihre Wunschmischung ein.

Dreier-Portfolio: Auf mehr Details achten

Die Pflege eines Pantoffel-Portfolios mit drei Komponenten ist naturgemäß aufwendiger als die eines Zweier-Portfolios. Sie müssen nicht nur darauf achten, dass das Verhältnis von Sicherheitsbaustein zum Renditebaustein insgesamt noch im Lot ist. Sie müssen auch aufpassen, dass die Renditebausteine im Verhältnis untereinander noch stimmen. Denn die Kauf- und Verkaufssignale bei den beiden Renditebausteinen können zu unterschiedlichen Zeitpunkten ergehen. Sollten im Fall des ausgewogenen „Welt + Gold"-Pantoffels (siehe Seite 67) zum Beispiel Gold einen längeren Kursaufschwung hinlegen, während die Weltbörsen schwächeln, könnte es ein Verkaufssignal für den Gold-ETC geben und ein Kaufsignal für den Aktien-ETF Welt. In den vergangenen 30 Jahren (Stand: 30. April 2025) wäre es in diesem Pantoffel zu insgesamt neun Umschichtungen gekommen.

Auch bei Dreier-Portfolios gilt die Regel: Umgeschichtet wird ab gewissen Schwellenwerten. Beimischungen haben eine Zielgewichtung von 20 Prozent vom jeweiligen Baustein, zum Beispiel dem Renditebaustein. Sie schichten dann um, wenn ein Bestandteil um 10 Prozentpunkte oder 50 Prozent von der eigenen Zielgewichtung abweicht, je nachdem, was kleiner ist. Bei einem ausgewogenen Portfolio über 20 000 Euro umfasst der Renditebaustein insgesamt 10 000 Euro; davon entfallen 2000 Euro auf die Beimischung. Umgeschichtet werden muss, wenn die Basisbausteine um mehr als 10 Prozentpunkte von ihrer Zielgewichtung abweichen – oder die Beimischung auf 5 Prozent fällt oder 15 Prozent ansteigt, bezogen auf das Gesamtportfolio.

Für kleinere Beimischungen gelten nach der Umschichtungsregel folgende Werte: Bei einem Zielwert der Beimischung von 15 Prozent wird umgeschichtet, wenn die untere Grenze bei 7,5 Prozent oder die obere Grenze von 22,5 Prozent erreicht wird. Bei einem Zielwert von 10 Prozent betragen die Schwellen 5 Prozent und 15 Prozent. Und bei einem Zielwert von 5 Prozent liegen die Grenzen bei 2,5 Prozent und 7,5 Prozent.

Sparpläne richtig anpassen

Bei laufenden Pantoffel-Sparplänen gibt es zwei Möglichkeiten, das ersparte Vermögen wieder ins Gleichgewicht zu bringen. Zum einen ist es die eben dargestellte Möglichkeit, auf einen Schlag mit einem Kauf- und einem Verkaufsauftrag das Portfolio auszutarieren. Die alternative Vorgehensweise: Sie können die regelmäßige Sparplanrate für eine Weile komplett in den untergewichteten Pantoffel-Anteil umlenken – und zwar so lange, bis Sie die gewünschte Zielaufteilung wieder erreicht haben.

Ist etwa der Aktienanteil zu hoch, stoppen Sie für eine Weile die Sparrate für Ihren Aktien-ETF und stecken die gesamte Rate in den Zinsteil. Das Aussetzen eines ETF-Sparplans ist problemlos und kostenfrei möglich. Ist die Wunschaufteilung wieder erreicht, ändern Sie die Raten wieder ab. Das ist in aller Regel kostenlos möglich. Allerdings dauert es unter Umständen etliche Monate, bis die Gewichtung im Portfolio wieder passt. Bei Dreier-Portfolios müssen Sie die Mindestsparraten beachten, die die Depotanbieter vorsehen. Da manche Broker inzwischen ETF-Sparpläne ab 1 oder 10 Euro anbieten, ist das keine große Hürde.

Beim Umschichten auf einen Schlag fallen je nach Depotanbieter allerdings eventuell Orderkosten an. Dafür agieren Sie schneller antizyklisch und bringen das Portfolio rascher wieder ins Lot als beim Umlenken der Sparrate. Wenn Sie für die Umschichtung allerdings Aktien-ETF verkaufen, fällt unter Umständen Abgeltungssteuer an. Denn es gilt das Prinzip „first in, first out". Das bedeutet: Es gelten diejenigen Anteile steuerlich als zuerst verkauft, die zuerst angeschafft wurden (siehe Seite 125). Anlegerinnen und Anleger haben hier keine Wahl. Da aber die „ältesten" Anteile auch die längste Zeit hatten, Kursgewinne zu erzielen, kann es zu Steuerzahlungen kommen.

Einen Auszahlplan einrichten

Sie erreichen bald das Rentenalter? Und haben bereits einiges angespart oder Geld zum Anlegen? Mit der Pantoffel-Rente können Sie sich selbst eine regelmäßige Zahlung spendieren.

Vielleicht haben Sie über viele Jahre ein Vermögen mit aktiven Fonds oder ETF über einen Sparplan aufgebaut, um sich selbst in ein paar Jahren eine Zusatzrente im Alter leisten zu können? Oder Sie haben sich nach der bisherigen Lektüre dieses Buches nun vorgenommen, die kommenden 10, 20 Jahre oder länger nach der Pantoffel-Strategie zu sparen, um später davon zu zehren? Dann ist es ein Leichtes, sich in ferner Zukunft die angesparten Bestände ganz oder teilweise regelmäßig auszahlen zu lassen. Auch auf anderem Wege erzieltes Vermögen, beispielsweise die Auszahlung aus einer Lebensversicherung, lässt sich problemlos nach der Pantoffel-Strategie in Zinsanlagen und Aktien-ETF investieren, um daraus eine regelmäßige Auszahlung zu speisen. Möglich wird solch eine Do-it-yourself-Rente mithilfe eines Auszahlplans, auch Entnahmeplan genannt. Wie schon für Einmalanlage oder Sparplan brauchen Sie dafür mehrerlei: ein Tagesgeldkonto, ein Wertpapierdepot, einen langfristigen Anlagehorizont und die Bereitschaft, sich ein wenig um Ihr Geld zu kümmern. Solche Auszahlpläne sind de facto umgekehrte Sparpläne – einmal ins Leben gerufen, verkaufen Sie regelmäßig ETF aus Ihrem Bestand oder heben Geld vom Tagesgeldkonto ab.

Im Folgenden schauen wir uns Auszahlpläne für eine Zusatzrente im Alter näher an. Dafür sollten Sie Wert auf eine dauerhaft auskömmliche Rendite legen. Denn im Durchschnitt dauert der Ruhestand gut und gerne 20 Jahre und länger – ein Zeitraum, in dem die Höhe der Erträge Ihrer Geldanlage einen bedeutsamen Unterschied für Ihren Lebensstandard machen kann. Und lang genug, um weiter auf die Stärken von Aktien-ETF wie im Pantoffel-Portfolio zu setzen. Für Ruheständler gilt deshalb: Nach dem Sparen ist vor dem Sparen. Denn mit einer Pantoffel-Rente schöpfen Sie weiterhin die Chancen des Aktienmarkts aus und können gleichzeitig Kurseinbrüche absichern.

Das Vermögen in den eigenen Händen behalten

Vorab sollten Sie sich eines aber klarmachen: Anders etwa als bei einer privaten Rentenversicherung bekommen Sie bei einem Entnahmeplan aus einem Pantoffel-Portfolio keine Garantie auf lebenslange Zahlungen und auf eine bestimmte Mindestrente. Doch gut kalkuliert, kommt das Modell dem sehr nahe: Sie dürfen nämlich Auszahlungen bis ins hohe Alter erwarten, die zu Beginn ähnlich hoch ausfallen wie bei den besten Versicherungsprodukten. Und je nach gewählter Auszahlstrategie stehen die Chancen gut, dass die Auszahlungen über die Zeit sogar noch ordentlich steigen. Sehr wahrscheinlich sind durch die Investitionen in Aktien-ETF deutlich bessere Renditen drin als bei Versicherungsprodukten. In guten Börsenjahren wird das Vermögen trotz hoher Entnahmen weiterwachsen. Gleichzeitig schützen mehrere der Strategien selbst bei Börsencrashs vor Rentensenkungen.

Wer einen Pantoffel-Auszahlplan aufsetzt, wird überdies mit großer Flexibilität belohnt. Sie haben jederzeit die Möglichkeit, auch größere Summen zu entnehmen, etwa für Sanierungen des Wohnraums, eine längere Reise oder eine Starthilfe für die Enkel. Bei Versicherungen geht das nicht. Ein weiterer Vorteil: Die Erben bekommen dereinst alles, was im Todesfall an Vermögen vorhanden ist.

WANN INVESTIEREN? Gerade bei großen Anlagebeträgen sind Anleger versucht, auf den besten Einstiegszeitpunkt zu warten. Doch die Entwicklung der Märkte kann niemand vorhersagen. Daher empfiehlt Stiftung Warentest, das Geld zu investieren, wenn Sie es zur Verfügung haben. Wer sich damit – vor allem bei großen Summen oder in unsicheren Börsenphasen – nicht ganz wohlfühlt, kann das Geld in zwei oder drei Tranchen aufsplitten und zu verschiedenen Zeitpunkten investieren. Beachten Sie dabei die Kaufgebühren.

Erteilen Sie den Kaufauftrag für eine größere Anlagesumme, sollten Sie bei der Wahl des Börsenplatzes und des Limits achtgeben. Die höchsten Umsätze finden im vollelektronischen Xetra-Handel statt, weshalb professionelle Anleger in der Regel dort handeln und daher in vielen ETF tagtäglich Millionenumsätze getätigt werden. Sie sollten vorsorglich bei Ihrem Auftrag ein striktes Kurslimit setzen, das nahe am aktuellen Preis liegt. Möglich ist auch hier, die Order mit dem Zusatz „Nur Auktion“ zu versehen (mehr dazu lesen Sie im Abschnitt „Richtig handeln beim ETF-Kauf“, Seite 110).

Die passende Entnahmestrategie finden

Die kritische Frage bei einem Entnahmeplan lautet: Wie hoch darf die Rate sein, die ich monatlich entnehme? Im Idealfall sollte die Rente möglichst hoch ausfallen, möglichst lange reichen und möglichst stabil sein. Doch leider gibt es zwischen diesen drei Zielen Konflikte – alle drei gleichzeitig lassen sich nicht maximieren, wohl aber auf die eigenen Bedürfnisse hin optimieren.

Leben Sie im ersten Jahr des Ruhestands auf großem Fuß, ist für die Zeit danach womöglich zu wenig vom Vermögen übrig. Entnehmen Sie dagegen sehr vorsichtig, freuen sich zwar später die Erben, Sie selbst verzichten aber vielleicht auf einiges im Rentenalter. Fahren Sie im Kapitalstock für den Auszahlplan ein hohes Risiko und halten einen hohen Aktienanteil, ist zwar die Chance groß, dass Sie länger etwas vom Vermögen haben oder auch mehr entnehmen können – allerdings kann es passieren, dass es im Falle eines Aktiencrashs andersherum kommt. Dann wiederum lässt sich die Rentenhöhe nicht halten.

Wir haben fünf verschiedene Do-it-yourself-Entnahmemodelle entwickelt, bei denen selbst bei schlechten Kursverläufen das Geld bis zum Ende der geplanten Laufzeit reicht. Die ersten drei sind eher einfach gehalten, die letzten beiden sind etwas ausgefeilter. Wir stellen Ihnen die unterschiedlichen Modelle und ihre jeweiligen Vor- und Nachteile im Lauf dieses Kapitels im Detail vor: 1) „Fixe Rente“, 2) „Flexible Rente“, 3) „Zins- und Dividenden-Rente“, 4) „Rente mit Puffer“ sowie 5) „Lernende Rente“.

Damit Sie die für Sie passende Entnahmestrategie finden, sollten Sie für sich vier Fragestellungen zum Start klären: Welche Pantoffel-Variante ist die beste für mich? Wie chancenreich, damit aber auch riskant möchte ich anlegen? Wie lange soll die Laufzeit sein? Was ist mir wichtiger bei der Rente: Stabilität oder die Chance auf Rentensteigerung?

Welche Pantoffel-Variante ist die beste für mich?

Am Anfang sollten Sie klären, wie das Vermögen angelegt werden sollte, aus dem Sie dann Ihre Rente speisen werden. Prinzipiell eignen sich mehrere Pantoffel-Varianten als Basis für einen Entnahmeplan. Aus praktischen Erwägungen würden wir Ruheständlern dazu raten, das Portfolio für die Do-it-yourself-Rente möglichst simpel zu halten, um es einfacher zu haben. Daher würden wir ein möglichst breit gestreutes Portfolio mit nur zwei Bestandteilen wählen. Denn Dreier-Portfolios bedeuten einen höheren Pflegeaufwand. Bevorzugen sollten Sie deshalb den Welt-Pantoffel – entweder in der klassischen (siehe „Einer für alle“,

Seite 24) oder in der nachhaltigen Spielart (siehe „Der nachhaltige Welt-Pantoffel", Seite 45). Je nach Risikoeinstellung können Sie ihn defensiv, ausgewogen oder offensiv gestalten. Wenn Sie die Mehrarbeit eines Dreier-Portfolios nicht scheuen, kommt eventuell auch eine der in den vorigen Kapiteln ausführlich vorgestellten Varianten für Sie infrage.

Wie viel Börse darf es sein?

Vielleicht haben Sie schon einmal von der Faustregel gehört, man solle die Aktienquote in seinem Depot nach der Formel „100 minus Lebensalter" ausrichten – im Alter seine Aktienquote also immer weiter herunterfahren. Aus unserer Sicht ist dies kein guter Ratschlag. Denn im Alter benötigen Sie Ihr Erspartes ja in aller Regel nicht auf einen Schlag bereits mit Mitte 60. Nur wenn Sie im Ruhestand Wert auf absolute Sicherheit legen, ist die Pantoffel-Rente, die teilweise auch in Aktien-ETF investiert, für Sie nicht geeignet. Sie sollten dann vor allem auf Tagesgeld und Festgeld setzen. Dann dürfen Sie allerdings mit keiner nennenswerten Rentensteigerung rechnen – und sollten überdies einen Blick auf die Teuerung werfen: Liegt die Teuerung längere Zeit über dem Zinsniveau, das Sie auf Ihre Anlagen erzielen, können Sie sich mit der Zeit immer weniger leisten für Ihr Geld.

Alternativ kämen für Sie in diesem Fall zum Beispiel Sofortrenten-Angebote von Versicherungen in Betracht. Teilweise offerieren Versicherungsvertreter ebenfalls eine ETF-Anlage mit Auszahlplan. Aufgrund der unterschiedlichen Bedingungen sind die Angebote allerdings nur schwer miteinander vergleichbar. Doch auch bei diesen Produkten sind die Aussichten auf Rentensteigerungen gering, denn die Versicherer investieren selbst ebenfalls großteils in Zinspapiere, die nicht allzu viel einbringen. Überdies wollen Vertrieb und Verwaltung der Versicherungsgesellschaften bezahlt sein, und hier sehen Sie die Kosten des Produkts nicht so klar wie bei einem ETF-Sparplan.

Sofern Sie nicht gleich nervös werden, sobald es an den Börsen mal kräftig ruckelt, dürfte ein Auszahlplan mit dem Pantoffel-Portfolio für Sie dagegen durchaus interessant sein. Zudem lässt sich ja steuern, wie viel „Ruckeln" im Portfolio zu spüren sein darf. Sofern es zu Ihrer persönlicher Risikoeinstellung passt, spricht nichts dagegen, wenn Sie Ihr Geld in ein ausgewogenes Pantoffel-Portfolio investieren – es dürfte für viele die am besten geeignete Alternative sein. Vorsichtige wählen die Aufteilung 25:75 (Aktien-ETF versus Tagesgeld). Besonders Mutige und Erfahrene, deren Einkommen im Alter anderweitig gesichert ist und die möglichst viel Rendite erzielen möchten – vielleicht, weil sie gerne Vermögen vererben möchten –, können sich für die Do-it-yourself-Rente auch an die offensive Variante 75:25 (Aktien-ETF versus Tagesgeld) heranwagen.

Wichtig zu wissen: Was auf den vorangegangenen Seiten zum Thema Umschichtung und Rebalancing des Pantoffel-Portfolios geschildert wurde, gilt natürlich auch für das Portfolio, das als Basis für den Entnahmeplan dient. Sie sollten regelmäßig überprüfen, ob das Verhältnis von Rendite- zu Sicherheitsbaustein noch stimmt. Falls nicht, müssen Sie umschichten.

Die Laufzeit nicht zu kurz wählen

Seine eigene Lebensdauer kennt zum Glück niemand. Beim Renteneintritt mit 65 Jahren dürfen Männer laut Statistischem Bundesamt im Schnitt noch von rund 18 weiteren Jahren ausgehen, Frauen leben noch etwas länger und sollten mit 21 Jahren kalkulieren. So viel zum Durchschnitt. Aber: Etliche Menschen werden auch noch älter. Gerade agile und fitte Rentnerinnen und Rentner können eher auf Nummer sicher gehen und möglicherweise die Laufzeit ihres Entnahmeplans von vornherein auf 30 Jahre auslegen. Und wessen Vorfahren eher 90 Jahre und älter wurden, sollte ebenfalls besser etwas länger planen.

Ändern sich die Wünsche oder die Gesundheitslage, lässt sich die Laufzeit zwischenzeitlich immer noch anpassen. Wer zum Beispiel bei Renteneintritt zunächst pessimistisch auf seine Lebenserwartung geblickt hat und sich dann mit 75 Jahren immer noch sehr fit fühlt, kann seinen Entnahmeplan auch mit verlängerter Laufzeit neu strukturieren. Mit der Pantoffel-Rente ist das problemlos möglich.

UNSER TIPP: Wenn Sie in den ersten fünf oder zehn Jahren Ihres Ruhestands größere Reisen unternehmen möchten, brauchen Sie mehr Geld zur freien Verfügung. Den erforderlichen Betrag sollten Sie sicher auf einem Tagesgeld- oder Festgeldkonto zur Seite legen. Der „Rest" steht für den Entnahmeplan zur Verfügung und kann in eine für Sie geeignete Pantoffel-Variante investiert werden.

Stabilität oder Chance auf Rentensteigerung?

Worauf kommt es Ihnen am meisten an bei Ihrer Do-it-yourself-Rente? Dass die monatliche Zahlung stabil bleibt? Dass die Rente steigen kann? Oder möchten Sie das Vermögen am liebsten gar nicht antasten? Die Grafik „Die Entnahmestrategien im Überblick" auf Seite 149 zeigt, welche

Auszahlplan: So geht's praktisch

- **Pantoffel für Entnahme aufbauen.** Stellen Sie sich für Ihre Do-it-yourself-Rente ein Pantoffel-Portfolio zusammen oder lassen Sie Ihren bisherigen Sparpantoffel stehen – und machen einen Entnahme-Pantoffel daraus. Die Verteilung der zwei oder drei Bausteine bestimmt sich nach Ihrer Risikoeinstellung und Ihrer Risikotragfähigkeit (siehe „Welcher Pantoffel passt zu Ihnen?", Seite 18). Wir empfehlen, die anfangs gewählte Variante über die gesamte Laufzeit beizubehalten, sofern sich an Ihrer Lebenssituation nichts Grundlegendes ändert.

- **Passende Bank suchen.** Für die regelmäßige Entnahme aus Aktien-ETF könnten Auszahlpläne interessant sein. Sie sind bei Banken aber noch rar gesät und zudem nicht immer günstig. Die geschicktere Alternative besteht darin, die Auszahlung Ihrer Rente immer aus dem Tagesgeld zu tätigen und das Portfolio, wenn nötig, durch Umschichtungen auszugleichen. Das geht bei jeder Depotbank. Günstige Depotbanken finden Sie im Serviceteil ab Seite 157. Darüber hinaus brauchen Sie ein Tagesgeldkonto. Bankeinlagen wie Tagesgeld sind in der EU per Gesetz in Höhe von 100 000 Euro pro Einleger und Bank abgesichert. Vorsichtige verteilen ihr Geld auf mehrere Banken, wenn sie mehr als 100 000 Euro anzulegen haben. Gute und sichere Angebote finden Sie gegen eine geringe Gebühr unter test.de/zinsen.

- **Entnahmestrategie wählen.** Entscheiden Sie sich für eine der fünf Entnahmestrategien – fixe Rente, flexible Rente, Zins- und Dividenden-Rente, Rente mit Puffer oder lernende Rente. Die Vor- und Nachteile der fünf Strategien sind in diesem Kapitel ausführlich erläutert. Ihre individuelle Entnahmehöhe ermitteln Sie für die Strategien mithilfe unseres Entnahmerechners (gratis für Laufzeiten von 10, 20, 30 Jahren) unter test.de/pantoffel-auszahlphase. Dann starten Sie mit den Auszahlungen – und genießen Ihre Zusatzrente.

- **Regelmäßig prüfen.** Bitte prüfen Sie mindestens einmal jährlich, ob die gewählte Mischung in Ihrem Pantoffel-Portfolio noch passt. Beträgt die Abweichung mehr als zehn Prozentpunkte von der Zielgewichtung, sollten Sie umschichten. Wie Sie dabei vorgehen, erfahren Sie unter „Depot und Sparplan richtig anpassen" ab Seite 135. Die Überprüfung des Portfolios können Sie an die Berechnung der neuen Rentenhöhe fürs kommende Jahr koppeln.

Strategie für Sie besser passt, je nachdem, wie Sie diese Fragen für sich beantworten.

Bei der fixen Entnahme wird die Rentenhöhe von vornherein festgelegt, ist daher stabil. Um das Risiko sehr klein zu halten, dass die Rente vor Laufzeitende aufgebraucht ist, kalkulieren wir sie möglichst konservativ. Bei der flexiblen Entnahme schwankt die Ratenhöhe, dafür besteht unmittelbares Steigerungspotenzial. Bei der Zins- und Dividenden-Rente wird das Vermögen gar nicht angetastet, Sie beziehen folglich nur die Zinsen und Dividenden, die die Anlagen abwerfen, aber die können schwanken. Bei der Rente mit Verlustpuffer gibt es sowohl ein gewisses Steigerungspotenzial als auch die Aussicht auf stabile Ratenhöhen. Die lernende Rente ermöglicht einen glatten Verlauf mit vergleichsweise hoher Startrente und konstanten Steigerungen.

ENTSPANNT BLEIBEN: Es ist überhaupt kein Problem, die einmal gewählte Renten-Strategie im Lauf der Rentenphase zu wechseln. Die Pantoffel-Rente ist eben sehr flexibel.

Doch wie unterscheiden sich die fünf Strategien im Detail voneinander? Und wie legen Sie Ihre individuelle Entnahmehöhe fest? Das alles erfahren Sie in den folgenden Abschnitten.

Strategie „Fixe Rente"

Für Anlegerinnen und Anleger, die sich möglichst wenig um ihre Zusatzrente kümmern möchten, gibt es das Modell „Fixe Rente". Dafür haben die Fachleute von Stiftung Warentest einen Auszahlbetrag berechnet, den Altersvorsorgesparer auch im schlimmsten aller bisherigen Börsen- und Zinsverläufe hätten entnehmen können, ohne ihr Vermögen vorzeitig aufzuzehren. Die Rentenzahlung wird zu Beginn der Entnahmephase einmal festgelegt und bleibt dann die ganze Zeit fix.

Die Monatsrente wird für das Tagesgeld und den Aktien-ETF separat berechnet. Die Kalkulation für den Auszahlbetrag aus dem Tagesgeld ist simpel, ein Taschenrechner genügt: Sie teilen einfach das Kapital, das am Anfang zur Verfügung steht, durch die geplante Laufzeit in Monaten und legen auf diese Weise einen gleichbleibenden Auszahlungsbetrag fest. Bei 30 Jahren teilen Sie also durch 360. Bei einem Anfangskapital von 100 000 Euro (50 000 Euro je Baustein) geteilt durch 30 Jahre geplante Laufzeit ergäbe das einen monatlichen Betrag von 139 Euro. Diesen Betrag entnehmen Sie dann stur über die gesamte Rentendauer. Rentensteigerungen gibt es nicht, aber auch keine Senkungen.

Zur Berechnung der Entnahmehöhe aus dem Aktien-ETF-Baustein können Sie den Rechner von Stiftung Warentest Finanzen unter test.de/pantoffel-auszahlphase nutzen. Die Höhe des Auszahlbetrags hängt davon ab, in welcher Marktphase sich die Börsen befinden – im Klartext heißt das, wie weit der Weltaktienindex MSCI World aktuell unter einem zuvor erreichten Höchststand notiert. Bei Start im Juni 2025 war mit 50 000 Euro im ETF-Baustein bei einem ausgewogenen Pantoffel-Portfolio ein Auszahlbetrag von 145 Euro möglich.

Insgesamt war also eine fixe Rente von 284 Euro pro Monat drin – bei schlecht laufenden Aktienmärkten sind die Startrenten höher als bei guten. Grund dafür: Befindet sich ein Markt zum Start schon in einer schlechten Börsenphase, ist ein weiteres Absacken eher unwahrscheinlich. Die Chancen stehen dagegen gut, dass sich die Märkte bessern, sodass höhere Entnahmen möglich sind als in einer Börsenphase, in der sich der Markt nahe oder auf dem Höchststand befindet.

Wenden Rentnerinnen und Rentner die auf diese Weise ermittelten Auszahlbeträge an, brauchen sie sich lange Zeit oder gar nicht mehr darum zu kümmern. Die Höhe der fixen Rente wurde für die schlechtesten Aktienjahre der Vergangenheit errechnet. Die Wahrscheinlichkeit ist daher sehr hoch, dass es nicht erneut so schlimm kommt und am Ende der Auszahlphase noch Vermögen übrig bleibt. Das ist gut, wenn Sie sehr alt werden. Ansonsten freut es die Erben, aber Sie selbst haben vielleicht auf manches verzichtet. Das muss nicht sein.

Strategie „Flexible Rente"

Mehr drin ist mit dem Konzept der „flexiblen Rente". Das ist ein Auszahlplan, der flexible Auszahlungshöhen vorsieht. Dazu teilen Ruheständler in regelmäßigen Abständen, zum Beispiel einmal pro Jahr, wenn sie ohnehin die Vermögensverteilung in ihrem Portfolio überprüfen, das verbleibende Vermögen auf die noch übrige Auszahlzeit auf. Bei einem Anfangsvermögen von 100 000 Euro, um im Beispiel zu bleiben, starten sie mit einer Auszahlung von 278 Euro für 30 Jahre. Die Auszahlung wird dann zwar schwanken, doch ist es sehr wahrscheinlich, dass sie im Zeitverlauf steigt. Im Mittel betrug sie in der Vergangenheit (berechnet auf die 30 Jahre bis 30. April 2025) bei einem ausgewogenen Pantoffel sogar 629 Euro pro Monat (siehe Tabelle auf Seite 155).

Mindestens einmal jährlich prüfen Sie ohnehin, ob der Mix des Gesamtvermögens noch mit der gewählten Pantoffel-Strategie übereinstimmt. Bei dieser Gelegenheit nehmen Sie auch die Berechnung des Restvermögens auf die noch geplante Auszahlzeit vor, um die monatli-

Die Entnahmestrategien im Überblick

Die fünf vorgestellten Entnahmestrategien haben unterschiedliche Vorzüge und Nachteile. Die Übersicht hilft Ihnen bei der Entscheidung, welche Strategie zu Ihnen passt und Ihre Bedürfnisse am besten erfüllt. Wenn Sie Wert auf möglichst stabile Zahlungen legen, schauen Sie sich die Strategien mit gutem Schutz vor Rentensenkungen an. Wer im Verlauf möglichst hohe Renten haben will, orientiert sich besser am Steigerungspotenzial. So oder so bleiben Sie flexibel – Sie können die Entnahmestrategie auch wechseln.

Die Angaben beziehen sich auf ein ausgewogenes Pantoffel-Portfolio.

Entnahme-Strategie	Anfangsrente[1]	Steigerungspotential[2]	Endvermögen[2)3)]	Schutz vor Rentensenkung[2]
Fixe Rente	mittel bis hoch[4]	nicht vorhanden	hoch	hoch
Flexible Rente	mittel	hoch	nicht vorhanden	gering
Zins-und-Dividenden-Rente	gering	gering	hoch	nicht vorhanden
Rente mit Puffer	mittel bis hoch[4]	hoch	nicht vorhanden	hoch
Lernende Rente mit Deckelung	mittel bis hoch[4]	mittel	mittel	hoch

1) Bezogen auf aktuell gültige Startrenten.
2) Basierend auf historischer Simulation über 30 Jahre.
3) Vermögen am Ende der 30 Jahre.
4) Abhängig vom Marktstand.

hoch · mittel bis hoch · mittel · gering · nicht vorhanden

Entwicklung von Auszahlungen und Vermögen im Lauf von 30 Jahren

Die Grafik zeigt Rentenhöhe und Vermögen der fünf Entnahmestrategien für ein 50:50-Pantoffel-Portfolio für die vergangenen 30 Jahre. Die Monatsentnahmen der fixen und der Zins- und Dividenden-Rente lagen meist unter denen der anderen Strategien, zum Schluss blieb aber viel Geld übrig. Die flexible Rente war meist am höchsten, aber schwankte stark. Vor Senkungen schützten die Rente mit Puffer und die Lernende Rente, bei letzterer blieb gut die Hälfte des Anfangskapitals.

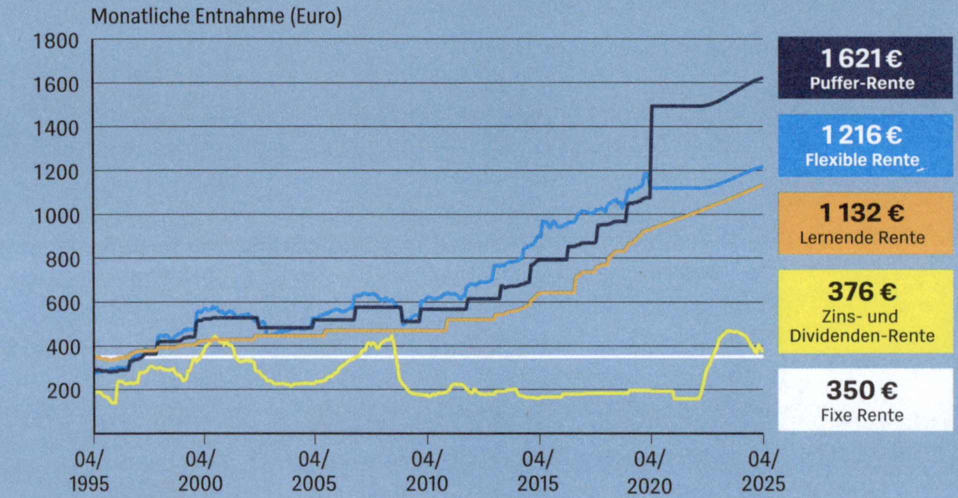

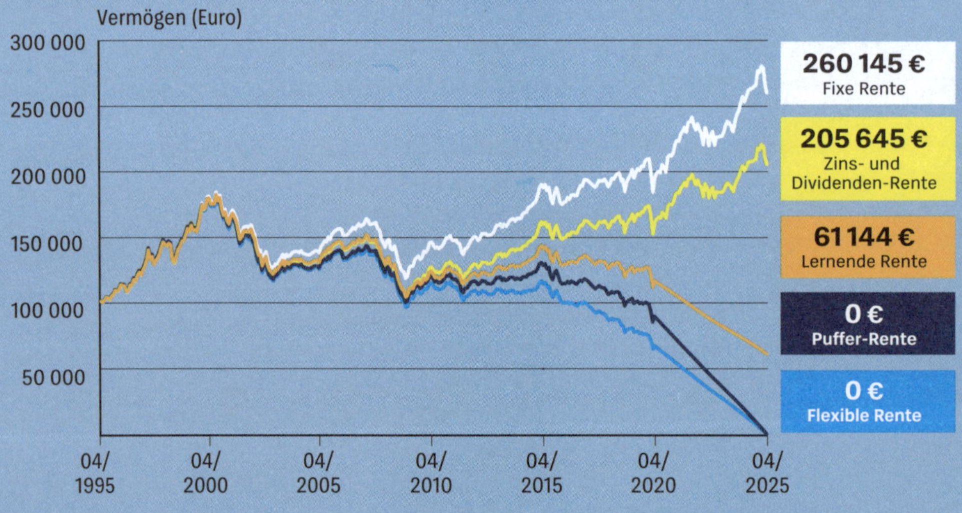

che Auszahlung neu festzulegen. Auf diese Weise reagiert die Rentenhöhe direkt auf den Verlauf des Aktien- und Zinsmarkts.

Die Auszahlung wird stets an das aktuelle Vermögen angepasst. So wird das für die Zusatzrente verwendete Vermögen besser genutzt und über die Jahre verbraucht. Allerdings schwankt die Rentenhöhe auch. Diese Variante empfiehlt sich daher nur für Personen, die nicht auf konstante Renten angewiesen sind.

LEBENSERWARTUNG BERÜCKSICHTIGEN: Die Restdauer lässt sich problemlos anpassen: Sind von der ursprünglichen Laufzeit fünf Jahre übrig, aber man fühlt sich weiterhin gesundheitlich fit? Dann kann man auch ein Jahr später nochmals mit fünf Jahren Restlaufzeit rechnen. So lässt sich die Rente verlängern, allerdings wird die Zahlung dann mit den Jahren immer geringer ausfallen.

Sollten Sie in fortgeschrittenem Alter keine Lust oder Ressourcen mehr haben, sich jährlich um die Kalkulation Ihrer Rente zu kümmern, oder legen Sie später Wert auf eine fixe Auszahlung, können Sie den dann zur Verfügung stehenden Gesamtbetrag immer noch in eine fixe Entnahme umwandeln oder ihn auf einen Schlag auszahlen lassen.

Strategie „Zins- und Dividenden-Rente"

Sie sind anderweitig schon gut abgesichert und möchten Ihr Vermögen erhalten oder noch mehren? Dann könnte die „Zins- und Dividenden-Rente" für Sie infrage kommen. Dabei entnehmen Sie nur die Erträge, also Zinsen und Dividenden, lassen aber das Grundstockvermögen mitsamt möglichen Kursgewinnen unangetastet. Wir haben ausgerechnet, was in den vergangenen 30 Jahren mit einem Vermögen von 100 000 Euro drin gewesen wäre. Wäre das Geld in einem ausgewogenen Pantoffel-Portfolio investiert gewesen, hätten Sie sich im Mittel eine Rente von 226 Euro leisten können. Die Auszahlungshöhe schwankte allerdings erheblich. Das lag unter anderem an der langen Phase der Nullzinsen. Da das Vermögen nicht angetastet wurde, blieb am Ende der Laufzeit einiges übrig: Das ausgewogene Pantoffel-Portfolio wuchs an auf 205 045 Euro. Die Erben dürften sich freuen.

Falls Sie von vornherein wissen, dass Sie etwas vererben möchten, können Sie jede der Entnahmestrategien nutzen und entsprechend gestalten. Dafür ziehen Sie den für die Erben gewünschten Betrag von Ihrem Vermögen zumindest gedanklich ab und berücksichtigen ihn nicht

Stand: 30. April 2025 Quellen: LSEG, eigene Berechnungen

weiter bei der Berechnung Ihrer Rente. Alternativ können Sie diesen Betrag auch gesondert in einen ETF oder in ein Extra-Pantoffel-Portfolio investieren.

Strategie „Rente mit Puffer"

Viele Menschen tun sich mit schwankenden Entnahmehöhen schwer. Sie möchten lieber mit einer langfristig möglichst stabilen Rate kalkulieren und auch nicht nur die Erträge verbrauchen? Dann ist für Sie die „Puffer-Rente" geeignet. Sie sorgt dafür, dass die Auszahlungen sogar bei schweren Einbrüchen an den Börsen nicht oder nur wenig sinken. Je besser die aktuelle Lage an den Börsen, desto größer fällt der im Berechnungsmodell eingebaute Sicherheitspuffer aus.

Für die Kalkulation des Verlustpuffers gilt dabei folgendes Prinzip: Der eingebaute Puffer ist umso höher, je besser die Börsen laufen. In Boomzeiten ist er also am größten – es wird daher eingeplant, dass schon morgen ein Crash das in Aktien-ETF angelegte Vermögen um 60 Prozent reduzieren könnte. In einer schwachen Börsenphase – wenn die Kurse etwa 20 Prozent unter einem zuvor erreichten Höchststand liegen – wird das Potenzial für einen Rückschlag an den Börsen geringer eingeschätzt: Ein weiterer Rückgang der Märkte um 25 Prozent wird einkalkuliert. Folglich wird auch der Puffer niedriger angesetzt. Ist es gerade zu einem Crash gekommen, fiele der Puffer komplett weg.

So wie von vornherein davon ausgegangen wird, dass es zu Abstürzen während der Laufzeit des Auszahlplans kommt, wird auch eingeplant, dass sich die Kurse nach einem Crash wieder erholen werden. Das Modell sieht daher vor, dass sich der Aktienmarkt im Schnitt mit 7 Prozent pro Jahr erholt. Aufgrund des eingebauten Verlustpuffers ergibt sich das Paradox, dass die Renten umso niedriger starten, je höher der Aktienmarkt gerade steht (siehe Tabelle „Entnahmestrategien im Überblick", Seite 155). Im Mittel ließen sich in den vergangenen Jahre 575 Euro nach diesem Rentenkonzept entnehmen.

Laufen die Börsen gut, gibt es mit der Puffer-Strategie vor allem im späteren Verlauf ordentliche Rentenerhöhungen, die auch hohe Inflationsraten ausgleichen können. Das ist interessant für vorsichtige Rentner, die mit langfristig steigenden Kosten rechnen oder sich etwa für hohe Pflegekosten im Alter wappnen möchten. In dem Rentenverlauf der Modellrechnung (siehe Grafik auf Seite 150) gibt es noch aus einem anderen Grund einen kräftigen Rentensprung nach 25 Jahren: Wir schichten fünf Jahre vor Ende der geplanten Laufzeit das gesamte Vermögen ins Tagesgeld um und entnehmen dann nach der bereits vorgestellten

Strategie der flexiblen Entnahme. Jedes Jahr wird dann das Restvermögen durch die Restlaufzeit geteilt.

Die Puffer-Rente bietet zwar mehr Sicherheit, ist aber nicht ohne Weiteres selbst zu kalkulieren. Das müssen Sie auch nicht: Wir stellen daher unter test.de/pantoffel-auszahlphase einen für ausgewählte Laufzeiten kostenlosen Rechner bereit.

Strategie „Lernende Rente"

Manche Anlegerinnen und Anleger wünschen sich eine konstant steigende Rente, bei der Absenkungen so gut wie ausgeschlossen sind. Damit lassen sich auch künftige Preissteigerungen bei den Lebenshaltungskosten im Griff behalten. Für sie gibt es die Strategie „Lernende Rente". Statt wie bei der „Puffer-Rente" einen schematischen Crash- und Erholungsverlauf anzunehmen, wird der Algorithmus zur Berechnung der lernenden Rente mit den tatsächlichen Kursverläufen der Kapitalmärkte in der Vergangenheit gespeist. Der Algorithmus lernt dabei von den tatsächlichen Börsenverläufen und ermittelt Mindestrenten abhängig vom Marktstand. Diese erlernten Mindestrenten sind dann die Basis für die auszahlbare Rente.

Entwickelt sich die Börse schlechter als bisher, werden die zulässigen Mindestrenten für die Zukunft abgesenkt. Zudem wird eine maximale Rentensteigerung von 4 Prozent pro Jahr einkalkuliert. Auch nach einem guten Börsenjahr darf sich die Rente nicht stärker erhöhen. Wird die zulässige Steigerungsrate nach einem schwachen Börsenjahr nicht ausgeschöpft, kann sie sich aber ansammeln – die Rente darf sich dann im darauf folgenden Jahr um bis zu 8,16 Prozent erhöhen.

Diese eingebaute Kappung sorgt dafür, dass die Renten im Vergleich zu den anderen Varianten konstanter steigen. Zudem bleibt dadurch am Ende der berechneten Laufzeit bei guten Börsenverläufen noch ein ordentliches Sümmchen übrig. Das bietet Rentnerinnen und Rentnern ein Sicherheitspolster, falls sie doch länger als geplant Geld brauchen oder Geld vererben möchten. Auch bei dieser Renten-Variante wird fünf Jahre vor Ablauf das gesamte Vermögen auf ein Tagesgeldkonto geschoben und dann nur noch nach dem Konzept der „flexiblen Rente" Geld entnommen. Auch dann gilt die Vorgabe, dass die Renten maximal um 4 Prozent pro Jahr steigen dürfen. Klingt kompliziert? Keine Sorge, mit den mathematischen Details müssen Sie sich nicht herumplagen. Dafür nutzen Sie den Entnahmerechner unter test.de/pantoffel-auszahlphase. Darin tragen Sie einfach nur die Vermögenswerte für das Tagesgeldkonto und den Aktien-ETF und die gewünschte Restlaufzeit ein.

Die Auszahlung mit Tagesgeld starten

Egal, für welche Rentenvariante Sie sich entscheiden: Sie starten mit den Auszahlungen aus dem Tagesgeld und lassen den Aktienanteil unangetastet. Bevor Sie im darauffolgenden Jahr die neue Rente ermitteln, sollten Sie prüfen, ob die gewünschte Aufteilung in Ihrem Pantoffel-Portfolio noch passt. Ist das nicht der Fall, stellen Sie die Ausgangsaufteilung wieder her. Sie schichten also entweder aus dem Aktien-ETF auf das Tagesgeldkonto um oder kaufen vom Geld auf dem Tagesgeldkonto neue Anteile des Aktien-ETF nach. Wie das im Detail geht, lesen Sie unter „Depot und Sparplan richtig anpassen" ab Seite 135.

Zur Erinnerung: Beträgt die Abweichung der Pantoffel-Bestandteile mehr als zehn Prozentpunkte von der Zielgewichtung, sollten Sie umschichten. Am folgenden Beispiel lässt sich die Anpassung praktisch erklären: Anfänglich haben wir 70 000 Euro auf dem Tagesgeldkonto und 70 000 Euro in Aktien-ETF. Angenommen, die Aktienkurse steigen, der Wert der Aktien-ETF wächst auf 78 000 Euro, während das Tagesgeldkonto durch die regelmäßigen Entnahmen nach ein paar Jahren auf 52 000 Euro schmilzt. Unter dem Strich besitzen Sie noch 130 000 Euro, davon 60 Prozent in Aktien und 40 Prozent auf dem Festgeldkonto. Um die 50:50-Aufteilung wiederherzustellen, verkaufen Sie Aktien-ETF im Wert von 13 000 Euro und legen den Erlös auf das Festgeldkonto. Im Depot verbleiben Aktien-ETF über 65 000 Euro, und das Festgeldkonto wächst von 52 000 Euro ebenfalls auf ungefähr 65 000 Euro – denn nach Handelskosten für den Verkauf und Steuern auf realisierte Kursgewinne (mehr zum Thema Steuern unter „Pantoffel-Portfolio richtig versteuern", Seite 118) kommt im Tagesgeld weniger Geld an, als aus dem Aktien-ETF verkauft wird.

FAZIT: Das Pantoffel-Modell lässt sich im Ruhestand bequem dafür nutzen, sich selbst eine monatliche Rente zu finanzieren. Welches der fünf geschilderten Modelle Sie verwenden, hängt von Ihren individuellen Präferenzen ab. Berechnen können Sie Ihre Rente bequem mit dem vorgestellten Online-Rechner. Der Aufwand für die Pflege des Pantoffel-Portfolios durch regelmäßiges Umschichten (Rebalancing) ist in allen Modellen gleich.

Das brachten die Entnahmestrategien

So viel monatliche Rente war in den vergangenen 30 Jahren drin: Ausgehend von einem Vermögen in Höhe von 100 000 Euro konnten Anlegerinnen und Anleger je nach gewählter Pantoffel-Variante und Renten-Strategie die folgenden Summen entnehmen, zum Teil blieb ein erhebliches Endvermögen übrig.

Entnahme-strategie	Entnahmehöhe (Euro)			Endver-mögen (Euro)	Rendite (% p.a.)	Höchster Renten-einbruch (%)
	Zu Beginn	Am Ende	Im Mittel			
Defensives Pantoffel-Portfolio						
Fixe Rente	314	314	314	124 514	4,3	0
Flexible Rente	278	849	446	0	4,3	–3
Zins- und Dividenden-Rente	253	261	209	151 864	3,5	–88
Puffer-Rente	284	954	507	0	4,3	–3
Lernende Rente	314	1 015	446	7 457	4,2	–6
Ausgewogenes Pantoffel-Portfolio						
Fixe Rente	350	350	350	260 145	6,3	0
Flexible Rente	278	1 216	629	0	6,2	–23
Zins- und Dividenden-Rente	234	376	226	205 645	4,3	–65
Puffer-Rente	291	1 621	575	0	6,1	–11
Lernende Rente	350	1 132	470	61 144	5,8	–4
Offensives Pantoffel-Portfolio						
Fixe Rente	387	387	387	414 087	7,7	0
Flexible Rente	278	1 490	700	0	7,4	–38
Zins- und Dividenden-Rente	214	420	290	262 252	4,9	–49
Puffer-Rente	298	2 013	700	0	7,4	–22
Lernende Rente	387	1 249	502	130 137	7,1	–4
Aktien-Welt-ETF						
Fixe Rente	421	421	421	532 121	8,7	0
Flexible Rente	277	1 865	784	0	8,4	–56
Zins- und Dividenden-Rente	195	485	317	311 035	5,1	–30
Puffer-Rente	303	2 905	686	0	8,2	–33
Lernende Rente	421	1 367	519	144 179	7,7	–3

Stand: 30. April 2025 Quellen: LSEG, eigene Berechnungen

?!

Service

Top 20 günstige Depots

Das sind die preisgünstigsten Banken und Broker für unsere Modelldepots, sortiert nach den Gesamtkosten für ein kleines Depot: 12 000 Euro Depotwert, 1 Position und nur eine Order pro Jahr. Beim mittleren Depot beträgt der Depotwert 50 000 Euro, beim großen 150 000 Euro. Mehr dazu: test.de/depotkosten.

Platz	Bezeichnung	Kosten pro Jahr (Euro) für ein		
		kleines Depot	mittleres Depot	großes Depot
1	Tradegate Direct Depot	0	0	0
1	Traders Place Depot	0	0	0
1	Finanzen.net Zero Depot	0	0	0
1	Smartbroker+ Depot	0	0	0
5	Trade Republic Depot	1	12	4
5	Scalable Capital Free	1	12	4
5	Justtrade Depot	1	12	4
5	N26 Standard	1	11	4
9	Santander Wertpapierdepot	8	119	72
9	Flatex Depot	8	95	32
11	DKB-Broker[1)]	10	150	60
11	BBBank Depot[2)]	10	149	90
13	Deutsche Bank Maxblue Depot	11	167	98
13	ING Direkt-Depot	11	186	110
15	Hypovereinsbank Smartdepot	12	185	104
15	Consorsbank Depot	12	198	114
17	S Broker Depot	13	205	116
18	1822direkt Aktiv-Depot	14	222	121
19	Targobank Direkt-Depot	15	279	138
20	Postbank Wertpapierdepot	18	347	160

1) Voraussetzung für die Eröffnung eines Wertpapierdepots ist ein bankeigenes Girokonto, das nur bei einem monatlichen Geldeingang von mindestens 700 Euro kostenlos ist. Andernfalls kostet es 54 Euro im Jahr.
2) Voraussetzung für ein kostenloses Depot ist ein Girokonto mit Gehalts-/Bezügeeingang als Verrechnungskonto zum Depot. Beim Girokonto ist der Erwerb eines Genossenschaftsanteils von 15 Euro pro Mitglied erforderlich.
Stand: März 2025

Sparpläne auf oft angebotene Aktien-ETF kostenfrei kaufen

Die Tabelle zeigt, welche thesaurierenden 1.-Wahl-ETF auf marktbreite Aktienindizes Sie bei welchen Banken und Brokern kostenlos im Wege eines Sparplans erwerben können. Sie sollten das Angebot

Anbieter	Isin	Nachgebildeter Index	Angebote für kostenlose ETF-Sparpläne		
			1822-direkt	Finanzen.net Zero	Flatex
Aktien Welt – ohne Schwellenländer					
Vanguard	IE00BK5BQV03	FTSE Developed		■	■
Xtrackers	IE00BJ0KDQ92	MSCI World	■	■	■
Amundi	IE0009DRDY20	Solactive GBS Developed Markets Large & Mid Cap		■	■
Amundi	IE000Y77LGG9	MSCI World SRI Filtered PAB Ⓝ	■	■	■
UBS	LU0950674332	MSCI World SRI Low Carb Sel 5% Issuer Cap Ⓝ		■	■
BNP Easy	LU1615092217	MSCI World SRI S-Series PAB 5% Cap Ⓝ	■		■
Aktien Welt – mit Schwellenländern					
Vanguard	IE00BK5BQT80	FTSE All-World		■	■
Amundi	LU1829220216	MSCI ACWI		■	■
iShares	IE00B6R52259	MSCI ACWI	■	■	■
SPDR	IE00B3YLTY66	MSCI ACWI IMI		■	■
Amundi	IE0000ZVYDH0	MSCI ACWI SRI Filtered PAB Ⓝ	■	■	■
UBS	IE00BDR55471	MSCI ACWI SRI Low Carb Sel 5% Cap Ⓝ			■
Aktien Schwellenländer global					
Vanguard	IE00BK5BR733	FTSE Emerging		■	■
Xtrackers	IE00BTJRMP35	MSCI EM	■	■	■
iShares	IE00BKM4GZ66	MSCI EM IMI		■	■
UBS	LU1048313974	MSCI EM SRI Low Carb Sel 5% Cap Ⓝ			■
Amundi	LU1861138961	MSCI EM SRI Filtered PAB Ⓝ		■	■
Aktien Europa					
Xtrackers	LU0274209237	MSCI Europe		■	■
Amundi	LU2089238039	Solactive GBS Developed Markets Europe Large & Mid Cap		■	■
Xtrackers	LU0328475792	Stoxx Europe 600	■	■	■
Amundi	LU1861137484	MSCI Europe SRI Filtered PAB Ⓝ		■	■
UBS	LU2206597804	MSCI Europe SRI Low Carb Sel 5% Cap Ⓝ			■
BNP Easy	LU1753045332	MSCI Europe SRI S-Series PAB 5% Cap Ⓝ			■

Reihenfolge der ETF innerhalb einer Fondsgruppe alphabetisch nach Index, bei gleichem Index nach Anbieter. ETF auf Indizes ohne Berücksichtigung von Nachhaltigkeitsaspekten werden vor ETF auf Indizes mit Berücksichtigung von Nachhaltigkeitsaspekten aufgeführt.

bei Ihrem Depotanbieter von Zeit zu Zeit überprüfen, da sich die Auswahl an Kostenlos-Sparplänen immer mal wieder ändern kann.

ING	Justtrade	Morgen-fund	Postbank	S Broker	Scalable Capital	Smart-broker+	Trade Republic	Traders Place
■	■		■		■	■	■	
■	■	■	■	■	■	■	■	■
■					■		■	
■		■		■	■	■	■	■
					■		■	
		■			■	■	■	
■	■	■			■	■	■	
■	■	■		■	■	■	■	■
■		■	■		■	■	■	■
■					■	■	■	
■	■			■	■	■	■	■
					■		■	
■	■				■	■	■	
■	■	■	■	■	■	■	■	■
■		■	■		■	■	■	■
					■		■	
■	■			■	■	■	■	■
■	■	■	■	■	■	■	■	■
■				■	■	■	■	■
■	■	■	■	■	■	■	■	■
■	■	■	■	■	■	■	■	■
					■		■	
					■		■	

■ = Ja. Ⓝ = Der Index berücksichtigt Nachhaltigkeitskriterien.
Stand: März 2025

Die günstigsten Anbieter von ETF-Sparplänen

In der Tabelle finden Sie Filialinstitute und Online-Anbieter von Wertpapierdepots aufgeführt, bei denen keine Zusatzkosten für Depotführung oder ein zu eröffnendes Girokonto anfallen, wenn Sie einen Sparplan einrichten. Die monatlichen Mindestsparraten sowie die regulären Kosten für eine Sparplanausführung erhalten Sie ebenfalls aufgelistet. Weiß markiert sind die

Anbieter und Depotname	Online-Depot	Monatliche Mindestrate (Euro)	Kosten Reguläre Kosten der Sparplanausführung
1822direkt-Aktiv-Depot	■	25,00[1]	1,50 Prozent (1,50–14,90 Euro)
Comdirect Depot[4]	■	1,00	1,50 Prozent
Commerzbank Direktdepot	■	25,00[1]	2,50 Euro plus 0,25 Prozent
Consorsbank Wertpapierdepot	■	10,00	1,50 Prozent
Deutsche Bank Maxblue Wertpapiersparplan[5]	■	25,00[6]	1,25 Prozent
Finanzen.net Zero Depot[4]	■	1,00	0
Flatex Depot[4]	■	25,00	0
Hypovereinsbank HVB Depot	□[8]	25,00	2,00 Prozent[8]
Hypovereinsbank HVB SmartDepot	■	25,00	1,50 Prozent
ING Direkt-Depot	■	1,00[9]	0
Justtrade Depot[4]	■	25,00	0
Postbank Wertpapierdepot	◨[11]	25,00[9]	0,90 Euro[12]
S Broker DirektDepot	■	20,00	2,50 Prozent
Santander Wertpapierdepot	◨[11]	25,00	0,85 Euro
Scalable Capital Free Broker	■	1,00	0
Smartbroker+ Depot[4]	■	1,00[14]	0,20 Prozent (min. 1,00 Euro)
Trade Republic Depot[4]	■	1,00	0
Traders Place Depot[4]	■	10,00	0,50 Prozent[12]

■ = Ja.
◪ = Eingeschränkt.
◨ = Optional.
□ = Nein.

1) Die maximale Monatsrate beträgt 2 000 Euro.
2) Für alle von uns untersuchten Fondsgruppen werden Sparpläne unbefristet beziehungsweise bis auf Weiteres ohne Ausführungskosten angeboten.
3) Der zweite Wert zeigt die Renditeminderung, die durch Ausführungskosten beim kostenpflichtigen Teil des Sparplanangebots entsteht.
4) Standarddepot ohne spezielle Bezeichnung.
5) Im Wertpapiersparplan können ausschließlich Positionen aus Sparplänen verwahrt werden.
6) Mit einem Sparplan können bis zu drei ETF bespart werden, die Mindestrate je ETF innerhalb eines Sparplans beträgt 5 Euro.

Angebote ohne Kosten für die Sparplanausführung. Vor allem bei kleineren Sparraten fällt die Renditeminderung durch Kosten eines Sparplans deutlich ins Gewicht, insbesondere wenn Mindestgebühren für eine Sparplanausführung fällig werden. Interessant: Manche Anbieter offerieren bei Sparplänen die automatische Wiederanlage von Ausschüttungen.

Kostenloses Sparplan-angebot	Renditeminderung (Prozentpunkte) durch Kosten bei Sparrate von monatlich				Automatische Wiederanlage von Ausschüttungen
	50 Euro über 10 Jahre	200 Euro über 10 Jahre	50 Euro über 20 Jahre	200 Euro über 20 Jahre	
◪ [2)]	0 / 0,58 [3)]	0 / 0,29 [3)]	0 / 0,27 [3)]	0 / 0,13 [3)]	□
□	0,29	0,29	0,13	0,13	□
□	1,03	0,29	0,47	0,13	□
□	0,29	0,29	0,13	0,13	■
□	0,24	0,24	0,11	0,11	■
■	0	0	0	0	■
■	0	0	0	0	■ [7)]
□	0,39	0,39	0,18	0,18	□
□	0,29	0,29	0,13	0,13	□
■	0	0	0	0	■ [10)]
■	0	0	0	0	□
◪ [12)]	0 / 0,35 [13)]	0 / 0,09 [13)]	0 / 0,16 [13)]	0 / 0,04 [13)]	□
◪ [2)]	0 / 0,48 [3)]	0 / 0,48 [3)]	0 / 0,22 [3)]	0 / 0,22 [3)]	□
□	0,33	0,08	0,15	0,04	□
■	0	0	0	0	□
◪ [2)]	0 / 0,39 [3)]	0 / 0,10 [3)]	0 / 0,18 [3)]	0 / 0,04 [3)]	□
■	0	0	0	0	□
◪1 [2)]	0 / 0,101 [3)]	0 / 0,101 [3)]	0 / 0,041 [3)]	0 / 0,041 [3)]	□

7) Ab einem Betrag von 25 Euro.
8) In diesem Depot können auch Online-Transaktionen getätigt werden. In diesem Fall entsprechen die Kosten denen des HVB SmartDepots.
9) Die maximale Monatsrate beträgt 1000 Euro.
10) Ab einem Betrag von 75 Euro.
11) Das Depot kann sowohl online als auch über andere Orderwege (z. B. telefonisch oder beim Berater in der Filiale) geführt werden.
12) Bis auf Weiteres werden für das gesamte Sparplanangebot keine Ausführungskosten berechnet.
13) Der zweite Wert bezieht sich auf die zurzeit ausgesetzten regulären Kosten der Sparplanausführung.
14) Die maximale Monatsrate beträgt 3000 Euro.

Stand: 1. August 2024

Aktienindizes erklärt

Jeder Index unterscheidet sich vom anderen – manchmal nur ein wenig, manchmal aber auch deutlich. Hier finden Sie eine Kurzbeschreibung der Indizes zu den ETF für die Basisanlage ab Seite 166 in alphabetischer Reihenfolge.

FTSE All World. Mit rund 4300 Aktien großer und mittelgroßer Firmen aus 49 Ländern ist der FTSE All World Index das Pendant zum MSCI All Country World. 63 Prozent des Indexgewichts entfallen auf US-Aktien. Berechnet wird der Index von FTSE, einer Tochter der Börse London.

FTSE Developed. Hinter dem Index stecken rund 2000 Aktien (große und mittelgroße Firmen) aus 25 Industrieländern. USA dominieren mit 70 Prozent Anteil am Index, Schwergewichte sind Apple, Microsoft und Nvidia.

FTSE Developed Europe. Dieser Teilindex des FTSE Developed enthält über 500 Aktien großer und mittelgroßer Unternehmen aus 20 europäischen Industrieländern. Das größte Indexgewicht weisen Aktien aus Großbritannien auf, gefolgt von Frankreich, Deutschland und der Schweiz mit SAP, Nestlé und AMSL-Holding als Schwergewichten.

MSCI ACWI Investable Market (IMI). Der Investable Market Index (IMI) umfasst neben den Aktien des MSCI ACWI auch kleinere Firmen, insgesamt rund 8400 Aktien. USA-Gewicht: 63 Prozent.

MSCI ACWI SRI Filtered PAB. „PAB" steht für Paris Aligned Benchmark, sprich die Erfüllung der Pariser Klimaziele. Aus dem MSCI ACWI werden gut 400 Firmen ausgewählt, die das höchste ESG-Rating aufweisen.

MSCI ACWI SRI Low Carbon Select 5% Issuer Capped. Die nachhaltige Variante des MSCI All Country World umfasst rund 600 Titel mit geringerem CO_2-Ausstoß als der breite Markt. Das Gewicht einzelner Aktien wird auf 5 Prozent begrenzt.

MSCI ACWI SRI Select Reduced Fossil Fuel. Ein Nachhaltigkeitsindex mit Fokus auf Einhaltung der Klimakriterien. Der Index bildet rund 600 Firmen aus Industrie- und Schwellenländern ab.

MSCI All Country World. Der MSCI ACWI bildet rund 2800 Firmen aus 23 Industrieländern und 24 Schwellenländern ab. USA-Gewichtung: 65 Prozent, gewichtigstes Schwellenland ist China mit rund 3 Prozent.

MSCI Europe. Die wichtigsten rund 400 Aktien aus den europäischen Industriestaaten bilden den MSCI Europe ab. Finanzwerte und Aktien aus den Industriesektoren weisen das höchste Indexgewicht auf.

MSCI Europe ESG Climate Paris Aligned Benchmark Select. Der Nachhaltigkeitsindex bildet mehr als 200 große und mittelgroße Unternehmen aus dem MSCI Europe ab. Schwerpunkt ist die Einhaltung der

Klimaziele von Paris. Zu den größten Firmen im Index zählen ASML, SAP, Novartis, AstraZeneca und Novo Nordisk.

MSCI Europe SRI Filtered PAB. Bei diesem Nachhaltigkeitsindex stehen bei der Auswahl der Titel ESG-Kriterien und die Erfüllung der Pariser Klimaziele im Vordergrund.

MSCI Europe SRI Low Carbon Select 5% Issuer Capped. Der Nachhaltigkeitsindex umfasst 110 europäische Unternehmen, die zur Dekarbonisierung beitragen. Keine Aktie kann mehr als 5 Prozent (Kappungsgrenze) im Index beitragen.

MSCI Europe SRI S-Series PAB 5% Capped. Gut 100 Aktien aus dem MSCI Europe. Sie werden anhand von Klimakriterien ausgewählt. Zudem existiert eine Kappungsgrenze von 5 Prozent je Aktie im Index.

MSCI Europe SRI Select Reduced Fossil Fuels. Der Nachhaltigkeitsindex enthält europäische Unternehmen, die im Branchenvergleich über ein hohes Rating bei den ESG-Kriterien (Umweltschutz, soziale Verantwortung sowie Unternehmensführung) verfügen.

MSCI World. Der bekannteste und älteste globale Aktienindex bildet aktuell rund 1350 Aktien ab. Dabei handelt es sich um große und mittelgroße Firmen aus 23 entwickelten Ländern. Ähnlich wie beim FTSE Developed entfallen auf US-Aktien gut 70 Prozent des Index, die größten Aktien sind Apple, Microsoft und Nvidia.

MSCI World SRI Filtered PAB. Bei diesem Nachhaltigkeitsindex werden aus dem MSCI World rund 350 Firmen ausgewählt, die im Wettbewerbsvergleich das höchste ESG-Rating aufweisen. „PAB" steht für die Erfüllung der Pariser Klimaziele.

MSCI World SRI Low Carbon Select 5% Issuer Capped. Das nachhaltige Pendant zum oben beschriebenen MSCI World konzentriert sich nur auf Industrieländer und bildet knapp 400 Titel ab.

MSCI World SRI Select Reduced Fossil Fuels. ESG-Kriterien und Klimawandel entscheiden über die Indexzugehörigkeit, der Nachhaltigkeitsindex bildet rund 400 Aktien ab.

Solactive GBS Developed Markets Europe Large & Mid Cap. Das Barometer des deutschen Indexanbieters Solactive ist wenig bekannt, eignet sich aber ebenfalls als Basis für Aktien-ETF. Der Index bildet mehr als 400 europäische Aktien ab, darunter 24 Prozent Firmen aus Großbritannien, 16 Prozent aus Frankreich und 15 Prozent aus Deutschland.

Solactive GBS Developed Markets Eurozone Large & Mid Cap. Im Gegensatz zum vorgenannten Index von Solactive bezieht sich dieser auf Unternehmen der Eurozone und bildet knapp 300 Aktien ab. Schwergewichte sind Frankreich und Deutschland mit jeweils rund 30 Prozent.

Stoxx Europe 600. Der breite europäische Index enthält als Besonderheit nicht nur große und mittelgroße Unternehmen aus Europa, sondern auch kleinere Firmen zählen zu den rund 600 Indexmitgliedern. Das höchste Gewicht weist Großbritannien auf, Deutschland folgt nach Frankreich an dritter Position.

Rentenindizes erklärt

Hier erfahren Sie, was hinter den ETF auf wichtige Anleihenindizes steckt. Renten-ETF für den Sicherheitsbaustein finden Sie auf Seite 168.

Bloomberg Euro Treasury. Der Index umfasst europäische Staatsanleihen mit solider Bonität. Die größten Positionen sind französische Anleihen, die durchschnittliche Kapitalbindung beträgt gut sieben Jahre.

Bloomberg Euro Treasury 50bn. Wie der obige Index, jedoch nur mit Anleihen von Ländern, deren Emissionsvolumen mehr als 50 Milliarden Euro beträgt.

Bloomberg MSCI ESG Euro Aggregate Sustainable Sector Neutral. Unternehmens- und Euro-Staatsanleihen. „Sector Neutral" bedeutet, dass die einzelnen Sektoren entsprechend ihrer Gewichtung im übergeordneten Bloomberg MSCI Euro Corporate beibehalten werden.

JPM ESG EMU Government Bond IG. „JPM" steht für den Indexanbieter JP Morgan, der bei der Auswahl von Staatsanleihen der Europäischen Währungsunion (EMU) nach ESG-Kriterien filtert.

Markit iBoxx EUR Germany. Ein Index mit nur deutschen Staatsanleihen. Aufgrund der hohen Bonität der Bundesrepublik Deutschland sind die Renditen niedriger als bei Anleihen anderer europäischer Staaten.

Markit iBoxx EUR Sovereigns Eurozone. Ähnlich wie beim Bloomberg Euro Treasury Index dominieren hier Staatsanleihen aus Frankreich, Italien und Deutschland. iBoxx gehört zum US-amerikanischen Indexanbieter S&P Dow Jones.

Solactive Eurozone Government Bond. Europäische Staatsanleihen, die im Index des deutschen Indexanbieters Solactive enthalten sind. Die Länderaufteilung und die Laufzeiten sind ähnlich wie beim Index von Markit iBoxx.

Stand: 31. März 2025 Quelle: Indexanbieter

Die großen ETF-Anbieter

Wer bringt ETF auf den Markt? Hier finden Sie Kurzporträts der zehn größten ETF-Anbieter hierzulande in der Rangfolge ihres verwalteten Vermögens. Die Angaben zum „verwalteten Vermögen" beziehen sich auf das Fondsvolumen der ETF, die auf Xetra gehandelt werden (Stand: 31. März 2025).

iShares. Der Branchenprimus im europäischen ETF-Geschäft gehört zum weltweit größten Vermögensverwalter, der US-amerikanischen BlackRock. Verwaltetes Vermögen: 730 Mrd. Euro.

Xtrackers. Die Nummer zwei der ETF-Branche ist eines der wenigen deutschen Häuser am Markt. Xtrackers ist Teil der DWS, der Fondsgesellschaft der Deutschen Bank. Verwaltetes Vermögen: 213 Mrd. Euro.

Amundi. Frankreichs größte Vermögensverwaltung Amundi kaufte 2021 Lyxor, die ETF-Tochter der französischen Société Générale. Diese wiederum hatte 2018 das ETF-Geschäft von ComStage erworben. Verwaltetes Vermögen: 201 Mrd. Euro.

Vanguard. Der US-Pionier von Indexfonds startete 2017 in Deutschland und hat sehr schnell Marktanteile gewonnen. Verwaltetes Vermögen: 151 Mrd. Euro.

State Street Global Advisors (SSGA). Ganz typisch für die ETF des Anbieters ist der Zusatz im Namen SPDR (gesprochen: Spider), der in den USA sehr bekannt ist. Verwaltetes Vermögen: 92 Mrd. Euro.

Invesco. Der amerikanische Vermögensverwalter kaufte 2017 das in Großbritannien ansässige ETF-Haus Source und legte die ETF-Sparten Invesco Powershares und Source ETF zusammen. Verwaltetes Vermögen: 75 Mrd. Euro.

UBS-ETF. Der ETF-Anbieter stammt aus der Schweiz und gehört zum Vermögensverwalter UBS Asset Management. Verwaltetes Vermögen: 54 Mrd. Euro.

JP Morgan. Die führende amerikanische Bank bietet in Deutschland sowohl Anleihen- wie Aktien-ETF an, darunter auch viele aktiv gemanagte ETF. Verwaltetes Vermögen: 29 Mrd. Euro.

BNP Paribas Easy. Hinter Easy ETF steckt die Vermögensverwaltung der französischen Großbank BNP Paribas. Verwaltetes Vermögen: 29 Mrd. Euro.

HSBC. Die Wurzeln des internationalen Vermögensverwalters liegen in Asien, die vier Buchstaben stehen für Hongkong and Shanghai Banking Corporation. Verwaltetes Vermögen: 27 Mrd. Euro.

1. Wahl: Aktien-ETF für die Basisanlage

Die Tabelle bietet eine Übersicht über die ETF in der jeweiligen Fondsgruppe, die wir als 1. Wahl bewerten. Die hier genannten ETF auf marktbreite, globale Indizes eignen sich gut als Basisanlage. Wir listen sie getrennt nach ausschüttenden und thesaurierenden

Index	Anbieter	Isin	Kosten (%)	Rendite über ... Jahre (% p.a.)		Nachhaltigkeit [1)]
				5	1	
Welt – Industrieländer, thesaurierende ETF						
MSCI World	UBS	IE00BD4TXV59	0,10	13,7	9,0	—
FTSE Developed	Vanguard	IE00BK5BQV03	0,12	13,7	9,0	—
MSCI World	SPDR	IE00BFY0GT14	0,12	14,0	8,9	—
MSCI World	Amundi	IE000BI8OT95	0,12	—	8,9	—
FTSE All-World	Vanguard	IE00BK5BQT80	0,22	12,9	8,9	—
MSCI World	Xtrackers	IE00BJ0KDQ92	0,19	13,8	8,9	—
MSCI World	iShares	IE00B4L5Y983	0,20	13,8	8,8	—
MSCI World	HSBC	IE000UQND7H4	0,15	—	8,8	—
MSCI World SRI Select Reduced Fossil Fuels	iShares	IE00BYX2JD69	0,20	12,2	7,0	3 Punkte
MSCI World SRI Low Carbon Select 5% Issuer Capped	UBS	IE00BK72HJ67	0,20	12,7	6,7	3 Punkte
MSCI World SRI Filtered PAB	Amundi	IE000Y77LGG9	0,18	—	5,5	3 Punkte
Welt – Industrieländer, ausschüttende ETF						
MSCI World	UBS	IE00B7KQ7B66	0,10	13,7	9,0	—
FTSE Developed	Vanguard	IE00BKX55T58	0,12	13,7	9,0	—
MSCI World	Amundi	IE000CNSFAR2	0,12	—	8,9	—
MSCI World	Xtrackers	IE00BK1PV551	0,12	13,9	8,9	—
MSCI World	HSBC	IE00B4X9L533	0,15	14,0	8,8	—
Solactive GBS Global Markets Large & Mid	Amundi	IE0009HF1MK9	0,07	—	8,7	—
MSCI World	iShares	IE00B0M62Q58	0,50	13,5	8,6	—
MSCI World SRI Select Reduced Fossil Fuels	iShares	IE00BDZZTM54	0,20	12,3	7,1	3 Punkte
MSCI World SRI Low Carbon Select 5% Issuer Capped	UBS	IE00BK72HH44	0,20	12,7	6,7	3 Punkte
MSCI World SRI Filtered PAB	Amundi	IE000004V778	0,18	—	5,5	3 Punkte

ETF auf. Thesaurierende ETF sammeln die Erträge an. Das ist besonders hilfreich für die langfristige Anlage, zum Beispiel für die Altersvorsorge. Nachhaltige ETF erkennen Sie an der entsprechenden Punktebewertung. ETF ohne Punkte sind nicht nachhaltig orientiert.

Index	Anbieter	Isin	Kosten (%)	Rendite über ... Jahre (% p.a.)		Nachhaltigkeit [1)]
				5	1	
Welt – Industrie- und Schwellenländer, thesaurierende ET						
FTSE All-World	Invesco	IE000716YHJ7	0,15	–	8,9	–
MSCI All Country World (ACWI)	SPDR	IE00B44Z5B48	0,12	12,9	8,9	–
FTSE All-World	Vanguard	IE00BK5BQT80	0,22	12,9	8,9	–
MSCI All Country World (ACWI)	iShares	IE00B6R52259	0,2	13,0	8,7	–
MSCI ACWI Investable Market (IMI)	SPDR	IE00B3YLTY66	0,17	12,7	7,6	–
MSCI ACWI SRI Select Reduced Fossil Fuel	iShares	IE000JTPK610	0,2	–	8,0	3 Punkte
MSCI ACWI SRI Filtered PAB	Amundi	IE0000ZVYDH0	0,2	–	7,3	3 Punkte
MSCI ACWI SRI Low Carbon Select 5% Issuer Capped	UBS	IE00BDR55471	0,3	12,7	7,1	3 Punkte
Welt – Industrie- und Schwellenländer, ausschüttende ETF						
FTSE All-World	Vanguard	IE00B3RBWM25	0,22	12,9	8,9	–
FTSE All-World	Invesco	IE0000QLH0G6	0,15	–	8,9	–
MSCI ACWI SRI Select Reduced Fossil Fuel	iShares	IE00013A2XD6	0,2	–	8,0	3 Punkte

1) Wir bewerten die Nachhaltigkeit von Fonds. Je mehr Punkte ein ETF hat, desto nachhaltiger ist er.
Die Höchstpunktzahl ist 5 Punkte.
Reihenfolge nach der Einjahresrendite. ETF auf Indizes ohne Berücksichtigung von Nachhaltigkeitsaspekten werden vor ETF auf Indizes mit Berücksichtigung von Nachhaltigkeitsaspekten aufgeführt.
Stand: 31. Mai 2025
Quellen: LSEG, FWW, eigene Berechnungen

1. Wahl: Renten-ETF für die Basisanlage

Hier finden Sie eine Auswahl an 1.-Wahl-ETF für den Sicherheitsbaustein im Pantoffel-Portfolio, Renten-ETF, auch Anleihe-ETF genannt. Alle genannten ETF legen die Erträge automatisch wieder an,sind also thesaurierende ETF. Sollten Sie ETF bevorzugen, die die Erträge ausschütten, können Sie unter test.de/fonds aus einer breiten Palette wählen. Nachhaltige ETF erkennen Sie an der entsprechenden Punktebewertung. ETF ohne Punkte sind nicht nachhaltig orientiert.

Index	Anbieter	Isin	Kosten (%)	Rendite über ... Jahre (% p.a.)		Nachhaltigkeit [1]
				5	1	
Staatsanleihen Euro Deutschland						
Markit iBoxx EUR Germany	Xtrackers	LU0643975161	0,17	−3,2	3,7	4 Punkte
Staatsanleihen Euro						
Solactive Eurozone Government Bond	Amundi	LU2089238898	0,05	−2,1	4,9	—
Bloomberg Euro Treasury	Vanguard	IE00BH04GL39	0,07	−2,1	4,9	—
Markit iBoxx EUR Sovereigns Eurozone	Xtrackers	LU0290355717	0,11	−2,2	4,8	—
Bloomberg Euro Treasury 50bn	Amundi	LU1437018598	0,09	−2,1	4,8	—
JPM ESG EMU Government Bond IG	BNP	LU1481202692	0,15	−2,2	4,5	3 Punkte
Staats- und Unternehmensanleihen Euro						
Bloomberg MSCI ESG Euro Aggregate Sector Neutral Select	Amundi	LU2182388236	0,16	—	5,0	1 Punkt

1) Wir bewerten die Nachhaltigkeit von Fonds. Je mehr Punkte ein ETF hat, desto nachhaltiger ist er. Die Höchstpunktzahl ist 5 Punkte.
Reihenfolge nach der Einjahresrendite.
Stand: 31. Mai 2025
Quellen: LSEG, FWW, eigene Berechnungen

Aktien-ETF für Fortgeschrittene

Hier finden Sie die besten thesaurierenden Aktien-ETF für Fortgeschrittene. Als alternative Renditebausteine im Pantoffel-Portfolio können Sie Aktien-ETF Europa nutzen, beziehungsweise eine Mischung aus Aktien-ETF Europa, USA, Schwellenländern und Japan (siehe Seite 78). Die restlichen Aktien-ETF in der Tabelle sind mögliche Beimischungen zum MSCI World (siehe Seite 66). Alle genannten Länder- und Regionen-ETF bewerten wir als 1. Wahl. Die ETF auf Anlagestile ab Seite 171 sind nicht 1. Wahl. Sie liegen beim Anlageerfolg zwischen 2 und 4 Punkten. Welche Punktzahl sie erreicht haben, sehen Sie in den Fußnoten auf Seite 172. Weitere Aktien-ETF unter test.de/fonds.

Index	Anbieter	Isin	Kosten (%)	Rendite über ... Jahre (% p.a.)		Nachhaltigkeit [1]
				5	1	
Aktien Europa						
FTSE Developed Europe	Vanguard	IE00BK5BQX27	0,10	12,7	9,2	–
Stoxx Europe 600	Amundi	LU0908500753	0,07	12,5	9,2	–
Stoxx Europe 600	iShares	DE000A2QP4B6	0,20	–	9,0	–
Stoxx Europe 600	Xtrackers	LU0328475792	0,20	12,4	9,0	–
MSCI Europe	Xtrackers	LU0274209237	0,12	12,7	8,8	–
MSCI Europe	iShares	IE000MAO75G5	0,12	–	8,7	–
MSCI Europe	iShares	IE00B4K48X80	0,12	12,7	8,7	–
MSCI Europe	SPDR	IE00BKWQ0Q14	0,25	12,5	8,6	–
MSCI Europe	Amundi	FR0010261198	0,25	12,5	8,6	–
Solactive GBS Developed Markets Europe Large & Mid Cap	Amundi	LU2089238039	0,05	12,7	8,4	–
MSCI Europe ESG Climate Paris Aligned Benchmark Select	Invesco	IE000TI21P14	0,16	–	7,5	3 Punkte
MSCI Europe SRI S-Series PAB 5% Capped	BNP	LU1753045332	0,25	10,3	7,4	3 Punkte
MSCI Europe SRI Low Carbon Select 5% Issuer Capped	UBS	LU2206597804	0,20	–	6,5	3 Punkte
MSCI Europe SRI Filtered PAB	Amundi	LU1861137484	0,18	10,2	2,1	3 Punkte
MSCI Europe SRI Select Reduced Fossil Fuels	iShares	IE00B52VJ196	0,20	9,9	0	3 Punkte

Index	Anbieter	Isin	Kosten (%)	Rendite über ... Jahre (% p.a.)		Nachhaltigkeit [1]
				5	1	
Aktien USA/Nordamerika						
S&P 500	Vanguard	IE00BFMXXD54	0,07	15,3	8,9	—
MSCI USA	UBS	IE00BD4TXS21	0,10	15,0	8,9	—
MSCI USA	Xtrackers	IE00BJ0KDR00	0,07	15,1	8,9	—
MSCI USA	iShares	IE00B52SFT06	0,07	15,0	8,8	—
S&P 500	iShares	IE00B5BMR087	0,07	15,2	8,4	—
FTSE North America	Vanguard	IE00BK5BQW10	0,10	15,2	10,0	—
Aktien Schwellenländer global						
FTSE Emerging	Vanguard	IE00BK5BR733	0,22	7,4	9,5	—
MSCI Emerging Markets (EM)	SPDR	IE00B469F816	0,18	6,6	8,3	—
MSCI Emerging Markets (EM)	iShares	IE00B4L5YC18	0,18	6,7	8,3	—
MSCI Emerging Markets (EM)	Xtrackers	IE00BTJRMP35	0,18	6,5	8,1	—
MSCI Emerging Markets (EM)	HSBC	IE000KCS7J59	0,15	—	7,9	—
MSCI EM Investable Market (IMI)	iShares	IE00BKM4GZ66	0,18	7,6	7,3	—
MSCI Emerging Markets ESG Climate Paris Aligned Benchmark Select	Invesco	IE000PJL7R74	0,19	—	9,2	3 Punkte
MSCI EM SRI Low Carbon Select 5% Issuer Capped	UBS	LU1048313974	0,20	8,0	13,8	3 Punkte
MSCI EM SRI Select Reduced Fossil Fuels	iShares	IE00BYVJRP78	0,25	6,7	10,5	3 Punkte
MSCI EM SRI Filtered PAB	Amundi	LU1861138961	0,25	6,3	10,1	3 Punkte
Aktien Deutschland						
Dax	Amundi	FR0010655712	0,10	15,1	29,2	—
Dax	Xtrackers	LU0274211480	0,09	15,1	29,2	—
Dax	Amundi	LU0252633754	0,15	15,0	29,1	—
Dax	iShares	DE0005933931	0,16	15,0	29,1	—
Dax	Deka	DE000ETFL011	0,20	15,0	29,0	—
Dax ESG Target	iShares	DE000A0Q4R69	0,12	—	26,0	2 Punkte

Index	Anbieter	Isin	Kosten (%)	Rendite über ... Jahre (% p.a.)		Nachhaltigkeit [1]
				5	1	
Aktien Japan						
MSCI Japan IMI	iShares	IE00B4L5YX21	0,12	7,5	7,4	–
Solactive GBS Japan Large & Mid Cap	Amundi	LU2089238385	0,05	8,0	7,4	–
MSCI Japan	Amundi	LU1781541252	0,12	7,8	6,7	–
MSCI Japan	SPDR	IE00BZ0G8B96	0,12	7,8	6,7	–
FTSE Japan	Vanguard	IE00BFMXYX26	0,15	7,7	6,7	–
MSCI Japan	Xtrackers	LU0274209740	0,13	7,8	6,3	–
Anlagestil Dividenden Welt						
FTSE All-World High Dividend Yield	Vanguard	IE00BK5BR626[4]	0,29	12,5	8,1	–
Anlagestil Low Volatility Welt						
MSCI World Minimum Volatility (USD)	Xtrackers	IE00BL25JN58[2]	0,25	8,0	12,2	–
MSCI World Minimum Volatility (USD)	iShares	IE00B8FHGS14[2]	0,30	8,0	12,1	–
MSCI World Minimum Volatility Advanced Select	iShares	IE00BKVL7778[2]	0,39	8,4	10,6	1 Punkt
Anlagestil Momentum Welt						
MSCI World Momentum	Xtrackers	IE00BL25JP72[3]	0,26	13,6	12,1	–
MSCI World Momentum	iShares	IE00BP3QZ825[3]	0,25	13,5	12,1	–
MSCI World Momentum Low Carbon SRI Screened Select	Xtrackers	IE000TL3PL69[6]	0,25	–	12,2	–[5]
MSCI World Momentum Advanced Select	iShares	IE000L5NW549[6]	0,30	–	6,0	1 Punkt

Index	Anbieter	Isin	Kosten (%)	Rendite über ... Jahre (% p.a.)		Nachhaltigkeit [1]
				5	1	
Anlagestil Quality Welt						
MSCI World Sector Neutral Quality	Xtrackers	IE00BL25JL35[3]	0,25	12,6	2,6	—
MSCI World Sector Neutral Quality	iShares	IE00BP3QZ601[3]	0,30	12,6	2,6	—
MSCI World Quality Low Carbon SRI Screened Select	Xtrackers	IE0003NQ0IY5[6]	0,25	—	1,5	—[5]
Anlagestil Value Welt						
MSCI World Value Select Screens Advanced	HSBC	IE000LYBU7X5[6]	0,25	—	5,7	—
MSCI World Value Low Carbon SRI Screened Select	Xtrackers	IE000LAUZQT6[6]	0,25	—	8,1	—[5]
MSCI World Value Advanced Select	iShares	IE000H1H16W5[6]	0,30	—	6,3	2 Punkte

1) Wir bewerten die Nachhaltigkeit von Fonds. Je mehr Punkte ein ETF hat, desto nachhaltiger ist er. Die Höchstpunktzahl ist 5 Punkte.
2) Der ETF hat 2 von 5 möglichen Punkten beim Anlageerfolg.
3) Der ETF hat 3 von 5 möglichen Punkten beim Anlageerfolg.
4) Der ETF hat 4 von 5 möglichen Punkten beim Anlageerfolg.
5) Kein Nachhaltigkeitsurteil, da Kategorie nicht bewertet.
6) Keine Angaben zum Anlageerfolg über fünf Jahre möglich, da der Fonds nicht über eine ausreichend lange Kurshistorie verfügt.
Quelle: LSEG, FWW, eigene Berechnungen
Stand: 31. Mai 2025

Gold-ETC zur Beimischung

Gold-ETC eignen sich nur als Beimischung zum Renditebaustein. Die drei in der Tabelle genannten ETC sind mit physischem Gold besichert und verbriefen einen Auslieferungsanspruch. In unserer Untersuchung im Mai 2025 gaben die meisten Banken an, dass sie die Abgeltungssteuer bei diesen Produkten nach einem Jahr Haltedauer nicht abführen, was für Anleger von Vorteil ist. Näheres zur Besteuerung von Gold-ETC finden Sie auf Seite 84.

Produkt	Isin	Kosten (%)	Rendite Prozent pro Jahr	
			5 Jahre	1 Jahr
Euwax Gold II	DE000EWG2LD7	—[1]	14,4[1]	37,4[1]
HANetf The Royal Mint RSP Gold	XS2115336336	0,25	14,0	36,5
Xetra-Gold	DE000A0S9GB0	—[2]	14,3[2]	36,9[2]

1) Keine jährlichen Kosten, aber erhöhte Ein- und Ausstiegskosten von oft mehr als 0,5 Prozent. Sie sind in der Renditeberechnung nicht berücksichtigt.
2) Keine laufenden Kosten, sondern Verwahrkosten von monatlich 0,025 Prozent, die der Depotanbieter in der Regel vom Kunden verlangt. Sie sind in der Renditeberechnung nicht berücksichtigt.

Stand: 2. Mai 2025; Renditedaten: 3. Juni 2025
Quellen: LSEG, eigene Berechnungen

Stichwortverzeichnis

H

I, J

K

L

M

N

O

P, Q

Dr. Gisela Baur, Antonie Klotz, Hans G. Linder und Brigitte Wallstabe-Watermann waren lange zusammen im Führungsteam eines renommierten Anlegermagazins und arbeiten für namhafte Print-, Online- und TV-Medien. Für die Stiftung Warentest haben sie unter anderem die Bücher „Geld anlegen für Kinder" und „Anlegen mit ETF" geschrieben.

Thomas Krüger und Karin Baur haben 2013 das Konzept der Pantoffel-Portfolios entwickelt. Thomas Krüger ist als Finanzanalyst verantwortlich für das Fondsrating der Stiftung Warentest sowie die Tests von Anlagestrategien, Karin Baur betreut als Fachredakteurin alle Fondsthemen.

Die Stiftung Warentest wurde 1964 auf Beschluss des Deutschen Bundestages gegründet, um Verbraucherinnen und Verbrauchern durch vergleichende Tests von Waren und Dienstleistungen eine unabhängige und objektive Unterstützung zu bieten. Mehr zu unserem Qualitätsanspruch und viele weitere Bücher finden Sie auf www.test.de.

Gedruckt in Deutschland · Mineralölfreie Druckfarben

ISBN: 978-3-7471-0949-6

Stiftung Warentest
Lützowplatz 11–13, 10785 Berlin
www.test.de
email@stiftung-warentest.de
USt-IdNr.: DE136725570

Vorständin: Julia Bönisch
Programmleitung: Niclas Dewitz

Stiftung Warentest

Autoren: Dr. Gisela Baur, Antonie Klotz, Hans G. Linder, Brigitte Wallstabe-Watermann
Projektleitung: Ursula Rieth
Lektorat: Stefanie Barthold
Korrektorat: Christoph Nettersheim
Expertenteam Pantoffel-Portfolio: Karin Baur, Thomas Krüger
Weitere fachliche Unterstützung: Stefan Fischer, Yann Stoffel, Rainer Zuppe
Grafik, Satz: Anne-Katrin Körbi
Abbildungen: Anne-Katrin Körbi, Florian Brendel (S. 12, 14, 17, 26, 28, 37, 38, 50, 51, 52, 60, 82, 85, 90, 122, 139, 152)
Verlagsherstellung: Rita Brosius (Ltg.), Romy Alig, Susanne Beeh
Druck: Fromm + Rasch GmbH & Co. KG., Osnabrück

Bei Fragen zur Sicherheit dieses Produkts wenden Sie sich bitte an:
gpsr@stiftung-warentest.de